本书系浙江省社科赋能山区县（海岛）"循迹溯源"行动研究成果

打造四个展示窗口
奋力书写"八八战略"龙游篇章的探索与实践

辛金国　刘昱　等著

ZHEJIANG UNIVERSITY PRESS
浙江大学出版社

·杭州·

图书在版编目（CIP）数据

打造四个展示窗口 奋力书写"八八战略"龙游篇章的
探索与实践 / 辛金国等著. -- 杭州：浙江大学出版
社，2024.10. -- ISBN 978-7-308-25243-0

Ⅰ. F127.55

中国国家版本馆 CIP 数据核字第 202454XC40 号

打造四个展示窗口　奋力书写"八八战略"龙游篇章的探索与实践

辛金国　刘昱　等著

责任编辑	傅百荣	
责任校对	梁　兵	
封面设计	周　灵	
出版发行	浙江大学出版社	
	（杭州市天目山路 148 号　邮政编码 310007）	
	（网址：http://www.zjupress.com）	
排　　版	杭州隆盛图文制作有限公司	
印　　刷	浙江新华数码印务有限公司	
开　　本	710mm×1000mm　1/16	
印　　张	14	
字　　数	251 千	
版 印 次	2024 年 10 月第 1 版　2024 年 10 月第 1 次印刷	
书　　号	ISBN 978-7-308-25243-0	
定　　价	70.00 元	

序　一

在浙江全面推进中国式现代化的历史进程中，如何处理好城与乡、山与海、工与农这一对立与互补之关系，是读懂浙江何以实现"小、中、大"段位切换的肯綮，也是解码新时代浙江如何在新的赶考路上攻坚破难、闯关夺隘的底层大逻辑。

为此，2003 年，时任浙江省委书记习近平在提出"八八战略"时指出，要"进一步发挥浙江的城乡协调发展优势，加快推进城乡一体化"[①]。此后，这一理论体系随着实践发展不断深化拓展。2007 年 1 月 22 日，时任浙江省委书记习近平到龙游县罗家乡调研，对山区发展作了系统阐述。龙游县按照习近平同志的重要指示精神，持之以恒实施"千万工程""山海协作"工程、新型城镇化等一系列重要举措，致力于打造山区跨越式高质量发展、生态工业、文旅融合、青年发展四个展示窗口，持续放大"一、二、三产业融合发展"的动力优势、"四省通衢汇龙游"的区位优势、"小县大城"的空间平台优势、"两江走廊"的美丽山水优势，着力绘就乡村振兴五彩画卷，共谱高质量发展协作曲。

龙游县打造四个展示窗口的具体探索，是推进"八八战略"在县域层面的生动实践，也是不断丰富"八八战略"理论体系的典型素材。

近年来，浙江省社科联深入实施社科赋能山区(海岛)县高质量发展行动，组织广大社科专家学者身沉一线，共同破解县域发展难题，在深耕实践的基础上开辟区域协调发展的新空间，同时，按照聚焦县域实践、策应发展大局、展示最新成果、厚植理论基础的目标，努力将"八八战略"的县域实践与理论总结提炼并上升为省级和国家层面的思路方案，系统挖掘并利用好"八八战略"这一

---

① 周咏南.省委举行第十一届四次全体(扩大)会议在杭举行[N].浙江日报,2003-07-12(001).

理论富矿,助力我省持续打开"勇敢立潮头、永远立潮头"的新境界。围绕这一目标体系,2021 年开始,浙江省信息化与经济社会发展研究中心主任辛金国教授领衔的"社科赋能"专项行动团队,先后 15 次赴龙游县进行深入调研,围绕该县发展特色农业、打造生态工业、推进文旅融合、提升数字治理、赋能青年发展等一批重大发展议题,撰写对策要报、设计规划方案、总结实践经验、推动理论创新。

该团队的新作《打造四个展示窗口　奋力书写"八八战略"龙游篇章的探索与实践》,以"八八战略"和习近平同志三次到龙游考察调研重要讲话精神为指引,系统梳理了龙游县"推进山区高质量发展"的实践经验,集中展示了以"缩小地区差距"推进"县域现代化"的典型案例,精准刻画了打造青年发展"展示窗口"的现实路径,着力为新时代我省"勇当先行者,谱写新篇章"提供了生动的案例借鉴与坚实的学理支撑。

相信该书的出版,将进一步丰富"八八战略"这一全面系统开放理论体系的思想内涵,更深刻地领悟习近平新时代中国特色社会主义思想在浙江的探索与实践,并为我省始终坚持"八八战略"统领地位,坚持一张蓝图绘到底,开启今后由成功走向辉煌的必由之路、成功之道和制胜之法,提供更多的有益借鉴与启示。

是为序。

浙江省社科联党组书记、副主席郭华巍

2023 年 10 月

序　二

伟大擘画，指引奋进航程。

谋定而动，实践落地有声。

"八八战略"实施二十年，也是龙游精彩蝶变的二十年。习近平总书记在浙江工作期间，曾三次到龙游考察调研，作出"要坚定不移地走特色发展之路"①等重要指示精神；2020 年 6 月 21 日，习近平总书记对"8090 新时代理论宣讲团"作出重要批示。

20 年来，龙游县牢记习近平总书记的殷殷嘱托，加快追赶跨越，持续放大"六大优势"，坚定不移沿着习近平总书记指引的路子走下去，生动呈现共同富裕的美好图景，努力形成"山区跨越式高质量发展、生态工业、文旅融合、青年发展"的山区县跨越式高质量发展的龙游样板。

在这里，全面深化改革不断破冰前进，全国首创"无证明县""龙游通＋全民网格"成为全国市域社会治理创新优秀案例，县乡村三级"舒心治理"、生态治水"四大模式"、国资改革等亮点纷呈，形成一大批具有龙游鲜明辨识度的标志性成果。龙游聚力惠民大事、倾心民生实事，牢牢把握人口集聚和百姓增收两大关键点，始终把农民集聚转化作为全域统筹、城乡融合、增收致富的牵引性抓手，不断探索破解城乡发展不均衡难题。

在这里，企业发展风生水起，项目建设如火如荼。龙游秉承"开放包容、敢为人先"的龙商精神，坚定不移走新型工业化道路，坚持产业为王、工业强县不动摇，旧产业重焕生机，新动能挑起大梁，智能制造、碳基材料、轨道交通、特种纸、绿色食品五大优势产业势头强劲，上市企业、"专精特新"企业发展走在全市前列，成功获列全省生态工业"一县一策"样本县，并跻身全国科技创新百强县市。

在这里，两化引领成效凸显，城乡基础设施日益完善、街道马路整洁通畅、

---

① 深入推进"欠发达乡镇奔小康工程"加快浙江全面建设小康社会进程[M].浙江日报.2007-01-24(001).

百姓人家窗明几净、生态环境优美宜人、文明风尚浸润人心……处处是文旅融合发展的美丽图景。龙游持续放大"万年文化、千年古城、百年商帮"的历史积淀优势和"两江化一龙"的山水本底优势,加快农文旅体融合发展步伐,文化竞争力、区域美誉度不断提升。

在这里,有一支来自各行各业的年轻人组成的8090新时代理论宣讲团。他们深入田间地头、村社广场,用年轻人的视角和表达方式,用群众喜闻乐见的宣讲形式,在全社会尤其是青年群体中广泛传播党的创新理论,推动习近平新时代中国特色社会主义思想走深走心走实。深入开展"8090青年创造季""龙凤引·游子归"十万青年汇龙游等活动,持续推动青年思想向行动转化、宣讲向创造跃升,让城市对青年更友好、青年对城市更有为,在青年发展型城市的"新赛道"上龙游逐浪前行。

《打造四个展示窗口　奋力书写"八八战略"龙游篇章的探索与实践》一书,研究阐述了"八八战略"的要义和龙游县贯彻实施"八八战略"奋力打造四个展示窗口的创新实践。具有以下特点。

一是思想性强。该书把习近平总书记关于"八八战略"的理念贯穿于浙江省山区县跨越式高质量发展工作实际进行研究阐述,既有对"八八战略"的科学分析和理论解读,又有对浙江实施"八八战略"实践的深度剖析和经验提炼。

二是系统性强。"八八战略"是一个内涵丰富、内容充实的体系,是目标与任务的统一体。该书研究涉及山区跨越式高质量发展、生态工业高质量发展、文旅融合高质量发展、青年发展等诸多领域,尤其对龙游县始终牢记习近平总书记的殷殷嘱托,努力成为推进"两个先行"的展示窗口等都有理论分析与经验总结。

三是时代性强。该书紧密结合当今中国式现代化建设的时代特征,牢牢把握时任浙江省委书记习近平同志三次赴龙游考察调研时所作的指示要求和习近平总书记对"8090新时代理论宣讲工作"作出的重要批示精神,在领悟精神实质上抓好落实。客观分析龙游县跨越式高质量发展取得的成效与存在的问题,并以浙江区域样板为代表,创新性地论述山区县跨越式高质量发展的推进机制、实施途径及经验做法。

该书理论联系实际,研究内容丰富,对我国山区县实现中国式现代化的研究具有良好的理论价值,总结的路径模式和行动经验对加快山区县共同富裕建设也有现实指导作用。

浙江大学中国农村发展研究院教授、首席专家　黄祖辉

2023 年 9 月

前　言 ························ ≫ ≫ ≫　≫

　　2003 年 7 月,时任浙江省委书记习近平提出了"八八战略",确立了引领浙江发展、推进浙江工作的总纲领和总方略,指引浙江率先开启了省域现代化先行探索。20 年来,龙游县牢记习近平总书记的殷殷嘱托,加快追赶跨越、坚定不移实施"八八战略",在特色发展之路上探索实践、勇毅前行,一张蓝图绘到底,一任接着一任干,实现了从农业大县阔步迈向工业强县、从偏远山城跃升为小县大城、从总体小康到高水平全面小康的精彩蝶变。主要体现如下。

　　一是打造成为山区跨越式高质量发展的展示窗口。2007 年 1 月 22 日,时任浙江省委书记习近平到罗家乡调研,对山区发展作了系统阐述,指出"要着眼于推进高效生态农业建设,充分发挥山区资源优势""要坚定不移地走特色发展之路";"农村致富的路子,还是要靠减少农民""转移农民需要培训";新农村建设"要坚持分类指导,因地制宜,不同类型的地方,沿海、平原、山区、海岛,渔民、农民,以工业为主的、以农业为主的,城郊型、偏远型,发达的、欠发达的,要有不同的要求,选择不同的模式。但是总体上来讲,基础设施要逐步建立完善,村容村貌要整洁起来,农村环境要像城市一样净化、美化,社会事业要与经济建设同步发展,包括人的素质、体制、机制、农村政策、基层组织建设在内的软实力要与经济发展相配套"①。龙游县按照习近平总书记的重要指示精神,坚定不移地走好特色发展之路,以共同富裕缩小地区差距试点和农民集聚转化改革探索试点为载体,深入实施工业强县、城乡融合、特色竞争"三大战略",奋力打造"创新城市""公园城市"和共同富裕示范区、生态工业先行区、文旅融合试验区、城乡风貌样本区之"两城四区",探索走出具有龙游特色的山区

---

　　① 　深入推进"欠发达乡镇奔小康工程"加快浙江全面建设小康工程[N].浙江日报,2007-01-24(001).

跨越式高质量发展之路、共同富裕之路。

二是打造成为生态工业发展的展示窗口。2002 年 12 月 28 日,时任浙江省委书记习近平到浙江恒达新材料股份有限公司、龙游外贸笋厂、浙江龙游新西帝电子有限公司调研,详细了解制造智能化、装备先进性、市场竞争力、企业外向度等情况。龙游县用心领悟习近平总书记的深刻用意,始终把产业作为强县之基、富民之源,坚定不移实施工业强县"531"工程,打好"平台提质＋产业聚焦＋双招双引＋科技创新＋企业上市"组合拳,加快生态工业样本县建设,力争跻身浙江工业大县行列。

三是打造成为文旅融合创新发展的展示窗口。2004 年 10 月 9 日,时任浙江省委书记习近平来龙游石窟调研历史文化。龙游县按照习近平同志指示要求,不断放大"万年文化、千年古城、百年商帮"的历史积淀优势,进一步扩大龙游石窟的影响力,提升"荷花山"、"青碓"、姑蔑城、姜席堰、大南门等的辨识度,做好"龙游瀫"文化赋能文章,不断提高区域竞争力、美誉度。

四是打造成为青年发展的展示窗口。2020 年 6 月 21 日,习近平总书记对"8090 新时代理论宣讲工作"作了重要批示。龙游县着眼培养担当民族复兴大任的时代新人的高度,把握未来方向、聚焦青年发展,不断放大"8090 新时代理论宣讲工作"的优势,探索青年发展型县域建设,在广阔舞台中塑造青年,在时代征程中赢得未来。

本书采用理论与实践、历史与逻辑、访谈与案例相结合的方式,将习近平总书记关于"八八战略"的相关论述及后续实践,做了一个总体性的回顾和总结。其中,不但系统地描摹龙游县围绕加快发展这一最大主题,在深化认识中把握特色竞争策略,在不断积累中梳理提炼"六个优势",沿着习近平总书记指引的路子奔向康庄大道,先后入选全省高质量发展建设共同富裕示范区"缩小地区差距"试点和"改革探索类"试点的发展过程,更揭示了"八八战略"的理念和实践,以及如何从一个省域萌发并上升到国家层面的演进逻辑,这将有助于我们完整、准确、全面地理解和把握习近平新时代中国特色社会主义思想体系的相关理论,从而积极主动地投身中国式现代化建设的大潮,赢取中国高质量发展、推进现代化的丰硕成果。

本书由绪论、正文和附录组成,深化了"习近平新时代中国特色社会主义思想在浙江的萌发与实践"研究,系统梳理了"循迹"导图、深度挖掘了"溯源"成果。编写组由浙江省重点专业智库(浙江省信息化发展研究院)抽调力量组成,首席专家辛金国教授负责统筹、审核并分别撰写了绪论和后记。正文第一章由陈玮执笔,第二章由郑军南执笔,第三章由金洁执笔,第四章由冯雅、陈玮执笔,第五章由刘昱执笔,第六章由金洁执笔。附录为访谈提纲及访谈记录,由刘昱、郑军南、金洁、冯雅撰写访谈提纲,刘昱、郑军南、金洁、冯雅和袁赛赛等负责访谈记录的整理,全书由辛金国统稿。

在此感谢"龙游县打造四个展示窗口 奋力书写'八八战略'龙游篇章的探索与实践研究"著作编委会(龙游县委办、县府办、县委宣传部、县社科联和其他相关部门负责人)的组织与指导,感谢浙江大学出版社,感谢编写组团队的辛勤付出。对于本书可能存在的失误和疏漏,我们深表歉意,并会在今后的工作中力求避免。敬请各位读者批评指正。

CONTENTS
目 录 ········ >>> >

导　语

　　我国山区县由于区位约束程度高，产业发展效能较低、生态治理难度较大、经济社会发展相对滞缓。因此，如何走出一条符合山区县地域特色和资源禀赋的实践路径，对实现山区县跨越式高质量发展、实现共同富裕具有重要意义。

　　县域作为中国最古老的行政管理基本单位，既是城乡居民的集居地，也是我国经济社会赖以发展的基础，亦是农耕文明、农耕文化、地域文化生存发展之地。从一定意义上来说，县域高质量特色发展就是"工业文明"与"农业文明"发展的缩影，县域发展演变也反映着经济社会的变革趋势，特别是城乡关系的发展变化趋势。

　　"天下地方千里，分为百县而系于国。"县治则国治，县安则国安。县域发展也是整个中国经济社会发展演变的一个风向标。无论是城市发展还是农村发展、工业发展还是农业发展都会在县域发展上表现出来，所以研究中国县域发展实际上是解剖中国经济社会变革的"麻雀"，"麻雀虽小、五脏俱全"。我们通过对龙游县实施"八八战略"20多年来山区县发展的一些样本解剖，可以揭示浙江省实施"八八战略"20多年来政治、经济、社会、生态和文化等方面的发展轨迹与发展规律，起到"窥一斑以见全豹"的作用。

一、20多年来龙游县奋力推进"八八战略"的基本经验

　　浙江是5000年中华文明实证地、中国革命红船起航地、改革开放先行地和习近平新时代中国特色社会主义思想的重要萌发地。龙游作为浙江省山区县的代表之一，生态特色发展进程走在全省前列。习近平总书记主政浙江期间，曾三次到龙游考察调研，作出一系列战略性、前瞻性、针对性的重要指示。2020年6月21日，习近平总书记对"8090新时代理论宣讲工作"作出重要批

示。20 多年来,"八八战略"引领龙游经济、政治、文化、社会、生态等各项事业发展取得巨大成就,综合实力大幅跃升,城乡发展精彩蝶变。2002 年至 2022 年,全县 GDP 从 30.76 亿元增至 298.66 亿元,年均增长 10.6%;人均 GDP 从 7577 元增至 81937 元;财政总收入从 2.39 亿元增至 42.47 亿元,发展的多样性特色十分明显。由杭州电子科技大学社科赋能团队撰写的这本《打造四个展示窗口　奋力书写"八八战略"龙游篇章的探索与实践》著作,选取龙游县作为研究样本,兼顾到了发达地区与欠发达地区、平原与山区、少数民族与非少数民族等不同类型的县域地域。龙游县的发展在浙江省既有一定的代表性,也隐含了发展的普遍性与多样性相统一的规律性。从一定意义上来说,浙江县域也是浙江变革最早、最快的地方,因此这个样本的研究就有了多方面的意义与价值。

通过对龙游县 20 多年来打造四个展示窗口,奋力书写"八八战略"的发展历程、发展实绩、发展经验、发展动因等的整体分析,我们大致上可以揭示浙江实践"八八战略"的基本经验,也可以从中寻找到浙江 40 多年改革开放与发展之所以能够走在全国前列的内在原因。从龙游县打造四个展示窗口,奋力书写"八八战略"的探索与实践总体情况来分析,浙江山区县 20 多年来跨越式高质量发展中值得全国县域借鉴的发展经验主要有以下七点。

一是"八八战略"引领龙游提升特色发展之道,打开了高质量发展的广阔空间。"八八战略"引领浙江有效应对"先天不足"的制约和"成长的烦恼",其核心和精髓就是优势论。时任浙江省委书记习近平在龙游考察调研时指出,"要着眼于推进高效生态农业建设,充分发挥山区资源优势""要坚定不移地走特色发展之路"。① 20 多年来,在"八八战略"指引下,龙游县围绕加快发展这一最大主题,在深化认识中把握特色竞争策略,在不断积累中梳理提炼"六个优势",沿着总书记指引的路子奔向康庄大道,先后入选全省高质量发展建设共同富裕示范区"缩小地区差距"试点和"改革探索类"试点。龙游县统筹推进工业再提质、文旅再出发、农业再增效,产业结构实现从"二三一"到"三二一"转变;放大区位交通优势,恢复中断半个多世纪的衢江航道,逐步形成"一个货运站、三座火车站、五个高速口、一个港区"的交通新格局;扩大空间平台优势,步入跨衢江发展新阶段,建成区面积拓展至 15.4 平方公里,山区"七个一"形态基本形成;发挥美丽山水优势,构建起"两江化一龙"全域旅游发展新格局,

---

① 深入推进"欠发达乡镇奔小康工程"加快浙江全面建设小康社会进程[N].浙江日报,2007-01-24 (001).

探索走出"小县大城·共同富裕"农民集聚转化新路子,有关做法入选全省第三批共富最佳实践并得到国务院领导批示;发挥社会风尚优势,迎来了龙游的高光时刻,"8090新时代理论宣讲工作"获得习近平总书记重要批示;放大历史积淀优势,"万年文化、千年古城、百年商帮"成为龙游最深厚的文化底蕴最鲜明的城市特质,成功跻身中国文化百强县,文化竞争力、区域美誉度不断提升。

二是"八八战略"引领龙游"腾笼换鸟、凤凰涅槃",点燃了追赶跨越的强大引擎。习近平总书记在浙江工作期间,创造性地提出了"腾笼换鸟、凤凰涅槃"的理念,强调要充分发挥块状特色产业优势,建设先进制造业基地,努力推动浙江由量的扩张向质的提高转变。时任浙江省委书记习近平在龙游考察调研时,实地走访了浙江恒达新材料股份有限公司、龙游外贸笋厂、浙江龙游新西帝电子有限公司,详细了解制造智能化、装备先进性、市场竞争力、企业外向度等情况,对企业发展给予高度重视和特别关心。20多年来,在"八八战略"指引下,龙游县坚定不移地加快新型工业化步伐,大力实施工业强县"531"工程,扎实推进"腾笼换鸟、凤凰涅槃"专项攻坚,强化"双招双引""五链"融合,形成智能制造、碳基材料、轨道交通、特种纸、绿色食品五大优势产业;"二期在龙游"成为金名片,本土主板上市企业、科创板上市企业从无到有实现"零突破",国家"专精特新"小巨人、省"隐形冠军"、省"专精特新"中小企业数量均在全市首位。大力度推进两轮开发区整合提升,规划面积拓展至66.75平方公里,获评国家级绿色园区、省级高新技术产业园区和首批省级现代化服务业创新发展区,成功获列全省生态工业"一县一策"样本县、全国科技创新百强县市。

三是"八八战略"引领龙游城乡融合一体发展,迎来了全域和美的精彩变迁。城乡关系在"三农"问题解决上起着极为重要的作用。改革开放以来,浙江逐步改革了城乡二元分割体制,允许农民到城镇务工经商,走出了一条农民城镇农民建的城镇化之路,县城和小城镇成为农民首选的安居乐业之地。习近平总书记在浙江工作期间,开创性提出推进城乡一体化,亲自谋划实施"千万工程",创造性提出更加注重城乡统筹、致力于农民市民"两种人"融合发展的新型城镇化。时任浙江省委书记习近平在龙游县罗家乡考察调研时指出,"农村致富的路子,还是要靠减少农民"[①],新农村建设"要坚持分类指导,因地制宜""但是总体上来讲,基础设施要逐步建立完善,村容村貌要整洁起来,农

---

① 深入推进"欠发达乡镇奔小康工程" 加快浙江全面建设小康社会进程[N].浙江日报,2007-01-24(001).

村环境要像城市一样净化、美化,社会事业要与经济建设同步发展"。① 20 多年来,在"八八战略"指引下,龙游县坚持城乡融合发展战略,把农民集聚转化作为牵引性抓手,从"下山脱贫异地搬迁"1.0 模式、"国土整治异地搬迁"2.0 模式,到"小县大城·共同富裕"3.0 模式,累计建成农民集聚小区(点)36 个,集聚转化农民 4 万余人;系统重塑、不断丰满"一核两极、两江走廊、全域和美"空间发展格局,"龙游瀫"日益成为城市发展核心引擎,金融中心、东方综合体、金鼎级酒店等一批城市赋能项目建成投用,未来社区、未来乡村、城乡风貌样板区等共同富裕现代化基本单元全面铺开,成功承办全省第十九届深化"千万工程"建设新时代美丽乡村现场会、全国因地制宜推进小城镇建设现场会,圆满完成全国"千万工程"现场会考察点任务。

四是"八八战略"引领龙游持续扩大改革开放,激发了澎湃涌动的内生动力。习近平总书记在浙江工作期间,始终坚持把改革创新、开放图强作为实施"八八战略"的关键之举,提出以"地瓜理论""接轨大上海、融入长三角"等理念和战略推动浙江融入全国、全球发展大局。20 多年来,在"八八战略"指引下,龙游县坚持以创新深化、改革攻坚、开放提升三个"一号工程"为牵引,锻造发展新优势,大力推进经济体制改革,国有企业改制催生出全国特种纸产业基地,国资改革走在全市前列;政务服务改革全面深化,纵深推进"四张清单一张网""最多跑一次"和营商环境优化提升等改革,政务服务增值化水平不断提升,连续 3 年荣获全省营商环境评价第一档,并获评全国营商环境百佳示范县;突出交通先导、全面扩大开放,成为较早拥有交通大环线的县级城市,溧宁高速、杭长高铁、衢宁铁路、沪昆铁路、"一路一桥一港一枢纽"等重大交通项目相继建成投用,龙游港区开港 4 年实现吞吐量近 6 倍增长、已超 350 万吨,获评全国城乡交通运输一体化示范创建县;秉承"开放包容、敢为人先"的龙商精神,推动一批外来企业、"二期"项目、龙商回归项目纷纷落地,经济外向度明显提升。"山海协作"硕果累累,累计承接省内发达地区产业转移项目 500 余个、到位资金 300 多亿元。传统制造业通过数字化、智能化改造向先进制造业转型,市场原料两头在外的块状经济通过对内对外双向开放向产业集群转型,农民和民营经济为主体的县域经济通过深化改革、体系重塑向高质量发展转型,成为龙游县发展的一道亮丽风景线。

五是"八八战略"引领龙游不断擦亮生态本底,拓宽了"绿水青山就是金山

---

① 深入推进"欠发达乡镇奔小康工程" 加快浙江全面建设小康工程进程[N].浙江日报,2007-01-24 (001).

银山"的转换通道。浙江人多地少,人均资源稀缺,在改革开放初期,为了解决产品短缺、工业品供应匮乏问题,走上了一条粗放型、数量型经济发展之路。习近平总书记在浙江工作期间,创造性地提出"绿水青山就是金山银山"的重要理念,推动建设生态省、打造"绿色浙江",指引浙江走出了绿色发展的道路。时任浙江省委书记习近平在龙游考察调研时指出,"促进欠发达地区的发展特别是低收入农民的增收,要着眼于推进高效生态农业建设,充分发挥山区资源优势,大力发展特色产业"①。20多年来,在"八八战略"指引下,龙游县全力打好治水、治气、治土、治废、治塑攻坚战,大刀阔斧推进"三改一拆""四边三化""五水共治"和农房管控风貌提升,城乡面貌焕然一新;PM2.5浓度近三年均达到国家二级标准;出境水质从Ⅲ类水提高到Ⅱ类水,3次捧回全省治水大禹鼎,陆续创成省级生态文明建设示范县、省级三星"无废城市"并被授予"清源杯",跻身全国首批"幸福河湖"建设试点;坚持"靠山吃山",大力发展渔业、笋业、畜禽等"3+X"特色农业,携手正大集团共建士元实验区现代农业产业园,累计培育农业龙头企业68家、家庭农场2966家,培育形成"花菇""龙和"等共富模式,"龙游飞鸡"被国务院扶贫办评为精准脱贫重点案例。在这一背景下,城市出现了逆城市化和新一轮"上山下乡"的热潮,追求绿色生态的城市消费者热衷于到美丽乡村来休闲度假、养生养老,城市有识之士和城市的资本和技术与开始出现了"上山下乡",到美丽乡村发展民宿等美丽经济和现代农业。传统农业也出现了加速向现代农业转变的新趋势。家家粮棉油、户户小而全的小农经营大幅减少,适度规模经营的家庭农场、合作社、龙头企业成为新型农业经营主体。大学生、研究生、留学归来的高层次农二代和来自城市的农创客给龙游县农业注入了新的生机和活力。同时,现代农业出现了功能多样化以及与第二、第三产业相融合的新趋势,休闲观光农业、文创农业、体验农业、智慧农业、设施农业等新业态快速增多,农业绿色化、标准化、品质化、品牌化让龙游县农业呈现出前所未有的发展新态势。

六是"八八战略"引领龙游加快文化繁荣发展,彰显了文化文明高度融合的气质魅力。习近平总书记在浙江工作期间,十分注重从文化深处思考浙江改革发展重大问题,从省域层面对繁荣发展社会主义文化进行了富有战略性、前瞻性的实践探索。20多年来,在"八八战略"指引下,龙游县持续推进龙游石窟保护开发,启动"基因解码工程",不断提升龙商品牌的知名度和美誉度,

① 深入推进"欠发达乡镇奔小康工程"加快浙江全面建设小康社会进程[N].浙江日报,2007-01-24(001).

为龙商发展创造了良好的人文发展环境;打响"衢州有礼·天下龙游"城市品牌,推进"浙江有礼·万年龙游"文明新实践,实现新时代文明实践中心(所、站)标准化建设全覆盖;创新成立"8090新时代理论宣讲团",被全省推广并走向全国,三年多来从最初30余人发展壮大到4000余人,不断推动党的创新理论"飞入寻常百姓家"。农村文化礼堂实现全覆盖,成功入选全省农村文化礼堂建设示范县;省级社科普及示范基地——龙游博物馆建成开馆,全市率先创成全省公共文化服务现代化先行县,成功创建省级公共文化服务体系示范区,"三百联盟"体系入选全国基层公共文化服务高质量发展典型案例,基层综合文化站社会化运作经验两次在全国性会议上作交流推广;做好"文化+"文章,"两江化一龙"全域旅游格局精彩呈现,累计建成3个4A级景区、8个3A级景区。

七是"八八战略"引领龙游平安法治一体推进,夯实了基层社会治理现代化的坚固基石。习近平总书记在浙江工作期间,强调要建立健全一整套良好的和谐社会运行机制,前瞻部署平安浙江、法治浙江建设,创新发展"枫桥经验""后陈经验"和民主恳谈经验等,指引浙江找到了治理现代化的基本规律和发展方向。20多年来,在"八八战略"指引下,龙游县持续健全党总揽全局、协调各方的领导体系、制度体系、工作体系,全力支持人大、政府、政协、法院、检察院依法依规履行职能、开展工作,一体推进法治龙游、法治政府、法治社会建设,打造形成人大"社阳模式""局长进站"、政协"请你来协商""委员会客厅"等特色品牌。迭代完善党建统领基层治理工作体系,扎实推进基层智治系统建设,"县乡一体、条抓块统"改革、"大综合一体化"行政执法改革落地见效,平安建设实现"十七连冠"。

二、龙游县跨越式高质量发展的关键因素与推进路径

通过对龙游县坚定不移实施"八八战略"、奋力打造"四个展示窗口"的探索与实践的深入挖掘和综合思考,揭示龙游县高质量发展推进共同富裕的动力机制及推进路径,是我们社科赋能所要达到的一个重大预期目标。全面分析龙游县的地理位置、资源环境、人口要素、经济发展、社会文化、政策导向等情况,可以发现龙游县跨越式高质量发展和地理区位与要素禀赋、政策导向与民众价值观、地方人民政府与地方治理、乡村人才、历史文化与人文素养等息息相关,这五大因素影响并决定着龙游县自身独特的发展方向与发展趋势。

第一是地理区位与要素禀赋。浙江"七山一水二分田"。龙游县位于浙江

省西部,金衢盆地中部;县境南北高、中间低,多丘陵;气候属于亚热带季风气候,春早秋短,夏冬长;土地类型以林地为主,是浙江省重点林业县和产粮大县之一;县内优质水资源丰富,渔业发达;成矿地质条件较好,非金属矿产资源较丰富。"绿水青山就是金山银山",良好的区位环境和丰富的自然资源为龙游县林下帮富、农业现代化和资源绿色发展等奠定了坚实的基础。

　　第二是政策导向与民众价值观。浙江具有悠久的农商兼营、工农商皆本的地域文化,龙游是"龙游商帮"的发源地,具有"义利并举、敢为人先"的文化积淀。在计划经济和以粮为纲的年代,浙江人的手工业和家庭工业、小商品生产被迫中断。1978年改革开放实施后,浙江农民发展商品生产、乡镇企业、个私经济的积极性得到全面激发。"八八战略"是龙游县高质量发展的制胜法宝。在"八八战略"指引下,龙游县全面推进产业链、创新链、人才链、资本链、服务链"五链"融合,为建设区域明珠城市注入强劲动能。从实践来看,龙游人民群众对这一系列政策高度认可,并转化成经济发展的强劲动力,又通过政策宣导、文化宣讲、价值宣贯,推动更多政策在龙游落地开花。

　　第三是地方人民政府与地方治理。习近平总书记强调制度的生命力在于执行。地方人民政府是地方治理体系的实现者和保障者,处在地方治理第一线。地方领导思想是否开放、是否具有前瞻性,对"三农"工作是否重视,对农民群众感情是否深厚,工作作风是否求真务实,其决策能力、指挥能力、规范能力、控制能力等具体如何,都对国家治理在地方层面的推进起着决定性作用。在乡村地方治理上,龙游县较好地实行了村民委员会自治机制,德治、法治和自治"三治融合"基层治理夯实了农村基层党组织和基层政权建设,推进乡村和地方治理现代化。

　　第四是乡村人才。人才为龙游践行中国式现代化提供了坚实基础和持久动力。龙游县通过"三支队伍"建设,为龙游发展凝聚了高素质干部队伍、高水平创新型人才和企业家队伍、高素养劳动者队伍;龙游县通过迭代实现了"小县大城　共同富裕"农民集聚转化模式,填补了人口洼地;通过挖掘培育"农创客"和直播人才,推进"筑巢工程""回归工程"和"带富工程",助推了乡村人才振兴。此外,乡村能人对地方的发展也起决定性作用,他们带头闯市场、带头经商办厂兴实业,进而带领村民群众走上共创共富之路。

　　第五是历史文化与人文素养。浙江是中华民族5000年农耕文明实证地、中国农业文明重要发祥地。浙江山区的发展带有明显的农耕文化、民俗文化影响的深深烙印。龙游县通过不断加强基层文化阵地建设,打造新时代文化高地,助力实现精神共富;通过不断激活农文旅融合新格局,打造了共富新风貌;通过探索"乡贤+"模式按下了乡村振兴的"加速键"。天人合一、道法自然的农耕理念,孝老爱亲、耕读传家的农耕风尚,守望相助、以和为贵的农耕品质,坚忍不拔、自强不息的农耕精神都使得龙游县汲取到更多的乡村振兴的新力量。

综上所述,龙游县打造四个展示窗口、奋力书写"八八战略"的经验弥足珍贵,值得借鉴,其发展的内在机制与特征也在一定程度上表征了中国山区县发展的规律。本书归纳和提炼的龙游县打造四个展示窗口,奋力书写"八八战略"篇章的探索与实践具有自身独特规律,但也有诸多共性经验可循,期望读者们能从这本书中发掘一些对今后中国山区县跨越式高质量发展有借鉴意义的内容,希望大家将这本书看作研究浙江 20 多年来推进"八八战略"促进山区县跨越式高质量发展的一个重要窗口和实践参考,希望通过进一步思考与实践,为山区县跨越式高质量发展谱写出更多的华彩篇章。

第一章 溯源："八八战略"与山区跨越式高质量发展的理论探索与实践

第一节 "八八战略"的生成逻辑

"八八战略"是时任浙江省委书记习近平在 2003 年 7 月 10 日召开的浙江省委十一届四次全会上，围绕加快全面建设小康社会、提前基本实现社会主义现代化目标，紧密联系浙江的优势和特点，作出的进一步发挥"八个方面的优势"、推进"八个方面的举措"决策部署的简称。这一战略主要指：一是进一步发挥浙江的体制机制优势，大力推动以公有制为主体的多种所有制经济共同发展，不断完善社会主义市场经济体制；二是进一步发挥浙江的区位优势，主动接轨上海，积极参与长江三角洲地区合作与交流，不断提高对内对外开放水平；三是进一步发挥浙江的块状特色产业优势，加快先进制造业基地建设，走新型工业化道路；四是进一步发挥浙江的城乡协调发展优势，加快推进城乡一体化；五是进一步发挥浙江的生态优势，创建生态省，打造"绿色浙江"；六是进一步发挥浙江的山海资源优势，大力发展海洋经济，推动欠发达地区跨越式发展，努力使海洋经济和欠发达地区的发展成为浙江经济新的增长点；七是进一步发挥浙江的环境优势，积极推进以"五大百亿"工程为主要内容的重点建设，切实加强法治建设、信用建设和机关效能建设；八是进一步发挥浙江的人文优势，积极推进科教兴省、人才强省，加快建设文化大省。为浙江量身打造的"八八战略"，似一把启迪智慧的金钥匙，打开了浙江高质量发展的新通道。

20 多年来，在"八八战略"指引下，浙江省委坚持一张蓝图绘到底，一任接着一任干，推动经济社会发展取得了历史性成就，实现了历史性变革，使浙江率先走上了创新、开放、转型、绿色、城乡、山海、平安、法治、文化等全面、协调、可持续的科学发展道路,引领浙江实现了从偏重经济发展向全面发展、从低端制造向中高端制造、从城乡分割向城乡融合、从山海阻隔向山海协作、从环境污染向环境友好、从经济大省向经济强省、从对内对外开放向深度融入全球化、从总体小康向高水平全面小康、从一部分人先富起来向共同富裕的历史性跃迁。

时代是思想之母,实践是理论之源。任何伟大的思想理论都是对特定客观实际的能动反映。"八八战略"不是抽象空洞的理论概念,不是简单听听汇报提出来的,而是习近平同志在大量的调查研究中、在丰富生动的实践中、在狠抓落实的过程中,总结提炼并不断深化完善的,是深思熟虑地推进浙江新发展的战略思考与实践探索,是在长期的实践中不断被证明的具有普遍意义的思想理论体系。"八八战略"来自大量的调查研究和生动实践,是基于对新世纪浙江发展面临的世情、国情、省情的正确认识和把握。①

一、"八八战略"萌发的时代背景

战略问题事关全局和长远。作为谋全局谋长远的"八八战略",有着深刻的时代背景,是建筑在对新世纪初浙江发展面临的世情、国情、省情深刻变化的正确认识和把握的基础上的。

从世情看,浙江发展面临如何应对经济全球化和我国加入世贸组织带来的机遇和挑战。进入新世纪初,我国发展面临三大国际机遇,即经济全球化进程加快的大背景下国际产业结构调整和产业转移加速的机遇、新技术革命迅猛发展的机遇、我国加入世贸组织带来的机遇。同时,我国也面临在更大范围、更广领域和更高层次上参与国际经济技术合作和竞争的挑战,面临如何与世贸规则和国际惯例相适应的挑战,面临如何转变政府管理职能,健全公开透明度的政策法规,减少外资进入领域、企业"走出去"和民间投资等诸多限制的挑战。如何应对这些机遇和挑战,对作为沿海开放大省、民营经济大省和外贸出口大省的浙江来说,尤为紧迫,尤为重要,亟待理清新的改革开放思路和提出新的战略举措。

从国情看,浙江发展面临如何贯彻落实科学发展观和继续走在前列的要

---

① 郭占恒."八八战略":跨越时空的思想传承和行动指南——写在"八八战略"提出实施20周年之际[J].观察与思考,2023(02):20-33.

求。党的十六大以来,以胡锦涛同志为总书记的党中央坚持和发展中国特色社会主义,提出科学发展观,构建社会主义和谐社会和加强党的先进性建设等新要求。同时,胡锦涛总书记殷切期望浙江在全面建设小康社会、加快推进社会主义现代化的进程中继续走在前列,明确而具体地要求浙江在树立和落实科学发展观、构建社会主义和谐社会、加强党的先进性建设等方面走在全国前列。① 这"2+3"的要求,实际上是要求浙江以新的发展理念、新的发展思路、新的战略举措,为全国探索闯出一条科学的发展道路。如何把中央精神与浙江实际紧密结合起来,这是必须完成的光荣而艰巨的使命。

从省情看,浙江发展面临如何"爬坡过坎",破解长期积累的矛盾和问题。进入 21 世纪之初,经过改革开放 20 多年的发展,浙江已经积累起雄厚的物质基础,创造了多方面的优势,为今后的发展提供了良好条件。但同时,浙江作为一个市场经济先发、经济比较发达的省份,改革力度大、进展快,各类矛盾和问题自然也暴露得早、暴露得多,有的甚至还很尖锐。如:浙江先发性的体制机制优势有所弱化,经济结构存在的"小、低、散、弱"等先天不足日益突出,"高投入、高增长、高污染、低效益"的粗放型发展方式越来越难以为继。民营企业自主创新、自主品牌、产品质量、知识产权、标准化建设等意识较为淡薄。经济发展上面临"三缺少",即正在生产的缺电,正在建设的缺钱,正在招商的缺地。各类社会矛盾和焦点问题日益增多,机关作风慵懒,干群关系紧张,集体上访成为群众信访的主要形式,上访内容涉及土地征用、房屋拆迁、企业改制、劳动及社会保障、环境保护等热点问题。当时许多领导形容浙江正处于"爬陡坡、过大坎"的艰难阶段,面临如何发展、怎样发展的困惑和抉择。如何回答这些浙江发展的道路之问、转型之问、治理之问,需要新理念、新思想、新战略、新举措来领航定向。

上述深刻背景,构成了习近平同志谋划部署"八八战略"的时代要求。正如习近平同志 2003 年 7 月 10 日在浙江省委十一届四次全会报告中所说的,"八八战略"是基于对新世纪我们面临的重要战略机遇期宏观背景的正确认识和把握,是基于对浙江经济社会发展现实基础的正确认识和把握,是基于对浙江加快全面建设小康社会、提前基本实现现代化战略目标的正确认识

---

① 习近平.干在实处,走在前列——推进浙江新发展的思考与实践[M].北京:中共中央党校出版社,2016:43.

和把握。①

二、"八八战略"生成的科学路径

调查研究是谋事之基、成事之道,是我们党的优良传统,也是认识问题、解决问题、谋划工作、推动工作的重要法宝。"八八战略"就是习近平同志在大量的调查研究中,亲自总结提炼的"推进浙江新发展的思考与实践"的思想结晶和伟大创造,解决了当时浙江面临的要什么样的发展、怎样发展的方向和道路问题。

1.深入调查研究,形成推进浙江新发展的思考框架

2002 年 10 月 12 日,习近平同志在领导干部见面会上说:"我初来乍到,对浙江的情况不熟悉,首先要深入基层调查研究,全面了解情况、熟悉工作,尽快进入'角色',履行好党和人民赋予的工作职责。"②从 2002 年 10 月 13 日到 18 日,他白天忙于各种会议,晚上开展"特殊"的调查研究活动,连续看望了铁瑛、李丰平、薛驹等 7 位正省级离休老同志,听他们讲浙江省情,征求他们的建议。同时,抓紧部署调研课题和深入基层第一线。2002 年 10 月 22 日,习近平同志外出调研的第一站是赴嘉兴市调研并瞻仰南湖革命纪念馆。随后,又密集安排到各市县和省直机关调研。到 2003 年 1 月春节前,习近平同志用短短 110 多天连续跑了 11 个市和 25 个县,问计于广大干部群众。

2003 年 2 月 10 日,习近平同志主持召开春节后的第一次省委理论学习中心组学习会,主题就是调查研究。③ 他要求大家抓紧调查研究,从七个方面进一步深化对浙江经济社会发展战略的认识:一是关于重要战略机遇期;二是关于建设经济强省、打造文化大省、推进依法治省;三是关于坚持"两个毫不动摇";四是关于"北接上海、东引台资";五是关于统筹城乡经济社会发展;六是关于维护社会稳定;七是关于进一步加强和改进党的建设。④ 这"七个关于",为谋划"八八战略"指明了方向。随后,习近平同志又带头开展了有针对性的密集调研。到 2003 年 7 月,习近平同志在 9 个月时间里跑了全省 90 个县市

---

① 习近平.干在实处,走在前列——推进浙江新发展的思考与实践[M].北京:中共中央党校出版社,2016:73-74.
② 习近平在浙江(上)[M].北京:中共中央党校出版社,2021:75.
③ 跟着习近平浙江足迹学调查调研[N].杭州日报,2023-05-26(A6).
④ 习近平在浙江(上)[M].北京:中共中央党校出版社,2021:71,275-277.

区中的 69 个，①为决策部署"八八战略"打下了坚实的基础。

2. 广泛征求意见，确立"八八战略"的四梁八柱

习近平同志在大量调查研究基础上，逐渐摸清了浙江的省情，弄清了浙江的优势和短板，理清了浙江发展的思路和举措。2003 年 5 月 21 日，为起草好浙江省委十一届四次全会报告，习近平同志在杭州汪庄召集全会报告起草组的同志座谈，全面、系统地阐述他的思路和观点。他说，对全省未来的发展思路要考虑清楚、阐述清楚，浙江要在继承中发展，但更要不断创新，要有新举措，每一件事都要仔细推敲。他还分析了浙江的一些后发优势和综合优势，以及在报告里如何表述得更准确、更全面。对于一些重大的问题，比如：关于如何坚持"两个毫不动摇"，多种所有制共同发展；关于如何主动接轨上海、参与长三角合作交流；关于如何统筹城乡发展，加快推进城乡一体化；关于如何加快先进制造业基地建设，走新型工业化道路；关于海洋经济和山区发展；关于环境保护和生态建设；关于硬环境基础设施建设的"五大百亿"工程，以及软环境建设的"平安浙江""法治浙江""机关效能"；关于"文化大省建设"等等，他都讲得很详细。② 报告起草组根据习近平同志的思路观点，梳理形成"进一步发挥'八个方面的优势'，推进'八个方面的举措'"，作为报告第三部分"积极推进浙江经济社会新发展"的内容，由此形成了后来被简称为"八八战略"的最早稿本。

随后，根据习近平同志的意见，全会报告稿广泛征求各方面的意见和建议。2003 年 6 月底和 7 月初，习近平同志接连主持召开多场会议。如：在 2003 年 6 月 16 日召开的省委常委扩大会议上，习近平同志对"八八战略"的内容进行了阐释。2003 年 6 月 18 日，在全省"深化十六大精神主题教育，兴起学习贯彻'三个代表'重要思想新高潮"电视电话会议上，习近平同志比较完整地提出了"八八战略"的内容。2003 年 6 月 25 日，向副省级老同志通报"八八战略"等有关情况。2003 年 7 月 2 日下午和 4 日下午，他分别主持召开省委常委会（扩大）会议和省委常委会会议，征求各方面对开好浙江省委第十一届四次全会的意见建议。2003 年 7 月 7 日至 9 日，省委又召开县级以上领导干部理论学习研讨班，反复讨论以"八八战略"为主要内容的全会报告，凝聚共识，统一思想。

2003 年 7 月 10 日至 11 日，浙江省委十一届四次全会召开，习近平同志

① 跟着习近平浙江足迹学调查调研[N].杭州日报，2023-05-26(A6).
② 习近平在浙江(上)[M].北京：中共中央党校出版社，2021：71，275-277.

代表省委常委会作报告。报告第三部分全面阐释了"进一步发挥'八个方面的优势',推进'八个方面的举措'",而且每一个战略他都用大量的插话进行详尽的阐述,其插话内容近 9000 字,是正文 3200 余字的近 3 倍。后来这些插话大多收录到习近平同志的《干在实处,走在前列》这部著作中。由此可见,"八八战略"是习近平同志在大量调查研究并与大家共同探讨的基础上形成的,是从群众中来、到群众中去,集思广益的结果,体现了习近平同志总揽全局的政治站位、高超的领导艺术和求真务实的作风。

总之,要了解弄清"八八战略"的来源,必须了解弄清这一时期习近平同志的调查研究工作的情况。正如习近平同志多次强调的,"我在浙江工作时,省委就提出了'八八战略'。这不是拍脑瓜的产物,而是经过大量调查研究提出来的发展战略"①。

三、"八八战略"产生的实践过程

"八八战略"的提出建立在广泛调查研究的基础之上,并在狠抓落实的实践过程中不断发展和深化。它是理论与实践相结合的典范。

1. 部署"八八战略"与落实"八八战略"同时同步

2003 年 7 月 10 日,习近平同志在浙江省委十一届四次全会上的报告中,在部署"八八战略"后,紧接着说:"贯彻这些决策和部署,既有现实紧迫性,又是一项长期的任务,我们要咬定目标,一任接一任、一届接一届地抓下去。"②第二天,在全会结束时的讲话中,习近平同志再次强调,完成这些目标任务,我们要做长期的努力,坚持一年接着一年抓,一任接着一任干,一步一个脚印地推动落实,一件事一件事地抓出成效。各地各部门要紧密结合实际,把省委的决策部署细化分解,制定具体的工作方案、实施步骤和有效的工作机制,落实领导责任制。同时,要求省委办公厅抓好督促检查工作。

2. "四个必须""四个一"狠抓"八八战略"落实的要求

人们对事物的认识往往有一个过程。尽管在浙江省委十一届四次全会上,习近平同志对落实"八八战略"提出了狠抓落实的要求,但当时还是有些同志没有完全听进去。面对这一现实情况,习近平同志亲自去宣讲,亲自去抓落

① 习近平总书记在浙江考察纪实:一步一履总关情[N].浙江日报,2015-05-30(001).
② 习近平.干在实处,走在前列——推进浙江新发展的思考与实践[M].北京:中共中央党校出版社,2016:74.

实。2003 年 8 月初,即省委全会提出"八八战略"一个月后,习近平同志到丽水市去调研。他在最后一天听取市县领导汇报后的讲话中,有针对性地讲了"四个必须"的要求,即对省委部署的"八八战略","必须思想高度重视,必须摆上重要位置,必须结合实际贯彻,必须狠抓工作落实①。不久,习近平同志在《浙江日报》的"之江新语"专栏发表《抓而不实,等于白抓》的短论,突出谈到落实"八八战略","全省上下必须思想高度重视,必须摆上重要位置,必须结合实际贯彻,必须狠抓工作落实"②。"对'八八战略'作出的总体规划和提出的各项任务,要一步一步地展开,一项一项地分解,一件一件地落实,一年一年地见效"③。这"四个必须"和"四个一",足以说明习近平同志抓"八八战略"落实的严肃性、坚定性和持久性。

3.召开省委十一届五次全会对"八八战略"再部署再落实

习近平同志在浙江工作时经常强调,对重要的决策部署要反复聚焦,一抓到底。鉴于"八八战略"的重要性和一些同志尚未完全重视,2003 年 12 月 22日,习近平同志在浙江省委十一届五次全会上,对"八八战略"进行再动员、再部署,并上升为省委工作的主线。习近平指出,围绕充分发挥"八个优势"、深入实施"八项举措"这条主线,全省各地各部门都要把工作的注意力集中到这上面来,在思想上坚定不移,在工作中脚踏实地,进一步在深化细化具体化和实抓实干求实效上下功夫。咬定目标,一抓到底,积以时日,必有成效。一年一年抓落实,不断积小胜为大胜。

4.各领域工作一一落实"八八战略"

纲举目张,执本末从。"八八战略"作为浙江发展的总纲和总方略,是推进浙江新发展的顶层设计和工作主线,其他各领域各方面的工作都是围绕"八八战略"展开的。比如:2004 年 5 月,浙江省委十一届六次全会专题研究部署"平安浙江"建设工作;2004 年 10 月,浙江省委十一届七次全会专题研究部署切实加强党的执政能力建设工作;2005 年 7 月,浙江省委十一届八次全会专题研究部署加快文化大省建设工作;2005 年 11 月,浙江省委十一届九次全会专题研究部署"十一五"规划建议工作;2006 年 4 月,浙江省委十一届十次全会专题研究部署"法治浙江"建设工作;2006 年 11 月,浙江省委十一届十一次

① 习近平在浙江(下)[M].北京:中共中央党校出版社,2021:189.

② 李攀."抓而不实,等于白抓"[EB/OL].(2021-03-16)[2024-03-24].https://zjnews.zjol.com.cn/202103/t20210316_22250600.shtml.

③ 习近平.之江新语[M].杭州:浙江人民出版社,2007:32.

全会专题研究部署和谐社会建设工作等。同时,浙江省委还专题召开了全省海洋经济工作会议、全省民营经济工作会议、全省农村工作会议、全省工业大会、全省自主创新大会、全省城市工作会议、全省对外开放工作会议,以及专题调研推动为民办实事、统筹城乡发展、先进制造业基地建设、"千万工程"、山海协作工程、811环境整治工程等,制定出台一系列配套政策举措,推动"八八战略"一项一项落实。可以说,习近平同志在浙江工作的6个年头里,一条鲜明的主线就是调查研究、决策部署、贯彻落实"八八战略",体现了他一贯强调的"善作善成、善始善终""其作始也简,其将毕也巨"的思想定力、精神境界和工作作风。

第二节 山区跨越式高质量发展的丰富内涵

推动浙江山区26县实现跨越式高质量发展,是促进乡村振兴、拓展更大发展空间和发展潜力的必然要求,是高质量发展建设共同富裕示范区的必然要求,是全面推进中国式现代化省域先行的必然要求,浙江省必须举全省之力而为之。

一、山区跨越式高质量发展的实践基础

经过长期发展,浙江山区26县已具备了跨越式高质量发展的优势和条件。现如今,浙江山区26县的经济发展水平都处于全国县域经济发展的平均水平之上,部分县的经济总量、财政收入等指标与西部省区一些地级市相比,也毫不逊色。①

1. 政策稳固,打造"一张蓝图绘到底"的工作机制和扶持体系

时任浙江省委书记习近平在"八八战略"中提出,要"推动欠发达地区跨越式发展,努力使海洋经济和欠发达地区的发展成为我省经济新的增长点"②,并制定出台了"山海协作工程"等一系列政策举措。随后,历届省委、省政府都把推动欠发达地区跨越式发展作为施政重点,实施"欠发达乡镇奔小康工程"

① 郭占恒.推进山区26县整体跨越发展:跨越式高质量发展的基础与路径[EB/OL].(2022-02-18)[2024-03-24].https://baijiahao.baidu.com/s? id=1725054428363668307&wfr=spider&for=pc.
② 新华社.奋力谱写中国式现代化的浙江篇章——写在"八八战略"实施20年之际[EB/OL].(2023-07-10)[2024-03-24].https://www.gov.cn/yaowen/liebiao/202307/content_6890839.htm.

"低收入群众增收行动计划""重点欠发达县特别扶持政策"等系列政策,形成涵盖转移支付、生态补偿、异地搬迁、结对帮扶等方面的扶持体系,使山区 26县一举摘掉欠发达的"帽子",成为加快发展县。

2.资源丰厚,发挥农业、生态、空间资源优势

当前,民众的消费需求已发生根本性改变,对生态、健康、文化、旅游等的需求持续快速增长,浙江山区 26 县的生态价值、经济价值、文旅价值、社会价值等正前所未有地显现出来。山区农业富有特色的粮油、干鲜果品、药材等的市场需求量价齐升,效益农业、生态农业、观光农业有着很好的发展前景。中央和省委提出,实现可持续发展和"碳达峰、碳中和",使山区森林资源在维护动植物多样性和森林碳汇上的作用更加凸显。浙江山区还具有丰富的低丘缓坡资源,也为人多地少的浙江探索推进生态"坡地村镇"建设和发展新材料、生物医药等生态工业提供了广阔的空间。

3.设施优化,实现高速路和互联网络的互联互通

交通不便、信息不灵,是过去阻碍浙江山区 26 县发展的"鸿沟"。如今,这道"鸿沟"正在被不断填平。一方面,全省已实现县县通高速公路,衢宁铁路、杭绍台城际铁路建成通车,杭衢高铁、杭温高铁等建设如火如荼,为山区 26 县接轨大上海、融入长三角和省内四大都市圈创造了有利条件。另一方面,自2018 年以来,全省持续实施数字经济"一号工程",极大完善了以 5G 为支撑的新一代互联网基础设施,实现了山区与城市的无差别信息共享。①

二、山区跨越式高质量发展面临的现实困境

近年来,虽然浙江山区 26 县的发展取得了一系列的成果,但是仍然存在如下制约发展的困境和短板。

1.产业平台能级不足

从产业类型来看,浙江山区 26 县传统产业附加值普遍较低,缺乏竞争力,特别是农业产业链有待进一步补链强链;先进制造业发展滞后;数字经济和高新技术产业较为薄弱;生物科技、绿色食品、医疗康养等新兴产业处于起步阶段。从产业规模来看,山区 26 县的产业规模总量和单个企业规模都较小;产

---

① 郭占恒.推进山区 26 县整体跨越发展:跨越式高质量发展的基础与路径[EB/OL].(2022-02-18)[2024-03-24].https://baijiahao.baidu.com/s? id=1725054428363668307&wfr=spider&for=pc.

业集聚缓慢,规模经济和范围经济效益有待提升;缺少"链主"型龙头企业,产业链效能不高。2022 年上半年,山区 26 县规上工业增加值 830.3 亿元,同比增长 4.1%,占全省比重仅为 7.6%。《浙江省山区 26 县跨越式高质量发展实施方案(2021—2025 年)》提出推动衢州、丽水打造"千亿级规模、百亿级税收"高能级战略平台,但 2020 年丽水市工业平台中产值最高的仅为 400 亿元,距离千亿规模仍然有一定差距。

2.优质公共服务供给不足

教育方面,浙江山区 26 县生均教育经费低,缺少高素质教师队伍。医疗方面,山区医疗资源不足,设备老旧、资金缺乏、基础薄弱,万人拥有医生数和床位数都远低于全省水平。优质的公共服务是山区县居民"急难愁盼"的大问题。基础设施方面,交通设施是山区县最突出的短板,交通不便是制约山区县发展的最关键因素之一。2018 年,浙江提出建成省域 1 小时、市域 1 小时和都市区 1 小时通达的"3 个 1 小时"交通圈,高速公路网和铁路网不断建设和完善。2020 年 12 月,浙江全面实现县县通高速;2020 年至 2021 年,衢宁、金台铁路相继通车,结束多个山区县不通铁路的历史。但目前而言,省域、市域1 小时交通圈仍未完全建成,主要涉及温州、台州、丽水等地的山区县。衢宁、金台铁路设计时速仅为 160km/h,且车次较少,山区县仍然难以真正融入都市圈、接轨长三角。

3.资源要素不足

一是土地要素。浙江的地形分布大致是"七山一水二分田",部分山区县甚至是"九山半水半分田",土地资源尤其是建设用地紧缺,而产业园区、基础设施建设都需要大量土地,土地要素的供给难以匹配山区县跨越式高质量发展的时代要求。二是资金要素。从县域财政层面看,浙江山区 26 县产业不强、税源不足,财政总收入和一般预算收入都处于全省下游水平,且财政收入大多依靠上级财政转移支付,严重限制了重大项目投资建设,制约社会经济发展;从微观农户、企业融资层面看,融资渠道少、门槛高导致的融资难、担保难也使得现代农业和特色产业难以做大做强。资金要素缺乏束缚了县域经济发展和富民增收。三是人才要素。山区县普遍面临人才"引不进、留不住"的困境,尤其是科技创新人才招引困难,缺乏人才吸引力和承载力。资源要素的匮乏一定程度上也导致了山区县创新动能不足。2020 年,丽水、衢州两地 R&D经费占 GDP 比重为 2.0% 和 1.7%,而全省为 2.88%;两地 R&D 人员折合全时当量为 1.11 万人年和 0.93 万人年,全省平均为 5.25 万人年,最高的杭州为14.94万人年。浙江山区 26 县经费投入和人才资源都远远滞后于全省水平。

4.城乡差距较大

山区县农村交通不便、产业和村集体经济不强、就业岗位缺乏,农民增收困难重重。山区县城乡差距普遍较大。2020 年全省有 18 个区县城乡收入倍差高于 1.96,主要分布在浙西南山区。2022 年一季度,丽水市的城乡收入倍差高达 2.48、衢州则为 2.19,远高于全省一季度 1.82 的平均水平。另一方面,山区县城镇化率普遍偏低。2021 年衢州常住人口城镇化率仅为 58.1%,丽水、台州分别为 62.5% 和 62.6%。从区县层面看,山区 26 县城镇化率平均水平约为 58%,甚至有部分区县仅为 50% 左右。过多的人口分散居住在不利于生产生活的深山,城镇难以发展壮大,要素集聚效应不突出,不利于共同富裕和现代化经济发展。

5.转化通道存在阻碍

"绿水青山"的生态资源是浙江山区 26 县的核心资源优势,但目前"绿水青山"转化为"金山银山"仍面临较多堵点难点。要实现生态资源可抵押可交易、生态产品市场化,需要明晰生态资源产权,推进自然资源资产产权制度改革,完善生态系统服务价值(GEP)核算,但这些改革在全省乃至全国都仍然处于起步探索阶段。2019 年,丽水市被确定为全国首个生态产品价值实现试点市,发布全国首个 GEP 核算办法;2020 年,安吉率先开展"两山合作社"(两山银行)改革试点,丽水基于 GEP 核算发放全国首笔"GEP 贷",完成首笔生态产品市场化交易。但在改革实践中,也遇到一些难题。例如,虽然自然资源确权工作有序推进,但私人之间、村集体之间的产权界定尚未完成;"两山银行"的交易对象尚未覆盖生态产品中的"价值大头"调节服务类生态产品;"两山银行"的运营和交易机制还有待进一步完善等。总体而言,以丽水为代表的少数地区已经开展了一定的探索,取得很多突破与成效,但由于刚刚起步,体制机制尚未成熟,而其他山区县要高质量、大规模实现生态资源的价值转化,则更加任重道远。①

三、山区跨越式高质量发展的时代内涵

现阶段,浙江省山区跨越式高质量发展有着较好的基础和环境,也是浙江

① 兰建平. 推动山区 26 县跨越式高质量发展[J]. 浙江经济,2021(8):13-15.

打造高质量发展建设的内在要求与重要组成部分。

1. 高质量发展建设共同富裕示范区的核心任务

浙江区域、城乡协调发展水平全国领先,居民人均收入、社会发展水平全国领先。成绩的取得是因为多年来浙江省委、省政府一以贯之践行"八八战略"。同时也应看到,这些领先大都是"量"级层面的,还需以山区县跨越式高质量发展为突破口,进一步加大思路和举措创新,在区域、城乡协调发展和居民收入差距缩小上实现"质"级层面的突破,探索出、积累好一批经验、案例,作为高质量发展建设共同富裕示范区的核心任务。

2. 创建新发展格局的内在要求

新发展格局创建要求的内循环畅通"痛点"之一是山区县的生产要素配置、商贸物流组织、消费市场开拓等如何能够畅通地纳入全国大循环,在优势互补中高效实现配置最优化。浙江需进一步利用好市场经济相对发达、市场经济体制相对成熟、对省内外资源配置能力相对较强等优势,针对性加强现代化基础设施建设、重大创业创新生态营建,积极把山区县发展纳入新发展格局创建的大潮中来,聚力实现企业、产业、市场、贸易、科技、数据等资源要素的配置优化,增强山区县跨越式高质量发展能力。

3. 都市区联动建设的有效支持

浙江作为人多山多地少的省份,10多年前就已经明确都市区是新型城市化主体形态,杭州、宁波、温州、金义四大都市区深入建设正带来其对山区县辐射带动能力的增强和覆盖范围的扩大。以杭甬"双城记"建设为代表的四大都市区联动及其以高铁网为主支持的省域1小时经济圈建设,不仅为全省域打造超级都市区奠定了基础,更有助于将山区县跨越式高质量发展纳入大都市区建设,使其成为有机组成部分,有效提升跨越式发展的可行性和高质量发展的含金量。

4. 数字化改革带来的发展引擎

浙江省委、省政府在大力实施数字经济"一号工程""最多跑一次"改革的基础上,进一步全面实施数字化改革,包含数字经济培育做强、数字政府改革增效、数字社会改造建设,及其带来的全省数字化、智慧化水平整体提升与多元性、包容性增强,这将为山区县跨越式高质量发展带来新动力、新空间。同时,浙江高度重视行政审批、招商引资、资格认可、社会保障等的标准一致、规则统一、执行同一,省域的深层次一体化建设也为山区县跨越式高质量发展奠定扎实的制度基础。①

5."三支队伍"建设提供人才保障

2024 年 2 月 18 日召开的浙江省全省"新春第一会"上,省委书记易炼红在会上强调"持续推动'八八战略'走深走实,深化实施人才强省战略,全面加强'三支队伍'即高素质干部队伍、高水平创新型人才和企业家队伍、高素养劳动者队伍建设"②。全面加强"三支队伍"建设聚焦现代化建设根本性问题,是推动社会高质量发展的战略性资源与决定性力量,为山区县系统性做好"人"的工作,因地制宜构筑人才竞争新优势实现高质量发展提供了方向、指明了路径、给予了信心。

四、浙江山区跨越式高质量发展的目标任务

1.打造现代交通网

高铁经济时代,浙江山区 26 县需围绕轨道上的山区县建设,加快永嘉、仙居、天台、遂昌等县高铁场站及其高铁新城建设、研发孵化金融等服务功能培育,努力成为山区县融入都市区的桥头堡、新阵地。加快淳安—开化、龙港—苍南等山区县之间铁路连接线的建设,有效扩大铁路建设对增进山区县的空间优化、发展带动能力。加快景宁、庆元、文成、泰顺、云和五县的铁路规划,以能够加快纳入联通杭州等大都市区的 1 小时经济圈,助力其加快数字经济、美丽经济等新经济的培育发展,以及都市区科技、教育、医疗、人才、数据等优质资源的共享,在开放共赢中高水平实现优势互补。

2.构筑网络新基建

结合山区县的产业现状与发展潜力实际,加大省级调查研究与统一部署,量身定做符合山区县需要的产业互联网,着力健全以产业互联网、5G、区块链为代表的新基建,加快相关应用场景、内容设计及其技术、人才、设备的帮扶,加快对其传统产业数字化改造与所需产品、服务升级的帮扶,加快实现山区县优化经济形态、提升产业层级、增强经济实力间的相互促进、协同推进。

---

① 秦诗立. 山区县跨越式高质量发展的时代内涵与任务迭代[J]. 浙江经济,2021(8):16-17.

② 易炼红在全省"新春第一会"上强调 全面加强"三支队伍"建设 为深入实施"八八战略"在奋进中国式现代化新征程上勇当先行者谱写新篇章提供强大保障[EB/OL].(2024-02-19)[2024-05-16].https://www.zj.gov.cn/art/2024/2/19/art_1229782539_60200091.html.

3.提升新经济能级

省域同城化所需的硬软件建设不断深化，为山区县数字经济、美丽经济等新经济培育发展提供了新可能。典型案例是以衢州纳入杭州都市圈为契机、杭衢高铁建设为先导，衢州市区近年来集成电路、电子信息、智能装备等数字经济异军突起，为山区县经济跨越打开了新思路。随着杭温高铁、杭丽高铁等的建设，数字经济、美丽经济两大新经济将进一步在丽水、温州、台州等地加快发展，并将加大对现有产业的改造、迭代，有力助推山区县产业经济的跨越式高质量发展。

4.做强生态新业态

浙江是"绿水青山就是金山银山"理念发源地、践行先行区，该理念已深入人心，成为行动自觉。进一步，还应看到浙江都市区辐射溢出效应明显、经济数字化水平较高、新基建建设走在全国前列、省域1小时经济圈加快建成，加上山区县生态自然景观优美、山区县商务人居税费等成本相对较低，以及远程办公技术和交通条件不断完善、高新科技企业员工对工作环境品质要求提高，在山区县开辟第二空间、发展分时经济，培育做强生态创意经济的需求空间越来越大、可行前景越来越明晰。需进一步把生态创意经济培育做强，作为山区县践行"绿水青山就是金山银山"理念的重要通道及其张力扩大的重要路径，在深度增进都市区和山区县间的资源配置优化中，进一步实现优势互补、发展互促。

5.发掘人才资源

人才是山区县最缺的资源，要结合创业热情引导、个性尊重，辅以必要的技能培训、资金扶持等，支持广大青年到山区县做数字经济(含传统制造业的数字化改造)、美丽经济(含农业的科技化、品质化、创意化改造)领域的创客，成为山区创业创新的生力军，带动山区居民充分就业、有效增收。充分利用好大中城市有能力、有意愿的"年轻老人"资源(60～75岁)，鼓励其到山区县进行就业创业，重点从事教育、医疗、研发、企管等服务，成为山区县的银发创客，有效增厚山区县人才、科技等资源储备，成为山区跨越式高质量发展的重要支撑。

6.保护生态资源

浙江是全国第一个生态省。随着人口的进一步内聚外迁，山区县人口向县城、开发区和中心镇、经济强镇集中的趋势不断强化，空心村落、空心乡镇不断增加。要科学、客观地看待这一趋势，并结合山区县实际，有针对性地创新、完善激励约束机制,在道路、水利等基础设施、防灾减灾等资源配置上,进一步向山区县的优势地区倾斜,以提高设施和资源利用效益。同时,要科学、有序推进空心村落、空心乡镇的整合成片,并积极根据其生态价值、资源特色,及时设置新的自然保护区或森林公园、湿地公园、地质公园等自然保护地,同步开展原有村社、乡镇等组织向自然保护地管委会的转设,在进一步保护好山区县的生态底色、彰显生态价值之中,实现基层治理的科学化、有效化。

7. 发展新质生产力

山区县是浙江发展新质生产力不可忽视的空间载体之一。创新为经济发展提供了重要动力,同时也是山区县经济竞争力提升的关键所在。2024 年全国两会期间,习近平总书记在参加江苏代表团审议时强调,"发展新质生产力不是忽视、放弃传统产业,要防止一哄而上、泡沫化,也不要搞一种模式"①。因此,在浙江山区县经济高质量发展的过程中,应当充分考虑当地的实际情况,立足资源禀赋,因地制宜,创新融合,发挥比较优势,有选择地推动新产业、新模式、新动能发展,激活山区县的新质生产力。以山区跨越式高质量发展助推新质生产力培育,走出一条适合浙江山区县生产发展、生活富裕、生态良好的特色发展道路。

总之,浙江山区县跨越式高质量发展是在共同富裕示范区建设大背景下,解决发展不充分不均衡问题的新探索,需要在全面深刻理解时代内涵的基础上,加强思路突破和任务迭代,为我国广大山区县的高质量发展探新路、供示范。②

第三节 "八八战略"推动山区跨越式高质量发展的实践探索

推动浙江山区 26 县跨越式高质量发展是浙江省实现共同富裕道路上的重要任务、关键环节,事关浙江发展大局。习近平总书记高度重视浙江山区26 县发展并寄予厚望。2002 年 11 月,习近平同志初到浙江就主持召开"山海协作工程"汇报会,部署推动 26 个欠发达县的工作;2003 年 7 月,习近平同志把"发挥浙江的山海资源优势,大力发展海洋经济,推动欠发达地区跨越式发

① 央视网.发展新质生产力 从总书记论述中再看"守"与"创"[EB/OL].(2024-03-17)[2024-05-17].http://www.qstheory.cn/qshyjx/2024-03/17/c_1130090800.htm.
② 秦诗立.山区县跨越式高质量发展的时代内涵与任务迭代[J].浙江经济,2021(8):16-17.

展,努力使海洋经济和欠发达地区的发展成为浙江省经济新的增长点"列入"八八战略"的第六条,指明了26县发展航向;2005年,习近平同志创造性地提出"绿水青山就是金山银山"理念,铺就了26县发展道路。2020年习近平总书记到浙江考察期间,更是把率先解决不平衡不充分问题作为浙江省的七大任务之一。①

一、山区跨越式高质量发展须重点把握几大关系

推动浙江山区26县共同富裕,必须重点把握经济发展与生态保护的关系、经济发展与社会发展的关系、自主发展与外部支持的关系、围绕中心与强化核心的关系。

1. 经济发展与生态保护

一是强化对26县的精准分类管理和绿色优先发展导向。按照26县现有经济发展水平高低和公共服务短板分类制定考核指标、资金奖补和支持政策,突出对绿色发展、居民收入增长、实践"绿水青山就是金山银山"理念的新模式、公共服务和基础设施建设等指标的考核。二是积极推进"双向飞地"建设。支持26县做好两块"飞地",在外部高能级战略平台建好"产业飞地",积极引导发达地区在26县建设"生态平台",分别打造为26县税源增长基地和经济带动引擎。三是改革要素配置机制。在保证现有26县土地和资金要素配置的基础上,加大财政转移支付和土地要素支持力度,设立综合或单项竞配指标,鼓励26县根据自身优势做长长板、探索创新。

2. 经济发展与社会发展

一是结合实际调整乡镇和村区域设置,加快人口和产业集聚、集约,推动"下山搬迁",解决空心村镇问题。二是加快推进交通基础设施建设。打通26县对外通道和内部交通网,重点推进最后6个县的铁路工程,推进市域公路网和"四好农村路"建设,基本建成省域、市域、城区3个"1小时交通圈"。三是支持26县率先开展"县城城镇化补短板强弱项",坚持"缺什么补什么",推进26县的公共服务设施提标扩面、环境卫生设施提级扩能、市政公用设施提档升级、产业培育设施提质增效。

---

① 江玲洁. 共同富裕路上,一个都不能少——加快推动山区26县跨越式高质量发展[J]. 浙江经济,2021(5):30-31.

3．自主发展与外部支持

一是围绕"强县"着重提升工业产业布局,重点支持山区发展新能源、新材料、高端装备等新兴产业,招引数字经济平台企业设立区域性研发总部。二是围绕"富民"强化与长三角一体化国家战略合作,从国际国内两种资源、国际国内两个市场的高度来推动 26 县发展文化旅游、生态农业等富民产业,打造 26 县新的经济增长点。面向长三角大市场,大力发展旅游、文化、康养等服务业,带动民宿、农家乐和乡村旅游发展。做优做特高效生态农业,打造知名农产品品牌,大力开展互联网营销、电商直播和定点供销,着力打通物流渠道,补齐物流仓储设施短板。

4．围绕中心与强化核心

一是完善点对点、县对县的精准帮扶机制。统筹设立"省级部门＋发达市县＋国企名企＋科研院校＋社会组织"的一体化帮扶组团,实行"规定动作＋自选动作"的考核推进机制,探索引入众创、共享等数字化新模式,建立更为广泛、双向互惠的"政府＋市场"帮扶新机制。二是全面巩固扶贫攻坚成果。发挥"消薄飞地"作用,探索引入职业经理人等专业运营团队,提高村级集体经济资产运营效能,探索建立更多"村村结对帮扶"机制。对易返贫、致贫人口加强监测,做到早发现、早干预、早帮扶。三是弘扬中华优秀传统文化和社会主义先进文化,积极发挥党建引领作用,完善 26 县文化设施,打通文化传播供给渠道,增强人民群众的自强意识。以数字化改革为牵引,共享数字时代发展成果,丰富数字化文化应用场景,大力推进数字技能培训、职业教育,提高致富能力。[①]

二、"八八战略"推动山区跨越式高质量发展的实现路径

以"八八战略"为总纲,以"绿水青山就是金山银山"理念为指引,以数字化改革为牵引,以产业生态化、生态产业化为主线,因地制宜做好特色发展,谋划新模式新路径,把产业的培育和发展作为山区 26 县实现共同富裕的重要切入口,加快实现跨越式高质量发展,为浙江高质量发展建设共同富裕示范区打下坚实基础。

---

① 江玲洁.共同富裕路上,一个都不能少——加快推动山区 26 县跨越式高质量发展[J].浙江经济,2021(5):30-31.

1.升级山海协作,打造协作帮扶机制

实施新时代山海协作工程升级版,充分发挥浙江"山""海"优势,推动生态价值有效转化、现代产业体系培育完善,加快构建陆海统筹、山海互济的发展新格局。一是积极推进"双向飞地"建设,加快推动建设山海协作"飞地"平台和特色生态产业平台,推动"山""海"高效联动;支持有条件的山区县建设"数字经济科创飞地",培育壮大数字经济核心产业,增强山区县经济发展新动能。二是推进山海协作产业园、生态旅游文化产业园发展,探索"一园多点""一区一品"的产业园建设开发模式,大力发展高就业吸纳能力产业和带贫益贫产业。三是探索"一企一县",建立跨区域政企联系帮扶机制,引导雄鹰企业与山区 26 县建立对口合作关系,在共建产业园、项目合作、供需对接等方面开展务实合作。

2.转化内源优势,提升产业竞争实力

聚焦特色发展,发挥 26 县生态资源优势,开辟新的"绿水青山就是金山银山"转化路径,从根本上提升山区 26 县的造血能力,打造山区县绿色崛起的战略引擎。一是改造提升山区传统产业,围绕做强"一县一业",支持山区县打造百亿级特色优势产业,加快推进传统制造业数字化、智能化、绿色化改造,一体打造"名品＋名企＋名产业＋名产地"。二是围绕山区县主导特色产业推进集群建设,加速"两化"融合、"两业"融合和产城融合,积极拓展产业功能,提升产业整体竞争力,做深生态工业融合试点示范。三是加快推进新兴产业布局发展,支持山区 26 县发展生物科技、绿色能源、绿色食品、节能环保、运动休闲、工业设计、医疗康养等新兴产业。

3.育强链主企业,推进产业链式发展

找准山区 26 县发展新目标新定位,围绕企业主体培育,全面激发山区县发展创新力、竞争力。一是探索"一县一企",实施"链主"企业培育计划,支持"链主"企业开展行业并购,将资本优势转化为规模、技术、品牌和市场优势,以"链主"企业为核心加快打造标志性特色产业链。二是推进重大产业项目招引,以"建链、补链、强链"为重点,支持山区县编制生态产业链全景图和产业招商地图,建设招商大数据平台,开展招商引资引智活动,落地建设一批绿色生态工业项目。三是推动大中小企业融通发展,鼓励"链主"企业联动产业链上下游企业,构建线上线下相结合的大中小企业创新协同、产能共享、供应链互通的新型产业生态,促进企业间开展横向联通互动,组建产业链上下游企业共同体,提升产业链主导能力和市场拓展能力。

4.深耕细分领域,融入产业链生态圈

瞄准产业主攻方向和细分领域,深化产业上下游协同协作,强化区域发展增长极和动力源,加快融入全省标志性产业链生态圈。一是开展"产业链延链协作"行动,推进更广范围的资源整合,加强结对援助扶持,深化产业扶贫攻坚、主导产业培育,引导工业大县与山区县企业共建产业链上下游企业共同体,进一步加强产业链上下游的信息、技术、人才、资金等交流对接、联合攻关和推广应用,促进内外园区联动、企业联动、创新联动,深化区域间产业链上下游企业协同生产。二是组织产业对接洽谈会,创新央企、省属企业与山区县合作机制,推动优质企业赴山区县开展产业项目合作,精准对接优质资源,引导企业建立紧密合作、互利共赢的供应链关系。

5.优化营商环境,激发民营经济活力

以数字化改革为牵引,强化系统观念,坚持问题导向、需求导向、效果导向,健全山区26县高质量发展服务体系。一是精准制定"一县一策",按照26县现有发展水平制定支持政策,量身定制发展方案和政策工具箱,制定实施合理的财税、价格、金融、土地、政府采购等政策,加快推进用能权、碳排放权交易。二是聚焦金融与产业绿色化协同发展,设立一批"两山银行"试点与"两山基金",支持金融机构开发特色金融产品,探索构建以绿色信贷、绿色债券、绿色保险等为主要内容的绿色金融服务体系。三是迭代升级产业服务体系,支持山区26县建设提升一批涉企服务平台,推动企业投资项目审批持续提速提质,构建项目承接全周期服务机制,增强服务企业能力。四是实施"三服务"2.0版,深化数字经济系统建设,迭代升级企业码,提升数字化治理能力,做好企业基层服务,提升群众满意度。①

三、"八八战略"推动山区跨越式高质量发展的龙游实践

习近平总书记在浙江工作期间,到龙游调研时曾作出"靠山吃山、因地制宜地发展特色产业"②"农村致富的路子,还是要靠减少农民"③"农村环境要像

① 兰建平.推动山区26县跨越式高质量发展[J].浙江经济,2021(8):13-15.

② 龙游县林业水利局."两山"双向奔赴龙游"靠山吃山"擦亮生态底色[EB/OL].(2023-12-14)[2024-03-24].http://lyj.zj.gov.cn/art/2023/12/13/art_1285511_59063442.html.

③ 吴晓龙,郑晨红.评论 | 奋力奔向"小县大城"康庄大道[EB/OL].(2022-03-29)[2024-03-24].https://www.longyou.gov.cn/art/2022/3/29/art_1242989_59152451.html.

城市一样净化、美化,社会事业要与经济建设同步发展"①等重要指示。20 多年来龙游县一直坚持完整、系统、深刻地把握"八八战略"所蕴含的精髓要义,从中学方法、长智慧、找答案,在探索与实践中逐渐掌握打开高质量发展大门的"金钥匙",续写好"八八战略"这篇大文章,力争在中国式现代化新征程上干在实处、走在前列、勇立潮头。

1. "八八战略"引领龙游提升特色发展之道

"八八战略"引领龙游提升特色发展之道,打开了高质量发展的广阔空间。习近平同志在龙游考察调研时指出,"要坚定不移地走特色发展之路"②。20 多年来,龙游县在"八八战略"的指引下,不断深化和实践特色竞争策略,持续放大"传统产业弯道超车、新兴产业换道超车"的发展活力新优势,努力在产业发展、创新引领上当龙头争上游;放大"四省通衢汇龙游"的区位交通新优势,努力在开放开发上当龙头争上游;放大"小县大城"的空间平台新优势,努力在全省山区 26 县"七个一"建设上当龙头争上游;放大"两江化一龙"的美丽山水新优势,努力在打开"两山"转化通道、推进城乡融合发展上当龙头争上游;放大"开放包容、唯实惟先"的社会风尚新优势,努力在"四最"环境建设上当龙头争上游;放大"万年文化、千年古城、百年商帮"的历史积淀新优势,努力在文化高地建设上当龙头争上游。③

2. "八八战略"引领龙游全面从严管党治党

"八八战略"引领龙游全面从严管党治党,营造了风清气正的良好政治生态。习近平同志在浙江工作期间,提出要围绕加强党的执政能力建设、保持和发展党的先进性,"巩固八个基础,增强八种本领"④。20 多年来,在"八八战略"指引下,龙游县全面落实新时代党的建设总要求,坚持把政治建设摆在首要位置,建立党委(党组)"第一议题"制度,不断完善保障"两个维护"的制度机制,建立健全以"七张问题清单"为牵引的党建统领机制,扎实推进"红色根脉强基工程",大力开展"八问八查"能力建设、"六治六提"作风建设,创新实施干

---

① 胡小华.【讲述】一位援川干部的扶贫心声:我心中的五"心"红旗[EB/OL].(2021-03-12)[2024-03-24]. https://www.thepaper.cn/newsDetail_forward_11676369.

② 深入推进"欠发达乡镇奔小康工程" 加快浙江全面建设小康社会进程[N].浙江日报,2007-01-24(001).

③ 龙游新闻网.聚焦党代会|中国共产党龙游县第十二次代表大会胜利闭幕[EB/OL].(2021-12-30)[2024-03-24]. http://lynews.cztv.com/9522872.html.

④ 从"巩固八个方面的基础、增强八个方面的本领"到全面加强党的建设[N].浙江日报,2023-12-11(006).

部斗争精神和斗争本领养成"九法",全面推行"塑造变革实干快干"晾晒比拼,引导激励全县广大党员干部实干担当作为、争先创优进位。

3."八八战略"引领龙游城乡融合一体发展

"八八战略"引领龙游城乡融合一体发展,迎来了全域和美的精彩变迁。习近平同志在浙江工作期间,开创性提出推进城乡一体化,亲自谋划实施"千万工程",创造性地提出更加注重城乡统筹、致力于农民市民"两种人"融合的新型城镇化。习近平同志在龙游考察调研时提出,农村致富的路子,还是要靠减少农民,新农村建设"要坚持分类指导,因地制宜""但是总体上来讲,基础设施要逐步建立完善,村容村貌要整洁起来,农村环境要像城市一样净化、美化,社会事业要与经济建设同步发展"①。20 多年来,在"八八战略"指引下,龙游县坚持城乡融合发展战略,把农民集聚转化作为牵引性抓手,从"下山脱贫易地搬迁"1.0 模式、"国土整治异地搬迁"2.0 模式,到"小县大城·共同富裕"3.0 模式,累计建成农民集聚小区(点)36 个,集聚转化农民 4 万余人。系统重塑、不断丰满"一核两极、两江走廊、全域和美"空间发展格局,"龙游瀫"日益成为城市发展新引擎,金融中心、东方综合体、金鼎级酒店等一批城市赋能项目建成投用,未来社区、未来乡村、城乡风貌样板区等共同富裕现代化基本单元全面铺开,成功承办全省第十九届深化"千万工程"建设新时代美丽乡村现场会。2002 年至 2022 年,全县城镇化率提升至 53.37%,城乡居民收入倍差缩小至 1.87。

4."八八战略"激发龙游澎湃涌动的内生动力

开放是现代社会的根本属性,也是实现经济快速发展的重要途径。对任何一个地区来说,发展空间都是有限的,要想实现更大发展,必须走开放发展道路。浙江之所以能从资源小省变成经济大省,很大程度上靠的就是开放。20 多年来,"八八战略"引领龙游持续扩大改革开放,一方面充分发挥地理区位的先发优势,另一方面秉承"开放包容、敢为人先"的龙商精神,不断提升龙游经济的外向度,激发了澎湃涌动的内生动力。

5."八八战略"引领龙游全域美丽、生态共富

"八八战略"引领龙游全域美丽,生态共富谱写龙游发展新篇章。龙游县深入贯彻习近平生态文明思想,忠实践行"八八战略",不断深化"千万工程"建

---

① 深入推进"欠发达乡镇奔小康工程" 加快浙江全面建设小康社会进程[N].浙江日报,2007-01-24(001).

设,统筹推进山水林田湖草系统治理,一体推进减污、降碳、扩绿、增长,全力打造"诗画浙江"大花园核心景区的精品景区、"绿水青山就是金山银山"转化重要窗口,"龙之游""人之居"的绿色图景在龙游大地上徐徐展开。龙游县践行习近平生态文明思想的生动实践,深化生态文明建设的显著成效,成为推进美丽浙江建设的典型经验。①

6."八八战略"引领龙游平安法治一体推进

"八八战略"引领龙游平安法治一体推进,夯实了基层社会治理现代化的坚固基石。习近平同志在浙江工作期间,强调要"建立健全一整套良好的和谐社会运行机制",前瞻部署平安浙江、法治浙江建设,创新发展"枫桥经验""后陈经验"和民主恳谈经验等,指引浙江找到了治理现代化的基本规律和发展方向。20多年来,在"八八战略"指引下,龙游县持续健全党总揽全局、协调各方的领导体系、制度体系、工作体系,全力支持人大、政府、政协、法院、检察院依法依规履行职能、开展工作,一体推进法治龙游、法治政府、法治社会建设,打造形成人大"社阳模式""局长进站"、政协"请你来协商""委员会客厅"等特色品牌。

7."八八战略"引领龙游倾心聚力民生之本

"八八战略"引领龙游倾心聚力民生之本,提升了人民群众的获得感幸福感。习近平同志在浙江工作期间,强调"心无百姓莫为'官'",②提出要把解决民生问题放在一切工作的首位,亲自推动浙江在全国率先建立为民办实事长效机制,真正把"以人为本、为民干事"的理念落到了实处。20多年来,在"八八战略"指引下,龙游县始终坚持以人民为中心,与全省同步率先打赢脱贫攻坚战、高水平全面建成小康社会,"两不愁三保障"突出问题、家庭人均年收入8000元以下现象、集体经济薄弱村等全面"清零",近10年低收入农户人均可支配收入年均增长16.4%,村集体经营性收入村均达到61.3万元。持续加大民生投入,扎扎实实办好为民办实事项目,沐尘水库、高坪桥水库建成投用,佛乡水库启动建设,农村饮用水达标提标全面完成,全县城乡同质化供水覆盖率达99.3%,农村饮用水达标人口覆盖率达98.2%。教育、医疗事业蓬勃发

①　衢州生态环境微信公众号."八八战略"引领全域美丽　生态共富谱写龙游新篇[EB/OL].(2023-08-10)[2024-03-24].https://mp.weixin.qq.com/s?_biz=MzA5NzgzOTczNA==&mid=2650893541&idx=1&sn=b884198b5c771ed654d1e4a49dc61ebc&chksm=8b6f73fcbc18faeaf84b3c751dcbe2bed521e32929787e6756bec079c91543634b0062b4653d&scene=27.

②　习近平.心无百姓莫为"官"[J].西部大开发,2013(5):4.

展,是衢州市唯一通过全国义务教育优质均衡发展县、学前教育普及普惠县创建的省级评估区县,公立医院综合改革评价位列全省第 25 位,城乡居民医疗、社会保障、养老保障实现全覆盖,在全市率先推行城乡公交一体化、"两元一票"制等。

参考文献

[1]"八八战略":跨越时空的思想传承和行动指南——写在"八八战略"提出实施 20 周年之际[EB/OL]. (2023-04-05)[2023-09-12]. https://www.fx361.com/page/2023/0405/20463903.shtml.

[2]习近平.干在实处,走在前列——推进浙江新发展的思考与实践[M].北京:中共中央党校出版社,2016.

[3]习近平在浙江(上)[M].北京:中共中央党校出版社,2021.

[4]习近平在浙江(下)[M].北京:中共中央党校出版社,2021.

[5]习近平.之江新语[M].杭州:浙江人民出版社,2007.

第二章　龙游县推进"八八战略"与打造山区跨越式高质量发展展示窗口的探索

"八八战略"提出,要"进一步发挥浙江的城乡协调发展优势,加快推进城乡一体化。""进一步发挥浙江的山海资源优势,大力发展海洋经济,推动欠发达地区跨越式发展,努力使海洋经济和欠发达地区的发展成为浙江经济新的增长点。"2007年1月22日,时任浙江省委书记习近平到罗家乡调研,对山区发展作了系统阐述,龙游县按照"八八战略"和习近平总书记的重要指示精神,坚定不移地推进特色发展,探索走出具有龙游特色的山区跨越式高质量发展之路、共同富裕之路。

第一节　习近平总书记关于山区高质量发展的殷殷嘱托

一、"八八战略"与山区跨越式高质量发展

2023年7月10日,中共浙江省委召开"一以贯之深入实施'八八战略',以'两个先行'发挥示范引领作用打造'重要窗口'"主题新闻发布会。省委书记、省人大常委会主任易炼红,省委副书记、省长王浩出席发布会,介绍"八八战略"实施20年以来浙江取得的历史性成就和实践体会。

发布会上,浙江省主要领导系统总结回顾了习近平同志在浙江工作时的各项重要工作。尤其是开创性提出推进城乡一体化,把欠发达地区和海洋经济发展作为浙江省新的经济增长点,擘画实施山海协作、百亿帮扶致富等重大工程,率先建立为民办实事长效机制。2021年,中央赋予浙江高质量发展建设共同富裕示范区的光荣使命,指引浙江不断缩小"三大差距",推动城乡区域

发展更加协调。

20多年来,全省城乡居民收入差距从2.37缩小到1.9,地区居民收入最高最低倍差缩小到1.58。公共服务更加优质普惠,最低生活保障标准居各省区第一,居民主要健康指标接近高收入经济体水平。开创性提出绿水青山就是金山银山,推动建设生态省、打造"绿色浙江",部署实施"千万工程"、循环经济"991"工程、环境整治"811"工程,指引浙江走出了绿色发展的道路。

20多年来,浙江建成全国首个生态省,全域美丽大花园基本建成,现代版富春山居图逐步呈现,"千万工程"造就了万千美丽乡村、造福了万千农民群众,获得联合国地球卫士奖,2023年5月习近平总书记专门作出重要批示给予肯定。"两山"转化、生态富民之路越走越宽广,浙江的村庄开启了"绿富美"的蝶变之路。绿水青山就是金山银山理念的诞生地安吉余村,成功入选首届联合国世界旅游组织最佳旅游乡村;习近平同志当年的联系点淳安下姜村,实现了从"穷山村"到"绿富美"的华丽转身①。

二、龙游县牢记嘱托推进山区高质量发展

2007年1月22日,时任浙江省委书记习近平到罗家乡调研,指出"促进欠发达地区的发展特别是低收入农民的增收,要着眼于推进高效生态农业的建设,充分发挥山区资源优势,大力发展特色产业。"②

十多年来,龙游县按照习近平总书记的重要指示精神,坚定不移地走好特色发展之路,以共同富裕缩小地区差距试点和农民集聚转化改革探索试点为载体,深入实施工业强县、城乡融合、特色竞争"三大战略",奋力打造"创新城市""公园城市"和共同富裕示范区、生态工业先行区、文旅融合试验区、城乡风貌样本区之"两城四区",探索出具有龙游特色的山区跨越式高质量发展之路、共同富裕之路。异地搬迁"龙游模式"得到时任省委书记袁家军、省委常委彭佳学的批示肯定;2023年9—10月,龙游农民集聚转化宅基地空间置换的相关经验做法,获得国务院李强总理、何立峰副总理的批示肯定,中央农办、国家发改委、自然资源部和中央广播电视总台内参舆情中心先后来龙游开展专题调研及采访。

---

① 一以贯之深入实施"八八战略"·浙江省委书记易炼红介绍"浙"20年精彩蝶变[N].浙江日报,2023-07-070(001).
② 深入推进"欠发达乡镇奔小康工程" 加快浙江全面建设小康社会进程[N].浙江日报,2007-01-24(0001).

20多年来,在"八八战略"指引下,龙游县委县政府坚持以习近平新时代中国特色社会主义思想为指导,坚持把"三农"问题作为全党工作重中之重,坚定不移践行"绿水青山就是金山银山"发展理念,忠实践行"八八战略",紧扣"大花园"建设重大机遇,全面落实市委、县委工作部署,紧紧围绕"强富美"农业农村发展目标,牢牢抓住发展现代农业、促进农民持续增收、建设社会主义新农村三大任务,重点聚焦诗画风光带"两江走廊"示范带这一乡村振兴主平台、主战场,以农民持续增收为核心,大力推进农业供给侧结构性改革,加快培育农业农村发展新动能,突出结构优化、提质增效、绿色发展、环境改善、改革创新等工作重点,"三农"发展保持了良好态势,先后跻身国家卫生县城、省级文明县城、省级旅游经济强县、美丽浙江建设工作优秀县行列,入选浙江部省共建乡村振兴示范省先行创建单位和率先基本实现农业农村现代化试点县,为"十四五"期间乡村高质量发展、力争率先基本实现农业农村现代化奠定了坚实基础①。

第二节 龙游县推进山区高质量发展的探索与实践

一、龙游县推进山区产业特色发展的探索与实践

遵照习近平总书记"要坚定不移走特色发展之路"的指示精神,十多年来,龙游县以农民持续增收为核心,大力推进生态工业发展,建设山区工业强县,同时积极推进农业供给侧结构性改革,加快培育农业农村发展新动能。

龙游县突出结构优化、提质增效、绿色发展、环境改善、改革创新等工作重点,"三农"发展保持了良好态势,先后入选浙江部省共建乡村振兴示范省先行创建单位和率先基本实现农业农村现代化试点县。2022年,全县粮食播种面积30.37万亩,粮食总产量2.46亿斤;油菜播种面积10.59万亩;建设保障型蔬菜基地3200亩;生猪累计出栏48.0万头,存栏29.62万头,能繁母猪保有量2.8万头;家禽累计出栏1853.92万羽,存栏542.80万羽;水产品总产量2.3万吨,4家企业入选浙江省渔业共富主体。

---

① 龙游县农业农村现代化"十四五"规划(龙政发〔2022〕37号).

（一）立足山区优势，构建特色化农业产业体系

现代农业产业体系是以农业产业化经营为目标，融农产品生产、农业产业延伸、农业生产性服务等发展为一体的，旨在实现农业全产业链开发的综合系统①。龙游县立足自身资源禀赋，突出山区发展优势，构建了以粮食生产为基础，"3＋X"农业特色产业，即畜禽、渔业和笋竹三大主导产业，重点发展茶叶（黄茶）和中草药特色产业的现代农业产业体系，大力发展"一鸡一渔一药一茶一莲一菇一梨一糕一橘"等特色产业链，推进优势特色产业集群项目建设，探索形成了"飞鸡模式""龙和模式""花菇模式"等富民模式。充分发挥农业多功能性，培育发展现代种植业、畜禽养殖业、农产品加工业、乡土特色产业（乡愁产业）、乡村商贸流通业、乡村休闲旅游业等乡村特色产业，走出了一条产出高效、产品安全、资源节约、环境友好的具有山区特色的农业现代化道路，打造高效生态农业强县。

1. 稳产保供打造山区"产粮大县"

龙游县是浙江省为数不多的山区产粮大县，通过深入实施"藏粮于地、藏粮于技"战略，以确保粮食安全为目标，牢牢守住粮食综合生产能力，稳定粮食生产和主要农产品供给。2022年，全县粮食种植面积突破30万亩，粮食总产量达到2.46亿斤。

（1）优化产业布局

推进"非粮化"整治，科学布局粮食功能区，是保障粮食安全的必要条件。龙游县强化组织领导，调查摸清底数，精准分类施策，先整治后优化，各级部门共下一盘棋，合力抓落实，到2022年，全县共完成粮食生产功能区"非粮化"清理腾退1.09万亩，调整优化面积1.44万亩，全面完成年度整治任务。以粮食生产功能区为核心，重点布局在龙洲街道、詹家镇、湖镇镇、小南海镇、塔石镇、横山镇、模环乡、石佛乡等中北部乡镇，播种面积稳定在30万亩以上。

（2）加强基础设施

加强粮食产业基础设施建设是确保粮食生产稳产高效的重要基础。龙游县积极推进农田基础设施建设，加快粮食功能区提标改造，提升农田河网抗旱蓄洪能力。按照稳面积、增产量、提效益的要求，稳定发展粮食产业，保持粮功区种粮属性。通过"改造＋修复"的集中种粮机制，推进高标准农田建设0.56

---

①　曹林奎.我国现代农业产业体系的构建[J].上海农村经济，2023（5）：27-30.

万亩,粮食生产功能区提标改造 0.7 万亩,灾毁农田修复 0.16 万亩;落实1.84万亩、15 个粮食高产创建示范片,春季甜玉米、秋大豆高产攻关田及百亩方均打破全省纪录。

（3）全产业链提升

粮食产业虽然是传统农业产业,但在种植、加工、销售等环节之外,可在新品种试验示范、稻作文化开发利用、水稻主题研学和旅游等方面实现全产业链提升。龙游县通过实施"放心粮油"工程,加快粮食仓储设施建设与功能提升,深化"星级粮库"建设。以詹家镇等乡镇为重点,积极打造省级示范性粮食全产业链,促进粮食产业全价值链提升,打造浙西地区重要的优质稻米生产基地和稻作文创基地。

（4）突破技术瓶颈

传统的粮食种植模式风险大、收益低,亟须通过轮作模式创新实现高产高效。加强"油菜—早稻—秋大豆"水旱轮作模式的技术研究,通过早稻不同品种、不同熟期与鲜食秋大豆的不同搭配方式、种植方式和管理模式等技术的研究,完善"油菜—早稻—秋大豆"水旱轮作模式的技术规程,实现"千斤粮、千元钱"目标。落实种植面积 3500 亩,实现全年亩均效益 1500 元,切实提高粮食复种面积,让"农闲田"变成"冬忙田"。

（5）数字赋能生产

在推进粮食产业数字化和机器换人方面成效显著,龙游县基于"智慧粮脑"实现全县非粮信息"一屏总览"、基础数据"一网归集",以提供系统、高效、便捷的决策参考,探索"一网智治"新路径。建设"龙游通＋智慧粮脑"数字化多跨场景应用,实现对粮食生产的数字化监管、智慧化服务。组建农业气象专家交流平台,推进监测预警信息化、智能化,"机器换人""区域预报"新型测报体系建设,开展农事预测预报,推进农业气象、植保检疫"直通式"服务。

2.积极推进畜禽养殖绿色发展

龙游县是首批全国畜牧业绿色发展示范县。为推动畜牧业高质量发展,龙游县牢固树立绿色发展理念,以实施乡村振兴战略为引领,以农业供给侧结构性改革为主线,推进畜牧产业由数量增长型向质量效益型转变,更好地满足人民群众多元化的畜禽产品消费需求。

（1）聚焦深层问题解决,做大做强龙游乌猪品牌

2022 年,龙游全县生猪存栏 29.62 万头,出栏 48 万头,生猪饲养量连续三年位列全省第一。

一是全面完善生猪安全体系建设。龙游县以县级生猪运输车辆洗消烘干中心为基础，全面落实生猪运输车辆备案制度，提升中心消毒能力，阻断区域性传播风险；以县级动物疫病预防控制中心实验室为平台，不断加强动物疫情风险评估，同时提供专人培训指导服务，支持养殖场建立自有实验室，强化自检能力。二是牢抓污染治理底线不放松。龙游县坚持守住环保底线不放松，逐步推进"六化"（标准化、绿色化、规模化、循环化、数字化、基地化）改造，引导养殖场高质量发展。2019年至2022年期间，按照"源头减量—过程控制—末端利用—技术保障"的总体思路，带动投资建设资金1.1亿余元用于提升生猪养殖场污染治理水平，"开启模式""箬塘模式""吉祥模式""集美模式"等生态循环模式运行机制日趋成熟。三是保持支持政策长效稳定。持续保持并优化环保、贷款、引种和保险等长效性支持政策，不搞"急转弯""翻烧饼"。2019年及时提高生猪保险保额，能繁母猪保额从1000元/头增至1500元/头，育肥猪保额从900元/头增至1200元/头，显著降低生猪养殖风险；2021年为进一步提高畜禽排泄物治理能力，进一步优化沼气池清渣维护补助方案，补助金额从原来的原则上1000元/场，变更为25元/立方米。四是持续推动龙游乌猪保种场建设。县农业农村局积极协助解决土地审批及相关政策处理问题，同时落实项目补助资金用于支持乌猪保种场建设。以建设高标准资源保种场为依托，改善基础设施条件、扩大生产能力、提高生产的整体水平和产品质量，做强做优做大龙游乌猪品牌。连续两年落实县级生猪引种补贴200元/头的补助政策，靶向瞄准自繁自养生猪养殖场调转生猪短期育肥风向，保障生猪产业自繁自养的特色和优势。五是数字赋能龙游生猪生产。以"浙江省数字畜牧应用系统"为基础，"按照数字赋能、精密智控"的理念，把养殖场管理码作为推进生猪产业高质量发展和畜牧兽医治理能力水平现代化的重要措施，加快推进数字牧场创建，全面提高畜禽养殖、饲养环境管控和动物疫病疫情诊断防控精准化。到2022年，全县万头以上规模生猪养殖场基本完成数字化改造，实现场内生产动态实时监控。

（2）聚焦地方品种保护，做优做特龙游麻鸡产业

龙游麻鸡是龙游传统良种鸡，体型小像麻雀，它与普通鸡的不同之处在于，不仅能飞上树睡觉，还能飞过池塘觅食，其产蛋率高，蛋黄大而不腥，营养价值较高。龙游麻鸡不仅成熟早、产蛋多，鸡蛋的风味更好，普通鸡的蛋黄比例大概在20%，龙游麻鸡的蛋黄比例在30%到35%之间。

龙游县近年来多次联系省农科院、浙江农林大学教授，对龙游麻鸡保种场生产育种进行指导，并指派专人进行跟踪服务。强化畜禽遗传资源保护，加强

国家级和省级保种场、保护区、基因库建设,推动地方品种资源应保尽保、有序开发。通过指导养殖户严格选留种鸡,开展良种鉴定工作,逐步建立良种鸡雏繁育体系,使得优良的高产鸡群能持久地保持下去。

2020年,龙游麻鸡通过国家农产品地理标志认证;2021年4月,凭着过硬的品质,衢州三衢味品牌发展有限公司正式成为杭州亚运会、亚残运会官方供应商。龙游麻鸡打响品牌后,不仅麻鸡的销量增加,鸡蛋也成了市场的抢手货。目前,龙游麻鸡在龙昌农业、宗泰农业等龙头企业带动下,通过"公司+农户""公司+基地+农户""公司+村集体+农户"等合作形式,养殖规模和养殖水平都得到极大提升,龙游麻鸡的质量、效益和市场占有率都稳步提高,已经成为龙游县农民致富的重要产业之一。

3.三产联动发展打造渔业大县

龙游县是传统的内陆水产养殖大县,首批省级渔业健康养殖示范县。渔业是龙游"3+X"农业主导产业之一,全县水产养殖总面积5.2万亩,养殖品种主要有四大家鱼等传统大宗淡水鱼品种和龟鳖、泥鳅、锦鲤、青虾、溪流性鱼类等名优特色品种。龙游县多年发展逐步形成中部高效生态养殖示范区、龙南山区溪流性鱼类繁养区、龙北传统养殖区的产业布局。近年来,加快推进溪鱼等名优养殖品种的规模化繁育及养殖,水产健康生态养殖示范,"共享"渔业平台建设等,在选好品种、做好服务的基础上,积极推动渔业的一二三产融合发展,走出了一条立足山区特色的高效渔业发展模式。

(1)把好质量关,推动水产绿色健康养殖

通过新品种新模式技术推广示范加速渔业转型升级,先后开发光唇鱼、铲颌鱼、马口鱼等溪流性渔业品种,加强溪流性渔业水产种苗繁育质量提升,积极创建省级原良种场;同时大力推广低排污、循环水、工厂化和稻渔综合种养等渔业新模式技术,推动水产绿色健康养殖,目前已建立示范点20个。因地制宜应用底排污、"三池两坝"、生态消纳等方式开展水产养殖尾水零直排。推行农产品合格证追溯制度,常态化开展水产品质量安全抽检;对重要水产养殖品种开展水产养殖病害测报工作,杜绝发生重大渔业病害事故,严格控制安全底线。龙和渔业公司的草鱼成为G20杭州峰会西湖醋鱼的专供原料鱼。

(2)做好技术服务,成为养殖户好帮手

积极组建县、乡、企三方的基层渔技服务队伍,建立渔业社会化服务中心,充分发挥政府主导作用和龙头企业技术优势,形成资源配送、试验推广、技术服务、品牌宣传、业务展示、代理销售等产前、产中、产后一条龙综合服务的新型渔业社会化服务体系。利用星创天地、渔业产业联合社、农民专业联合社等发展平台,培育一批渔业创客。依托龙和共享渔业经济平台、乡村振兴美丽大花园渔业平台等共享平台,带动村民致富增收。特别是龙和共享渔业经济平台当前已成功带动周边 10 余个村集体、140 余户农户、共计 2500 余亩进行标准化养殖,受益人数已达千余人。

(3)抓实三产融合,推动渔业产业转型发展

以龙和渔业为龙头,牵头建立水产销售联盟,充分发挥企业销售优势,促进产销对接。推进预制菜生产试验,目前龙和冷鲜鱼、保鲜鱼已试运营,渔老大的青鱼干登上央视味道栏目,庆龙的速食泥鳅干、靖达的光唇鱼干等产品也深受消费者欢迎。全面发展渔业赛事、体验、直播经济,自 2020 年以来已举办各类活动 40 余场、技术培训学习 3000 余人次、学生科普实践 1000 余人次;国家级、商业性垂钓赛事 60 余场,吸引近 2 万人参赛,带动观光休闲 10 万人次,线上平台关注量达 3 亿人次。

4. 出口内销两旺提升笋竹产业

龙游当地及周边 100 公里范围内有毛竹林面积近 300 万亩,200 公里半径范围内有 800 万亩,是全国竹产业的最佳集散地之一。龙游县有竹林面积 40.77 万亩,笋竹两用林经营模式获原林业部技术推广一等奖,是国内原来最大的竹胶板与水煮笋加工基地,也是全国最大的炭化篾、竹拉丝等竹材初加工集散地,也是国内最早从事笋竹工业化加工地区之一。

龙游县以溪口镇、庙下乡等乡镇为重点区域,发展壮大笋竹产业。通过实施布局竹材初加工、打造全竹绿色循环园、开发竹纤维工艺造纸、做强食用笋龙头企业、着力科技支撑竹产业发展五大核心举措。以绿色共生、产业共融、文化共兴、云端共智、改革共进、区域共美为主要发展方向,进一步把生态资源转化为发展资本、生态优势转化为发展实力,带动竹区 10 万竹农增收致富。

一是布局竹材初级加工。龙游有竹材分解点、初加工小微园共 28 家,年加工竹材 30 余万吨,直接从事人员 2000 余人,带动竹农毛竹收益 2.5 亿元。二是打造全竹绿色循环产业园。由龙游经济开发区主园区＋庙下副园区＋溪口竹工业园提升区＋周边 100 公里范围内若干个副园区组成,构建 1 个主园区＋N 个副园区的产业集聚平台,树立可复制的现代竹产业园龙游模式。项目建成后,年消耗原竹预计达 50 万吨。三是开发竹纤维造纸工艺。浙江金龙再生资源科技股份有限公司年产 30 万吨竹纤维填料高值化生产项目,以竹材包括原竹、次竹、竹加工剩余物等为原料,年需求量达 30 万吨竹碎片(绝干料

计）。项目新增产值 9.1 亿元/年，税收 5460 万元，直接就业 1000 余人，新增收入 1 亿元。四是做强食用笋龙头企业。省级龙头企业龙游外贸笋厂有限公司，年加工水煮笋近 2 万吨，年销售额达 1.5 亿元，出口创汇 1000 多万美元。国家级农民专业合作社龙游竹海鲜笋专业合作社，有社员 316 户，建立森林食品基地 1 万余亩，年收鲜笋 1 万余吨，每年直接反哺笋农 4000 余万元。五是着力科技支撑竹产业发展。鼓励企业开展竹产业关键核心技术攻关，其中高性能竹材生物基纱线清洁制备技术与产业化示范列入浙江省 2022 年度"尖兵""领雁"研发攻关计划；木竹废弃纤维原料循环利用关键技术研究及应用入选衢州市级科技攻关项目。

龙游县以"水发全竹绿色循环产业园"为核心的竹产业集聚中心，从根本上增强龙游县竹产业的行业凝聚力与核心竞争力，带动 10 万竹农人均年增收 1.2 万元，消耗周边 100 公里半径圈内 12 个县市竹材 100 万吨，折原竹 4500 万支。积极打造龙游县云端共智森林"四库在线"，将竹产业、竹林碳汇、林业治理等业务聚合到平台中，丰富竹林碳汇收储交易"点碳成金"、空间整合"竹下生财"、名山公园六春湖"绿色共荣"等共富场景，逐步走出一条符合龙游实际、具有山区特色的高质量发展林业促共富之路。

5.做特做强培育龙游茶叶产业

20 世纪 90 年代末，一位茶农在龙游县罗家乡海拔 800 多米高的圣堂山脉发现了一株野生黄茶母树。此后，经过中国农业科学院茶叶科学研究所、原龙游县农业局等单位的联合攻关，成功选育出珍稀黄茶茶树品种——"中黄 3 号"。从一株野茶培育出一片黄茶，再把这片黄茶变成百姓口袋里的"黄金"，龙游黄茶产业发展迈出了坚实的一步，打开了龙游黄茶产业发展的新纪元。

截至 2022 年，龙游有黄茶茶园面积 1 万多亩，产值超 1 亿元，培育了茗皇黄茶、茗达、吴刚、翠竹、方山等龙头企业，全县茶产业发展上了一个新台阶。

一是挖掘茶产业的资源与传统优势。充分发挥中黄 3 号品种的本位优势，按照"生态高效、特色精品、安全放心、绿色持续"的总体要求，以"产业规模化、生产标准化、营销品牌化、发展协调化"发展为抓手，进一步促进龙游黄茶提速高质量发展。到 2025 年，按产业规模化要求，扩种中黄 3 号面积 0.6 万亩以上，优化品种结构。力争中黄 3 号茶园面积达到 1.5 万亩以上，占茶园总面积 40%～50%，年产量达到 300 吨，产值达到 1.5 亿元。二是加快茶园改造和茶厂认证。鼓励老茶园换植新种，对规模中黄 3 号茶园建档立案，纳入质量追溯系统。支持有条件主体按 SC 规范改造茶厂和更新设备，获得 SC 认证。加强数字化技术示范应用、扶持茶园基础设施、茶厂改造、新技术应用等方面建设或提升,建设 2~3 个数字化茶园或加工厂、创建 4 家以上省级标准化茶厂。三是创建"龙游黄茶"区域公用品牌。通过品牌建设,形成一套比较成熟的"子母品牌"和产品管理制度和系统,扶持 2 个以上有一定知名度企业品牌。四是完善本地茶叶流通网络。建设乡镇级的茶青市场,建设十都、罗家、街路三个茶青市场,谋划建设"龙游黄茶城"。培育壮大 2~3 个年销售额 3000 万元以上的龙头企业。

6.做优做大提升龙游中药材产业

近年来,龙游县发挥自身优势,以中草药种植为抓手,促进中药材产业农文旅融合发展、推动"美丽乡村"向"美丽经济"转变。如今,龙游县中药材种植面积达到 1.28 万亩,总产量 4105.5 吨,总产值 2.45 亿元,中药材产业正昂首阔步行走在产业化、规模化、标准化、高效化发展之路。

一是优化布局培育重点。编制中药材产业发展总体规划,实现统一规划布局,标准化生产,标准化加工。以小南海镇、横山镇、大街乡等乡镇为核心,以"浙八味"和玳玳果种植为重点,建设龙游道地特色药材发展区和南部山区林下生态药材发展区,种植面积达到 1.5 万亩以上。目前,全县共有规范化中药材种植基地 21 个,规模种植户 35 户,三叶青、黄精、玳玳等各类专业化种苗繁育基地 7 个,自有中草药产品品牌 8 个,研发出简、精装制产品 40 余个。二是制定标准示范引领。制定"生态科技＋道地为引＋多元发展"全方位发展路径,申请起草"三叶青""黄精"等省级种植标准 2 个,主推中药材技术 2 项,创建"天池药谷"为省级"道地药园"示范基地,推进"百村百药"建设,形成以"天池'浙八味'万亩基地＋大街神农谷药园综合体＋南片林下中草药种植"的"两区一片"中草药发展新格局。加大项目扶持力度,重点扶持中药材良种繁育、人工种植和野生抚育,鼓励企业建立规模化中药材良种繁育、示范种植和加工基地。建立"1＋1"产业引领模式,即一个道地药品品种确定一家家庭农场(合作社)作为示范引领企业,给予一定的政策扶持,以引领该道地药材健康有序发展。三是立足一产三产融合。积极推进大街乡新槽村"神农谷"等中药材基地建设。依托中草药"亦花亦药"的特性,联合相关部门在适宜的中药材基地开展中药材文化旅游节、音乐节等,同步推进民宿旅游的开发与建设,打造"文娱＋康养"圣地,吸引年龄段更广的游客,招引更多的项目投资,促使中药材生产业、加工业、销售服务业有机融合。

7.瞄准乡愁经济培育乡土特色产业

乡愁经济是以市场为导向,以乡愁传统文化元素为内核,融合多种经济形式,以促进乡村产业发展,实现乡村振兴的一种复合型经济理念。龙游县围绕"留得住乡愁、留得住记忆",积极推进"乡愁＋"。

一是以乡愁为主题,充分发挥龙游人文积淀深厚和非物质文化遗产丰富优势,支持传统特色乡土美食和手工艺品发展,把"小而精""小而特""小而美"的小作坊、小手艺等小产品做成大产业,通过乡愁的实物化、产业化、礼品化,把乡愁转化为乡愁产品、乡愁礼品,培育形成乡愁产业。二是把"记得住的乡愁"变成"带得走的乡愁",把乡愁地图转化为乡村旅游图,促进民宿(农家乐)和美丽乡村农旅(田园)综合体加快发展。深入开展"百县千碗"行动,提升推广龙游发糕、三头一掌等传统特色小吃,培育一批有影响的传统特色小吃制作主体和农家传统特色小吃园区(街区)。三是积极培育乡村特色文化产业,开发一批文化、康养、创意、运动产业,推广乡土特色品牌。持续办好姜席堰文化节、乡村排舞大赛、黄茶文化旅游节等乡愁浓郁的农事民俗节庆活动。

8.三产融合提升乡村休闲旅游业

龙游县注重挖掘和利用具有当地特色的民俗文化,将畲族文化、民俗文化、商帮文化等组成要素纳入乡村旅游整体规划,并出台相关扶持政策,积极推动乡村休闲旅游经济发展。

一是大力推动景区建设。积极对接全省大花园建设行动计划,积极谋划建设一批唐诗之路黄金旅游带项目、万里骑行绿道项目。大力建设景区城、景区镇、景区村。提升打造龙游民居苑、龙游石窟、红木小镇等一批高级旅游景区,积极推进"龙游石窟＋红木小镇"5A景区联创。

二是大力发展旅游示范点。龙游县积极推动以湖镇和三门源为代表的龙游商帮文化旅游示范点、以龙游花海为代表的休闲农业旅游示范点、以天池荷花为代表的农耕文化旅游示范点、以龙和渔业园为代表的生态渔业旅游示范点、以六春湖景区和灵山江沿线为代表的运动休闲旅游示范点、以庙下红军古道为代表的红色旅游示范点、以沐尘为代表的畲族风情旅游示范点建设,着力打造六春湖景区、龙游花海省级田园综合体、中黄3号茶旅综合体、"神农谷"中草药田园综合体等农旅综合体项目。

三是着力提升特色小镇和风情小镇建设。通过打造溪口古镇、湖镇古镇、深化推进张家埠等省级历史文化村落重点村保护利用,提升打造横山省级旅游风情小镇,加快培育溪口、社阳省级旅游风情小镇,建设横山富硒小镇、三门源民俗文化小镇、溪口竹海风情小镇等一批特色小镇。

四是推进田园综合体和村庄景区建设。依托龙和渔业园,打造集休闲、娱乐、科普于一体的农旅结合田园综合体,积极建设休闲渔业基地,打响休闲渔业品牌。整合美丽村落的生态、产业、人文等资源,或村村联手,或与景区结盟,创建一批 A 级以上村庄景区。

五是打造一批旅游节庆活动和产品。精心打造具有地方特色的乡村节庆活动品牌,精心培育节庆旅游、养生旅游、自驾车旅游等乡村旅游新业态。推出龙游特色旅游工艺品,实施"乡村旅游后备箱工程",拉动龙游发糕、莲子酒、黄花梨、柑橘等特色农副产品加工销售。

六是大力培育美丽乡村夜经济。重点探索"1248"乡村夜经济路径,把美丽乡村夜经济打造成百亿级新兴产业。"1"即打造全市乃至全省美丽乡村夜经济先行标杆县;"2"即以"衢江走廊"和"灵山江走廊"为依托,建成以光影、动感、活力、娱乐为主调的"衢光之夜"美丽乡村夜经济示范带和以静谧、康养、黑夜、自然为主调的"星河灵畔"美丽乡村夜经济示范带 2 条示范带;"4"即打造以红木小镇、小南海镇区块、省级花海田园综合体、溪口历史文化名镇为核心的 4 大美丽乡村夜经济核心板块;"8"即打造 8 条美丽乡村夜经济精品线路,同时培育一批"乡味浓、夜景美、赏购乐、美味足、品牌靓、功能全"的美丽乡村夜经济精品村。

(二)补短板强服务,构建全链化农业生产体系

构建全链化现代农业生产体系,核心是要通过加强基础设施建设,提高农业装备水平,增加农业科技投入,全面提高农业生产水平,促进农业供给更好适应市场需求变化、更好适应资源与环境条件,实现可持续发展。龙游县作为农业大县,现代农业产业发展已经具备一定的基础,但仍存在农田基础设施薄弱、新技术新品种利用率低、社会化服务体系不完善等问题。龙游县通过用现代物质装备武装农业,用现代科学技术改造提升农业,不断改善农业生产条件,不断提升农业生产手段,不断优化农业生态环境,为早日实现从农业大县向农业强县的跨越式发展奠定坚实基础。

1. 坚持农业绿色化生产,严格把好质量安全关

龙游县坚持绿色低碳生产,严格把控农产品质量安全。一是深化农产品质量安全追溯体系建设。积极发展农产品质量安全可追溯体系,推行食用农产品承诺达标合格证制度,强化食用农产品"从农田到餐桌"全程追溯管理,实现来源可追溯,去向可查明,责任可追究。2022 年全年开展县级农产品质量安全种植养殖环节抽检 697 批次,监测合格率 99.0%。此外,积极打造生态

农场 8 家,其中种植业 3 家,畜牧业 3 家,渔业 2 家。二是普及推广新技术新模式。开展水稻化肥减量增效"三新"技术示范、稻—豆—油"新三熟制"试验示范,推广溪流性鱼类生产、新型水库洁水养殖、稻鱼综合种养等绿色养殖模式,推进"饲料环保化、兽药减量化"两化行动,促进农业绿色低碳生产。

2.推进农业机械化进程,完善农机社会化服务

龙游县聚力"机械强农"行动,加快机械强农行动落地落实,不断提高农业机械化水平,着力推动农业"机器换人"高质量发展。2022 年,龙游县成功入选全省综合性农业"机器换人"高质量发展先行县。一是强化农艺农机融合,促进产业升级。以农机购置补贴为抓手,发挥惠民惠农政策示范引领,优化农机装备结构,提升水稻种植装备水平。2022 年,已补贴插秧机 82 台套,补贴资金 327.1 万元,育秧流水线 7 条补贴资金 3.36 万元。通过育秧工厂建设,推广水稻叠盘出苗育秧技术,尤其着力解决早稻生产中育秧缺技术、缺劳力、成本高问题,促进早稻机插水平。利用地域优势和作物品种优势开展"早稻—大豆—油菜"错峰种植,着力破解双季水稻种植效益低难题,亩均效益从 120 元提升至 1350 元。经过 2 年试验示范,已形成较为完善的栽培技术体系,形成了《早稻—鲜食秋大豆水旱轮作模式生产技术规程》。二是强化农机社会化服务,带动全面发展。开展省级现代化农事服务中心建设,基本实现育秧、机耕、机插、植保、收割、烘干秸秆等全程机械化服务作业,农民可结合自身生产需要,"点单式"选择单项、多项或全过程服务。通过"政府主导、企业运作",创新"北手南调"农机调度模式,利用南北两地农忙错峰,每年组织专业农机手帮忙抢收抢种,缩短农忙时间 5 至 10 天,2022 年外来机手"双抢"期间累计开展机插服务 1 万亩以上。三是强化农机数字赋能,推动信息融合。积极探索"互联网+农机"发展模式,拓宽北斗农机管家应用范围,基本覆盖了进行机插作业的插秧机,实现机插环节数字化监控基本全覆盖。探索搭建"龙游通+智慧粮脑"数字农业服务系统,运用数字孪生、卫星遥感、无人机等新技术,推动粮食生产监管服务落地落效,实现耕地数据、农事服务、高效处置、惠农政策等功能集成。2022 年植保作业面积达 50 万亩次,通过无人机农业遥感智能监测系统,实现农药使用量降低 50% 以上。

3.推动农业数字化提升,加强农业生产智慧化

龙游县非常重视数字技术赋能农业生产,促进农业智慧化种植、管理、营销等环节转型升级。一是聚焦数字赋能大探索。借助数字工具强势助力农业生产端、销售端两大环节,推动现代农业高质量发展。在生产端,新建全省首

家投入应用的测报系统——龙游县主要农作物病虫害监测预警物联网式智慧测报平台,开展病虫害测报预警工作,聚焦"粮田一件事",优化"智慧粮脑"应用,加快建设一批数字渔场、数字牧场,有效提升现代农业生产效益。二是抢抓数字化改革新机遇。聚焦整体智治体系架构,加强乡村创新创业项目孵化。重点锚定4大应用建设(即乡村基础设施、乡村生产管理、乡村流通营销、乡村惠民服务),实施"大数据＋农业""机器换人"行动,完善数字农业管理服务体系,推进县级农业监管数据中心、智慧农业示范点、农业物联网示范点等建设。推动农业社会化服务平台建设,大力发展龙游飞鸡、龙和渔业、红专大米、"一盒故乡"等类型的全产业链平台型农业。立足"服务＋监管",全力推进"智慧粮脑"数字化应用开发,通过数字赋能"粮田一件事"。

4.加强农业品牌化引领,不断提升产业价值链

农业的品牌化发展是贯穿农业现代化的关键之举,有利于提升农产品信誉度和美誉度,有助于实现农产品的品牌溢价,促进农民增收致富,龙游县在农业品牌化方面做了大量探索和实践。一是持续加强"三品一标"、名特优新等农产品建设。目前有效期内"三品一标"达53个,全国名特优新农产品3个。其中,龙游麻鸡获得国家农产品地理标志认证;龙游黄茶、发糕、志棠白莲获得国家地理标志产品认证;龙游乌猪获得国家地理标志产品、农村农业部无公害农产品认定,并获评"全国名特优新农产品""浙江省猪肉十大名品";龙游山羊肉获评"全国名特优新农产品";吴刚茶获评"浙江名牌农产品",方山茶获评"浙江省十大旅游名茶"和"华东十大名茶"等。二是通过节庆活动和农博展会,进一步提升龙游农业知名度。通过举办荷花节、黄茶节、希唐蜜橘直播大赛以及参加省农博会、产品推介会等方式,提升"土特产"品牌知名度和影响力。如"龙游红"红茶在第二届中国国际茶叶博览会上获金奖,"圣堂白雪"牌龙游黄茶获第十二届"中绿杯"中国名优绿茶评比绿茶类一等奖,龙游乌猪、善蒸坊发糕、惠军羊肉均荣获浙江省农博会金奖等。三是利用产业平台,宣传典型案例,助力农产品销售。构建两江"五业五区十园"特色产业大平台,大力发展"一鸡一鱼一茶一药一盒故乡"五大特色产业链。"龙游飞鸡"入选国务院扶贫办精准扶贫典型案例;龙和渔业产业化联合体入选第二批省级农业产业化联合体;"中黄3号"成功入选国家级农作物品种;横山现代农业园区成功入选省级农业现代园区;"一盒故乡"通过"乡愁经济＋电商互联网"营销,2022年销售额超过1600万元。

（三）引才引资引智，构建现代化农业经营体系

龙游县在推动山区产业特色发展的过程中，逐步构建了以农户家庭经营为基础、合作与联合为纽带、社会化服务为支撑的立体式复合型现代农业经营体系，实现了小农户和现代农业有机衔接。

1. 高强度推动土地流转提高规模经营水平

土地流转是实现农业规模化经营、标准化生产的基本前提，龙游县近年来一直大力推动土地流转和土地整治工作。一是稳定土地承包政策。积极落实农村土地承包关系稳定政策，衔接落实好第二轮土地承包到期后再延长 30 年的政策。深化农村土地制度改革，推进承包地所有权、承包权、经营权"三权"分置改革。二是推进土地"大整治""深改革"。结合农业"双强"行动、"两非"整治、农业"标准地"改革等工作，深入推进土地集中连片流转，鼓励推广承包地经营权入股、整村流转等做法，引导强村公司、规模农业农经主体等与整村搬迁自然村农民签订土地流转合同。三是土地流转取得明显成效。2022 年度，全县承包地流转总面积 19.23 万亩，其中新增流转面积 2.55 万亩，流转率达 62.2%，市定任务完成率为 283.3%，全市第一，新增培育湖镇镇文林村等20 个土地集中连片流转示范村，入选全省农业"标准地"改革试点县。到 2025 年，预计全县土地流转率达 70%，土地规模经营比例达到 70% 以上，100 亩以上集中连片规模经营占比达到 55% 以上。

2. 高水平推进新型农业经营主体培育

龙游县农业主导产业突出，特色产业发展潜力巨大，因此龙游县尤其重视推动新型农业经营主体的培育。一是积极培育适应新时代要求的新型农业经营主体。龙游县大力提升新型农业经营主体应用先进农业技术、机械装备、现代农业模式能力，重点培育了一批一、二、三产业融合、适度规模、经营多样、社会化服务支撑并与互联网紧密结合的新型农业经营主体。二是重点做好家庭农场和合作社发展。龙游县以家庭农场整体提升为突破口，大力发展以家庭农场为主要模式的适度规模经营，围绕畜禽、渔业、笋竹等特色优势主导产业，实施农民合作组织提质行动，推动合作社规范、联合发展。积极开展新型农业经营主体的示范性培育和监测工作，新培育家庭农场 200 家以上，县级以上农民合作社示范社稳定在 100 家以上。三是重点支持农业龙头企业发展壮大。坚持"见苗浇水"与"大树移栽"并重，内培外引一批真心搞农业、真情带农民的大企业。通过实施农业龙头企业倍增计划，重点支持培育农业科技龙头企业。

目前全县累计培育农业龙头企业 68 家,其中国家级 1 家、省级 14 家、市级 25 家、县级 28 家,年销售 1 亿元以上的龙头企业 4 家。

3. 高力度吸引"新农人""农创客"回乡创业

龙游县积极落实浙江省"两进两回"行动,大力吸引年轻人、乡贤和科技人才回乡创业就业,不断提高乡村产业发展活力。一是制定政策支持农民创业就业。完善农业领域创业就业政策,落实扶持补贴、创业担保贷款贴息等政策机制,扶持农民创业就业。实施 1500 名农创客培育工程,鼓励各类人才向农业农村汇聚,壮大"新农人""农创客"队伍。二是深入实施"两进两回"行动。全面开展"百名乡贤联百村"行动,不断健全新乡贤回农村长效机制,促成了"龙游飞鸡""天池药谷""竹栖谷民宿""锄禾农场"等众多新乡贤回归特色项目,形成了以"经济"为纽带的新乡贤互助联盟。其中"龙游飞鸡"被国务院扶贫办及全国工商联作为乡村振兴精准扶贫重点案例在全国推广。三是实施千万农民素质提升工程。积极开展农村实用人才培训,以乡村振兴和现代农业发展人才需求为导向,分级分类开展生产型、经营型、技能服务型、技能带动型和社会服务型五类农村实用人才培训。

二、龙游县推进乡村建设不断深化的探索与实践

2022 年,龙游全县农村居民人均可支配收入 32037 元,增幅 6.6%;低收入农户人均可支配收入 19585 元,增幅 14.9%。同时,获得省级未来社区、未来乡村、县域风貌样板区"共同富裕现代化基本单元"大满贯,跻身全省新一轮新时代美丽乡村示范县,书写了高质量推进乡村全面振兴和高水平建设未来乡村美好生活的龙游实践。

(一)深化"千万工程",推进美丽乡村建设

龙游县认真贯彻落实"14456"工作布局,以"一环五线"六条特色精品线为总轴,以"衢州有礼"诗画风光带建设为重点,紧抓美丽乡村建设,紧盯特色产业发展,紧跟融合发展大潮,高水平建设美丽大花园核心区精品园,构建具有归属感、幸福感和未来感的美丽乡村升级版。经过多年努力,2019 年,龙游县被列入"部省共建乡村振兴示范县"先行创建单位。2020 年,荣获全省深化"千万工程"建设新时代美丽乡村(农村人居环境提升)工作考核优秀县。2021年 7 月 13 日,时任浙江省委书记袁家军到两江走廊沿线团石村调研时,充分肯定龙游县新时代美丽乡村建设成果。2022 年 11 月 10 日下午,全省深化

"千万工程"建设新时代美丽乡村现场会在龙游县召开;同时被列为 2023 年 10 月 12 日召开的全国学习运用"千万工程"经验现场推进会浙西线考察点。

龙游县深化"千万工程",推进美丽乡村建设的主要做法如下:

1. 数字赋能,场景落地,打造未来乡村示范样板

龙游县积极抢抓数字化改革机遇,聚焦整体智治体系架构,持续推进"龙游通＋全民网格""龙游通＋智慧粮脑"赋能运用、迭代升级。一是打造若干具有龙游特色的数字化应用。"龙游通"成功入选全国市域社会治理创新优秀案例,"智慧粮脑"列入浙江省农业农村厅多跨应用场景第一批"先行先试",成功争取"三农"新基建省级试点项目 2000 万元并获省农业农村厅王通林厅长批示肯定,20 余家中央省市级媒体报道。二是大力推进未来乡村建设。在溪口率先启动乡村版未来社区建设,成功争取衢州市首批联合国可持续社区标准化试点,全省首发未来社区创建方案,全市首创乡村版"三化九场景",率先落地、开园运营。目前,溪口以未来社区高品质生活牵引周边高山远山农民集聚,实现更大范围的共建共治共享共富,其未来社区"一镇带三乡"模式作为全省"县乡一体、条抓块统"改革的"1＋X"模式原型写入省改革相关文件中(2020 年 9 月,时任省委常委、组织部长黄建发来龙调研并给予肯定)。三是不断深化农村改革创新。成功打造全国首个乡村未来社区学院,落地全省首个聚焦竹产业的乡村振兴综合体,启动以共同富裕为目标的"竹居计划",率先走出乡村"校企地"合作新模式;未来社区"信用＋"基层治理应用场景成为全省信用数字化改革"十大优秀案例",是唯一乡镇级优秀案例;2021 年成功申报省级乡村振兴示范集成创新项目获资 6000 万元;溪口未来社区被央视《今日中国》栏目报道。此外,加快试点扩面,第二批浦山乡村未来社区试点取得突破性进展,"凤凰部落"亲子游乐村正式开园,由 10 家企业、院校、社会团体组成的首批产业联盟成立。

2. 各美其美,串珠成链,构建升级版新时代美丽乡村

龙游县大力推进土地整治和人居环境改善,打造升级版新时代美丽乡村。一是通过全域土地整治,优化空间布局。对"山水林田湖草路人房"等进行全要素系统治理,推动高标准农田连片提质、存量建设用地有效盘活、农村人居环境统一修复、土地利用结构更加优化。二是积极推动美丽乡村"点上出精品、线上有特色、串珠可成链、面上全覆盖"。点上,继续推行"花园＋菜园＋游园"的乡村花园模式,以"自然味、农业味、乡村味"三味要求和 3A 级景区村为标准打造美丽乡村,完成创建新时代美丽乡村 201 个,特色精品村 23 个,示范

乡镇9个。线上,规划建设了"一环五线"美丽乡村精品线,涵盖了全县所有乡镇(街道),重点推进衢江沿线环境整治、业态植入和灵山江沿线景点串联、风貌提升,建成连绵22.4公里的沿江美丽公路和41公里的慢行绿道,把3个4A级景区、7个3A级景区和30余个特色村串点成线,形成"两江化一龙"精品线路。面上,抓好片区化建设,打造小南海共同富裕新时代美丽乡村示范片区、溪口镇"一镇带三乡"组团式片区、超级版美丽乡村大花园士元实验区片区,通过产业提升、生态提升、景观提升、基层治理提升和文化提升,将几个片区打造成最佳宜居新民居、最美诗画风景带、最优乡村振兴先行区。三是做好农房整治"后半篇文章"。注重融入当地历史文化元素,分类指导推进村庄建设、精品提升和风貌管控,实现小房子、大风貌、大花园。龙游县通过农房整治,共投入资金2.3亿元,完成农房整治拆后利用示范村20个,"一米菜园"示范村35个,盘活土地13多万平方米,整治面积达289万平方米,共产生可利用空间569.2亩,用于保障农民建房、产业空间、公共设施、"一米菜园"和建设用地复垦。

3.绵绵用力,久久为功,提升农村人居环境"三大革命"

龙游县深入开展农村人居环境"三清三整三提升"行动,打好"整治牌",实现农村人居环境从区域防卫向全域管控转变。农村生活垃圾分类处理行政村覆盖率达100%以上,资源化利用率达100%以上,无害化处理率达100%;农村卫生厕所普及率达100%,常住人口500人以上行政村规范化农村公厕覆盖率达100%;农村生活污水处理设施实现行政村全覆盖,截污纳管行政村覆盖率达100%。同时,结合"五水共治"、美丽乡村建设、农房风貌管控等要求,广泛动员乡镇和村创新开展农村人居环境卫生整治活动,涌现出一批典型示范案例,比如溪口镇创新"龙游通＋有礼积分"运行管理机制,将垃圾分类、乱排乱放、环境卫生等纳入评分标准,积分可用于荣誉评选、优先享受社区服务、兑换奖品等;溪口镇、詹家镇、罗家乡及龙洲街道寺后片开展以"政府主导、公开招标、合同管理、评估兑现"为特点的市场化保洁和分类一体化试点工作;大街乡新槽村开展垃圾分类创新试点,着力打造零废弃村庄;湖镇镇地圩村结合乡村振兴综合体建设,开设垃圾分类教育学院,建设垃圾分类体验馆、垃圾分类教学基地等。在打好"整治牌"的同时,也大力推进环境整治智能化,先后在湖镇镇坪湖村、大街乡新槽村、詹家镇浦山村、小南海镇团石村、小南海镇红船头村等引入智能化设施,安装智慧垃圾投放设备,对村民投放的易腐垃圾、可回收垃圾、其他垃圾进行AI识别自动检测,探索打造垃圾分类"贺田模式"3.0。

4.活态利用,文旅融合,激发古村活力"质"的蝶变

龙游县按照"让古村落活起来"的要求,自觉传承龙游乡村地域特色文化,深度挖掘古村落的历史价值、旅游元素与文化内涵,推进古村文化与休闲旅游互融共生,打造特色古村落品牌,重塑"宜居宜业宜游"的古村之魂。一是讲好古村故事。编撰《龙游历史文化村落——古村故事》,档案化、故事化记载了33个最有代表性的古村,以及相关的特色历史文化、地方特产、历史名人、村风民俗和具有特殊文化价值的古建筑。倡导村民积极开展对家谱、族谱、村志的修缮,鼓励各村整理、归档优秀的家规家训和家风故事。探索老屋收储模式。探索古建筑有偿收储、宅基地置换、"以租换修"等收储模式,实现产权村有,为保护和利用打通"绿色通道"。老屋修缮建成乡村文化博物馆、农耕文化展示馆、畲族元素陈列馆、泽随记忆博物馆、廉政文化展示馆、三重书屋等公益展示场所30余处。二是发展老街经济。深入挖掘本土特色文化、产业并贯穿游线始终,充分展现老街的独特性、趣味性和可游性,历史文化村落保护利用项目实施以后,横山镇志棠村、溪口镇溪口村、湖镇镇星火村老街聚集了大量人气,成为吸引乡贤、创客返乡创业的重要基地。乡村新产业、新业态因此而迸发,促进了美丽乡村向美丽经济转化。

5.赋能发力,共同富裕,推动"两山"转化集成示范

龙游县依托自身资源禀赋,吸引乡贤回归,发展特色产业,促进"两山转换"。一是深入实施"两进两回"行动,全面开展"百名乡贤联百村"行动。不断健全新乡贤回农村长效机制,促成了"天池药谷""竹溪谷民宿""锄禾农场""龙游飞鸡"等众多新乡贤回归特色项目,形成了以"经济"为纽带的新乡贤互助联盟,为乡村振兴提供了发展新思路。二是依托两江走廊建设平台,主动融入"钱塘江唐诗之路"和"衢州有礼"诗画风光带。高标准布局实施总投资额超188亿元的11个重点项目,红木小镇连续6年入选浙江特色小镇;六春湖入选全省山地休闲旅游发展试点,打造云海、雪海、雾海、花海"四海"奇景。"绿色中国行——走进美丽龙游暨中国绿色碳汇基金会10周年主题公益活动"在六春湖正式启动,六春湖成为全国宣传"绿水青山就是金山银山"理念,展示生态文明建设成果的重要窗口。三是加快乡村业态植入,组织策划团石湾啤酒音乐节、"潮起龙游 嗨翻十月"等系列活动。特别是团石湾啤酒音乐节,短短三天引流超15万人次,拉动内需消费近200万元,打响团石湾乡村"夜经济"品牌;龙游石窟国际音乐盛典吸引400多万人在线观看,人民网、新华网等30余家主流媒体持续报道关注;龙游"梦溪"美丽乡村夜经济精品线入围省级12

条精品线名单。四是加快现代农业产业的发展,利用新媒体新渠道赋能农产品销售和乡村旅游。"龙游飞鸡"入选国务院扶贫办精准扶贫典型案例;"一盒故乡"通过"乡愁经济+电商互联网"营销,2022年销售额超过1600万元;推进"村播+企播+文播"三进工程,建成中国TOP直播电商产业园、龙游飞地直播基地及溪口、湖镇文林、米老大、大街新槽神农谷等4个乡村振兴综合体,打造溪口镇、龙洲街道2个村播特色乡镇;龙游悯农生态产业园、花菇生态产业园等2个亿元以上农业招商项目顺利落地。

(二)坚持文化润民,推进乡村文化振兴

1.积极保护省级历史文化村落

龙游县依托其悠久的发展历史、深厚的文化底蕴,积极推进历史文化村落的保护与开发。重点开展9批,共9个重点村、57个一般村的历史文化村落保护利用项目建设,综合保护古建筑及存有环境。各历史文化村落建成乡村文化博物馆、农耕文化展示馆、畲族元素陈列馆、泽随记忆博物馆、廉政文化展示馆、三重书屋等公益展示场所30余处。将历史文化村落保护与景区开发相结合,石角、天池、三门源等村积极探索"文化+旅游"增收途径,解锁了村级集体经济创收和村民增收致富密码。

2.主动挖掘重要农业文化遗产

龙游县农耕文化传统源远流长,农耕文明成果丰硕,在保护农业文化遗产、推广普及农耕文化方面不断创新。通过实施乡村文化记忆工程,始建于元朝的姜席堰(获评世界灌溉工程遗产)、龙游畲乡文化、龙游婺剧、稻草龙与硬头狮子等非物质文化遗产,均得到了传承、保护和推广。龙游发糕、龙游肉圆、北乡汤圆等传统美食通过"龙游风味"美食品牌的创立而得到推广。先后编制出版了《龙游民间故事集成》《龙游民间诗歌(谚语)集成》《风雅龙游》《姜席堰》《龙游商帮》等20余部人文书籍。二十四节气农耕文化活动遍地开花,运用数字新媒体平台,推进跟着节气游乡村活动,呈现立体的龙游乡村文化产业形象。

3.大力培育新时代文明阵地

龙游县深入推进新时代文明实践体系建设,依托新时代文明实践中心、乡村振兴讲堂,强化"8090新时代理论宣讲"教育功能。县、乡、村三级文明实践阵地实现全覆盖。全县累计建成文化礼堂240家,500人口以上行政村覆盖率达100%。县级及以上文明乡镇实现全覆盖,县级及以上文明村共计232个,占比达88.21%。大力实施文化惠民工程,引入社会力量参与公共文化服

务体系建设,成为全国典型案例。

(三)强化基层治理,实现乡村和谐善治

龙游县一贯重视基层治理工作,通过进一步优化现代城乡社区网格这一基层治理底座,聚焦重点、补齐短板,深耕做实网格,推动现代城乡社区治理精细化、智能化转型,实现网格从"有形"向"有神"转变。

1.以"组织一盘棋"织密"智治一张网"

龙游县发挥党建统领优势,探索打造组织严密、执行高效、服务多样的网格智治体系。围绕筑强最小治理单元的要求,从管理精细化、服务高效化出发,通过设立微网格将治理触角延伸到村民小组、楼道楼栋。在原"一长三员"的基础上,进一步探索按"1+3+N"配强微网格力量,"1"即为微网格长,"3"为3名民情联络员,"N"为社会志愿者队伍。同时,依托"县乡一体、条抓块统"改革,全县综合执法、市场监管等部门共89名人员下沉到乡镇(街道),通过周二无会日、"三联工程"(组团联村、两委联格、党员联户)、干部四维考核等机制,进一步充实网格化服务管理工作。截至目前,龙游共建成710个网格,其中农村网格557个,社区网格142个,在村社网格基础上细化形成微网格2545个,实现智治微网格全县覆盖。

2.以"平时高效"铸造"战时有力"

龙游县依托全域网格,在提升网格"平时服务管理、战时快响激活"下功夫,积极构建平战快速转换机制。推行一个掌上治理"APP"、一个网格微信群、一本巡查记录本、一张党员联户表"四个一"工作法,常态化开展网格服务管理工作。由县委组织部牵头定期开展督查通报,点对点地对乡镇(街道)事件质量进行指导,对三级以上网格事件双周通报、每月考核,网格上报事件质效明显提升,事件办理规范率持续保持在98%以上。同时,健全突发情况战时快响激活机制,由乡镇(街道)牵头整合专业部门力量、联户党员、村民小组长、村民代表、楼道(栋)长、物业(置业)公司工作人员、企业(单位、场所)工作人员、志愿者等力量,以网格为单元建立若干应急小分队,"专兼联"网格力量第一时间集结,利用大数据筛查、入户摸排、群众举报等方式,对网格内人、地、事、物等基础信息坚持摸排入微,做到逐点完善信息,并进行定期采集,保证数据动态更新。

3.以"数字赋能"带动"治理提效"

龙游县坚持以数字化改革为总牵引,依托"龙游通"数字化管理系统,拓展

应用场景,提升基层治理体系的韧性和智治水平。聚焦基层减负工作,从数据表单入手,推动落实"最多录一次"改革。贯通龙游通、浙里党群心连心、"掌上治理"等应用,实现各条线系统间数据相互流通,减少表单重复填报,迅速掌握一手数据,实现平战一键切换,切实提高基层治理和服务的精准化水平,实现基层减负目标。同时,建立健全信息上报考核机制,构建"居民上传问题—网格长线上派单—网格员线下处置—居民评价反馈"工作流程,对网格和村社难以解决的复杂事项由专职网格员转入镇街协调处置,推动信息互通、资源共享和工作协同,确保"事事有落实、件件有回音"。截至 2022 年底,依托网格体系累计调解矛盾纠纷近 3660 起,代办服务事项 2.3 万余件,群众满意度高达 99%。

三、龙游县推进"小县大城"建设的探索与实践

2007 年 1 月 22 日,时任浙江省委书记习近平,来龙游调研时作出"要着眼于推进高效生态农业建设,充分发挥山区资源优势"重要指示。[①] 龙游县按照习近平总书记的指引,始终把农民集聚转化作为全域统筹、城乡融合的重要抓手,积极探索创新、全力推动落实。2018 年 8 月,衢州市农民集聚现场会在龙游召开;2020 年,时任浙江省委书记袁家军又专门作出批示肯定。2022 年,在共同富裕大背景下,龙游作为共同富裕示范区"缩小地区差距"试点,以更大决心、更大力度、更大范围、更大规模实施农民集聚转化工程,走出一条农民蜕变市民的成长之路、城乡资源统筹协调的探索之路。

(一)重规划,强落实,以人为本做好搬迁安置

1.高标准做好规划布局

龙游县一向重视农民集聚转化过程中安置点、安置小区的高标准高水平布局和建设工作。2017 年,按照"进城入镇一批、特色保留一批、面上搬掉一批"思路,龙游县构建了"1221"城乡规划体系,即 1 个中心城区、2 个中心镇、21 个中心村,实行"总量控制+边界管控",对乡村人口和农居点用地总量进行规划管控,将 1283 个自然村划分为集聚、控制、萎缩三种类型,对村庄用地边界实行空间分类管控。同时,根据"宜工则工、宜商则商、宜农则农"原则,科

---

① 深入推进"欠发达乡镇奔小康工程" 加快推进浙江全面建设小康社会进程[N].浙江日报,2007-01-24(001).

学实施"721"梯度安置导控体系,即农村地区迁出人口中70%进入中心城区、20%进入镇区(含特色小镇)、10%进入乡集镇中心村。随着城镇化阶段的不断深入,为充分保障进城农业转移人口市民化权益,2022年构建"12103"规划体系,即一个总体目标,两大专项行动路径,十条配套政策,三大保障体系,把"一核两级、两江走廊、城乡融合"作为总框架、大棋盘,以未来社区理念推进"3+5"集聚小区建设,因地制宜植入特色场景,同步做好配套基础设施,农户可根据就业、就学、就近等需求进行选择,实现闲置农村人均建设用地有效利用,为中心城区建设腾出空间,助推乡村振兴与新型城镇化建设良性互动。

2. 高弹性做好搬迁安置

龙游县执行"刚柔并进"的政策处理原则积极做好搬迁安置工作。一方面,严格实行"退老宅交新宅",将退宅复垦还耕作为搬迁安置的前提条件,根据退宅面积大小对搬迁农户进行安置排序,改变抽签安置这类"看似公平实则不公"的做法,农户需在交回《旧宅规划许可证》及《土地使用权证》,并与村集体签订《宅基地归还协议》后,方可领取新房钥匙,确保"一户一宅"和土地集约利用政策的刚性实施。另一方面,对"三改一拆"规定内,给予每户40平方米的附房面积重置成新价补偿。针对部分未确权登记的房屋,经认定为审批限额内的,依旧可享受重置成新价80%的补偿。

3. 高水平推进"小县大城"

龙游县坚持因地制宜、因人而异,开展"小县大城·共同富裕"农民集聚转化攻坚,避免"赶农民进城"的问题发生。进城农户可以自主选择国有土地安置或者集体土地安置,并给予搬迁补助费(按2次计)、签约腾空补助、网格奖励、临时安置费等补助费。对于国有土地安置,政府舍得拿出城区好的地段,以未来社区的理念高品质建设农户集聚小区,为农户提供公寓式安置;农户也可以选择货币安置,享受相关补贴优惠购买县内商品房。对于集体土地安置,根据情况新增了迁建式安置模式,农户可选择到镇级迁建安置点,使用村集体建设用地建房安置,允许跨村跨乡镇,解决了萎缩村、控制村建房的问题,满足了老百姓的建房需求。同时,做好政策托底工作,针对经济条件差无力进城集中安置的低收入群体,创新"跨村建房""宅基地换养老""集体周转房"等举措,破解低收入农户"想搬搬不了"的难题。

（二）抓产业，促就业，高质发展实现共富双赢

1. 发展特色产业促进农民收入更多

打造产业链图谱"精准"引。坚持"美丽＋智慧"产业思路，在"搬迁带"上大力发展"一茶一药一鸡一鱼一盒故乡"等特色产业，加快企业的"腾笼换鸟"，淘汰附加值低、环境影响大的落后产能，同时积极推广"短平快"种养类及"长特稳"农副产品加工类项目，引导搬迁农户以贴息贷款、生产要素入股优质高效产业项目，建立稳定的利益联结机制，共享股金分红，实现"输血"向"造血"的逐步转型。目前，士元实验区已引进世界级企业正大集团打造现代农业园，进一步做强水稻、黄茶、中草药、果蔬四大优势产业，建成一批规模化标准化生产基地。挖掘生态链价值"精细"扶。紧扣第一产业和第二产业、第三产业的最佳结合点，打开绿水青山转化为金山银山的通道，大力发展生态农业、生态旅游业和文化创意、数字经济等新产业，依托"两山银行"，将低效碎片化的土地、林地、水域等资源进行整合，转化为可计价、可交易、可融资的资产，系统构建以"生态经济化、经济生态化"为显著特征的现代化生态经济体系。创新推出"生态链贷"金融产品，已获得县农商行授信 10 亿元，2021 年发放贷款总额6000 余万元。同时，以龙游县中草药协会为切入点，开设首个领域（行业）"生态资产账户"，"两山银行"根据账户评估总价值，给予授信 2750 万元，2021 年已发放 1350 余万元。发展数字化农业"精心"育。谋划开发"智慧粮脑"数字化场景应用，通过归集基础信息、智能识别分析、精准闭环处置，实现耕地"非粮化""一网智治"；创新"耕地管家"模式，帮助经营主体顺利竞得耕地种植经营权，发放信贷支持以及相应的种粮奖励扶持，农户可获得每年 2000 多元"流转红利"；打造"龙游飞鸡"品牌，聚焦"产业＋数字化＋农户"带动小农户增收模式，创新"企业＋村集体＋农户"集体创业造血机制，已促成 86 个村集体实现增收。

2. 加快帮扶帮困促进农民增收更易

精准开展技能培训，建立"就业技能全面提升＋就业信息动态发布"机制，通过政府买单、定点培训等方式，鼓励县内培训机构为农业转移劳动力提供免费就业创业培训，鼓励用人单位吸纳就业，对优先安置就业困难劳动力的，给予岗位补贴和社保补贴，并通过"龙游通"APP 等载体，动态发布县域企业用工信息，积极引导搬迁农民到园区企业、城区服务业等就近就地就业。在集聚小区内建设"农民创业园"，鼓励部分缺乏相应劳动技能的剩余劳动力从事简

单加工行业,实现搬迁农民转产转业 1.8 万人,人均年收入近 5 万元。加大政策扶持力度,对在龙游县范围内初次创业的农业转移人口,其中在校大学生、劳动年龄段人员给予创业担保贷款贴息支持(贴息本金不超过 50 万元),正常经营 1 年以上的重点人群给予 1 万元的一次性创业补贴。建设零工市场、举办专场招聘会、推荐就业岗位信息,提供就业岗位 1300 个/年以上,多渠道满足转移人员的就业需求。加快农村三权的确权、赋权、活权,稳步提高养老保险、合作医疗、最低生活保障等标准,实现从"农民"向城市"新市民"的角色转变。合理布局城镇优质教育资源,全面保障农业转移人口随迁子女就读学位供给,将农民随迁子女义务教育纳入城镇教育发展规划,积极推进义务教育均衡化,有效解决集聚农民子女入学难问题。夯实帮扶帮困机制,鼓励乡镇(街道)所属行政村开发公益性岗位安置农业转移低保低边家庭劳动力就业,并按照龙游县最低工资 30% 的标准给予补贴,将无劳动能力的农民纳入低保群体,由社会保障兜底。2022 年,晨北、阳湖、翠竹等小区的 1700 多名农民已顺利转移至二、三产业,人均年收入近 7 万元,部分农民在附近工业园区、创业园就业,人均收入较搬迁前增收 4000 元以上。

3. 强化社群营造促进乡村生活更好

强化红色党建统领,坚持"服务＋管理",通过将集聚小区纳入县城、集镇社区网格,将基层党建"三个三"落实到集聚小区管理服务中,建设以"网格支部＋业委会＋业主＋物业公司＋社会组织"为主体的"红色物业联盟",实现干部、网格联区,党员、网格员联户全覆盖。突出未来社区引领,以未来社区、未来乡村理念加强农民集聚区环境打造、场景塑造、社群营造。文成小区作为士元实验区建设配套工程,按照城市版未来社区的形态高标准规划建设,项目占地约 591 亩,总投资约 44.7 亿元;打造溪口未来乡村,落实乡村版"三化九场景",聚焦人本化、生态化、融合化,营造健康、教育、交通、乡貌、乡愁、乡里、共享、创业和田园场景,促进"两进两回",实现一镇带三乡共同富裕。加强基层社区治理。探索共富联盟,配套一定用地,将游客参观、住宿、研学,与村党建、培训、娱乐活动等集成打造"共富大楼",同步提升周边景观,丰富游客体验和村民的日常生活;依托"龙游通"平台,开通"社情通"和"四联"(业主委员会、党支部、物业公司、镇政府)小区管理服务模式,全天候、全方位服务群众,推动基层管理服务资源扁平化,提高小区治理能力和服务水平;实行"两随访"制度,迁出村党组织和安置小区所在社区定期对搬迁农户进行随访,了解其家庭、就业、生活等情况,帮助解决实际困难,让搬迁农户真正感受到党委政府的暖心关怀。

（三）筹资金，出政策，做好保障促进农民集聚

1.用好资金政策

龙游县积极探索制定搬迁安置的各种资金政策，创新形式，扩大范围，加强落实。一是加强对异地搬迁、地质灾害搬迁、村庄整治、危房救助等各类政策资金的整合，结合"金宅地""金房券"两大政策，积极探索"公农贷"，将农业转移人口纳入灵活就业人员建立公积金制度试点范围，推动公积金制度往农村扩面覆盖，帮助农业转移人口提高居住水平，创新"安居创业贷"，在搬迁农户贷款基准利率上再下浮15％～20％、还贷期限可达10～15年，已累计向农户发放贷款2.5亿元、让利达2600万元；二是为集聚小区建设广开绿色通道，对有关规费能减则减、能免则免、能缓则缓，尽可能降低农户购房成本，帮助农户圆了"安居梦"。农民集聚后，对新产生的建房户（指新生子女及嫁娶导致的建房户增加），依旧可以享受公寓型"金房券"安置，补足公寓安置面积。

2.落实安置政策

龙游县出台各种措施帮助农民降低安置成本，促进灵活集聚，保证集聚效果。一是拓宽安置渠道，灵活方式促集聚。在公寓安置、迁建安置等方式的基础上，推出房票安置，农户凭房票购买市场化住房，进一步灵活进城方式。如湖镇镇结合小城市培育，推出房票叠加安置政策，房企开发商备案价下浮14％、减免5年物业费，并给予额外房票补助1000元/平方米，基本实现"零成本"购房。二是聚焦安置成本，降低门槛帮转化。完善金融体系，龙游在全国首创"公农贷新模式"，获得全市推广。明确农业转移人口缴存公积金后，即可享受住房公积金贷款。2022年"公农贷"政策力度再加大，利率再降低，目前首套房公积金贷款1～5年按2.6％利率，5年以上按3.10％利率，并联合农商行推出零首付。三是保障安置兜底，筑牢安居守底线。针对五保户、低保户、建房困难户等无能力进城入镇的农户，做好兜底保障。创新"宅基地置换""宅基地换养老"等安置模式，通过转让建房指标、置换房屋、宅基地使用权换取政府老年公寓养老等方式，实现特殊人群"应保尽保"。如自愿放弃宅基地使用权交归村集体所有的孤寡、贫困、留守老年人，可以终身免费居住老年公寓，并根据宅基地面积、房屋构造等获得6万～8万元补偿，目前已有190余人报名入住老年公寓。

3.建好保障体系

龙游县针对搬迁安置着力构建组织、督导、安置"三大保障"体系。一是严

密组织架构。从领导小组、专班架构、专班办公室等多层级配齐配强精干力量,落实组织调度机制、专班推进机制、综合协调机制、督查考核机制,构建动员部署、督察交办、责任考核环环紧扣的全链条工作闭环。二是强化督查考核。将该项工作纳入县综合考核,并加大赋分比重,实行"专业指导组＋督查组"联动督导,构建问题、任务、决策三个闭环,有效推动动员、挖潜、产权审核、政策处理、立项等五个阶段重点工作开展。三是狠抓安置保障。落实安置房后期管理,合理房源布局、优化户型设计,确保品质不低于同期商品房品质,加快安置房小区公建配套和市政基础设施建设,确保同步交付。2015 年至今,已建成农民集聚小区(点)36 个,集聚人口 3.34 万人,退宅还耕 4488 亩。2022 年以来,搬迁人口挖潜数已突破 6000 人,测绘面积达到 1500 多亩。四是突出数字支撑。充分利用数字化改革成果,推行集聚农户全周期智慧管理,重塑农民集聚申请和审批流程,实现农民集聚共同富裕全流程闭环服务。打造"奔富码"数字化搬迁平台和应用场景,继续推动农民集聚转化迭代升级,通过驾驶舱对搬迁流程所有环节、共同富裕工作成效进行全场景展示、智能化分析,为全县推进农民集聚共同富裕提供决策参考。

第三节　龙游县推进山区跨越式高质量发展的典型案例

【案例 2-1】打造"智慧茶园",做强龙游黄茶产业

一、基本情况

2007 年 1 月 22 日,时任浙江省委书记习近平到龙游县罗家乡荷村村调研座谈,并强调山区的优势还是要靠山吃山,因地制宜去发展特色产业。16年来,龙游县持续放大山区特色优势,以罗家乡为试点,着力做大做强黄茶产业,通过打造"智慧茶园"项目,以龙头企业带动黄茶特色品牌打造,加快农旅产业融合升级,着力推动山区农民增收共富。

二、主要做法

一是打造茶全生命周期追溯平台,共建未来茶厂。未来茶厂系统涵盖了茶叶种植、茶青收购、茶青加工、半成品包装、仓储物流、茶叶销售等场景,同时也涵盖了产品管理、物料管理、包材管理、茶农管理、客户管理,实现茶厂全流程信息化、数字化、精细化管理。建立产供销一体化数字管理系统,从茶园种

植、加工、包装、储运、销售等建立全产业链可闭环的溯源管理,通过溯源标识向市场消费者传达品牌茶叶的绿色发展理念,基于区块链,保障溯源信息的真实可信,通过可靠、直观的方式在消费者心中树立优秀的品牌形象,有效地提升品牌价值。

二是强化技术引领,打造水肥一体化系统。水肥一体化技术是将灌溉与施肥融为一体的农业新技术。按土壤养分含量和作物种类的需肥规律和特点,配兑成的肥液与灌溉水一起,通过可控管道系统供水、供肥,把水分、养分定时定量,按比例直接提供给作物。茗皇公司借助打造水肥一体化茶叶产业园,与周边农户形成了良好的共富综合体,在龙头企业自身发展的同时也很好地带动了周边茶农的发展,为罗家乡茶叶产业共同富裕打下了坚实的基础。

三是积极对接主体需求,打造喷滴灌项目。利用"共富荷村三年行动计划",实施茶园喷滴灌项目,获得上级专项资金补助最高为 1500 元/亩,该项目还开创了"共建共创"运营模式。经过近三个月的项目实践,该项目共有 8 家实施主体符合喷滴灌安装补助要求并已成功通过验收。

三、案例简析

罗家乡智慧茶园建设是一次成功的共富路径摸索。通过智慧茶园项目的实施,销路得到了打通,品牌价值也得到了极大的提升,产品成活率以及品质得到了极大的保障,更好地释放了生产潜力与消费潜力。通过智慧茶园建设为各主体提供稳定销售渠道、做到社会资源互补,可实现生产者与消费者的良好结合,达到了共同富裕的效果。

【案例 2-2】打造"米老大"共富工坊,带动农户增收致富

一、基本情况

"米老大"共富工坊位于龙游县詹家镇夏金村,依托浙江红专粮油有限公司企业平台成立,通过"龙头企业＋合作社＋家庭农场＋农户"的经营模式,走好农业机械化之路,带动周边农户及规模化种粮主体增收致富。目前,该工坊已吸纳夏金及周边村 200 余名农户稳定就业,季节性带动就业超过 600 人,年发放报酬约 800 万元,带动农户人均年增收 1.6 万元。

二、主要做法

一是构建党建引领格局,引领护航发展。工坊主动融入詹家镇"智惠农业"党建联建机制,由村党支部、农户保障土地资源,浙江红专粮油有限公司提供技术服务,浙江浙银金融租赁股份有限公司提供扶持资金,走出了一条农业机械化种植之路。

二是开展专业技能培训,助推技术提升。工坊依托乡村振兴讲堂,因地制宜形成"集中教学＋个性化教学"的培训模式,发挥坊主董红专为浙江省农艺师学院创业导师的优势,常态化开设农机、农技课程,帮助农民熟练掌握产业技能,提高人岗适配度,年培训人员 2000 多人次。

三是推行农机服务模式,共享机械成果。工坊组建农机服务团,购置收割机、耕作机、插秧机、烘干机和药械机等系列农机具,为周边农户提供"一条龙"农机服务,实现从种到收的全程机械化作业,有效降低小规模种粮主体成本支出。推广使用"双机双抛"、适用高产高效技术,累计辐射推广新品种新技术面积 15 万亩以上。投资 5000 万元引进粮食加工设备流水线,成为全市规模最大和设备最全的加工点。

三、案例简析

"米老大"共富工坊依托浙江红专粮油有限公司,通过"龙头企业＋合作社＋家庭农场＋农户"的经营模式,推行共享农机、共享订单、共享农资、共享技术、共享品牌等多元化利益联结方式,实现了资源整合和共享,农户无需花大成本建造生产厂房和购买农业机械,就能享受优质机械化服务,减少重复投资,实现资源共享,有效促进当地粮农增收致富。共富工坊的创新经营模式,有助于为小农户提供高品质的社会化服务,真正促进小农户与现代农业有机衔接,值得其他行业和地区学习借鉴。

【案例 2-3】创新机制和模式,打造花菇共富产业园

一、基本情况

龙游县围绕"强一个产业、富一方百姓"目标,聚焦"扩中提低"群体,成功引进浙江香满亭科技生物有限公司建设龙游国际花菇产业园农业招商项目并落地小南海镇,开启了花菇产业发展新征程。产业园通过"平台＋基地＋农户"模式,致力于科技赋能生产,以"数智农业＋"模式助力共同富裕。龙游花菇共富产业园一期已投入 1.2 亿元,建成 106 个出菇大棚;二期计划投入 5 亿元,建设物流仓储基地、花菇主题体验区等。花菇产业园已为团石村、双潭村等 8 个试点村、周边 360 余位农户累计带来收益 1000 余万元。

二、主要做法

一是强化要素保障,培育新兴产业。小南海镇整合团石村等 5 个村级资金和共富项目资金,进行跨村集中连片建设,以"共生抱团发展"模式打造花菇共富产业园。产业园与浙江省农科院、浙江工业大学、衢州学院等院校深度合作,开展花菇即食零食、菌类食品添加剂等系列产品研发,并积极探索花菇多糖在医疗等领域的创新应用。同时,分类分渠道盘活各类闲置资产,盘活团石农场低效园地和旱地,承租给公司用于种植,亩均效益翻了50番。

二是激活产品潜力,壮大特色经济。园区通过建设智慧恒温菇棚,配套全自动智慧化管理系统,实现温度、湿度、光照等环境实时智能调控。借助"数智农业＋"实现产菇量四季突破,每个菇棚花菇年产量可达5万公斤以上。同时,公司与浙香食品、外贸笋厂等本地优质食品公司合作,打造深加工基地,快速形成种植、冷藏、烘干、加工产业链,将废弃菌棒加工成有机肥进而实现二次循环,助力全产业链利用。

三是探索模式创新,结共富之果。村集体通过土地、厂房等固定资产入股花菇产业园,出资140万元认领1个花菇大棚,创新"股金＋租金＋薪金＋二次分红"模式,产业园盈利分红促进村集体和农户增收,收益后二次投入形成利益闭环。在此基础上,创新共富合伙人模式,吸纳返乡创业青年和相关农户入股,以20万元为一个单元,每年享受3万元/单元的保底收益和净收益5％的二次分红。此外,园区为低保、低边、残疾人员等提供120～150元/天花菇采摘等公益性岗位,与县农商行合作,为低收入家庭每户授信最高10万元,入股后10％保底收益、2％净收益的二次分红。

三、案例简析

浙江香满亭科技生物有限公司以共富模式及产业共享通道为依托,加强花菇产业园核心样板区建设,夯实美丽经济,构建幸福产业带,实现了"平台＋基地＋农户"的共富组织新模式,实现了一个新兴产业富裕一方百姓,是企业助力共同富裕的示范样板。

【案例 2-4】"龙游通"助力龙游基层数字化治理

一、基本情况

在积极探索"互联网＋"基层治理新模式的背景下,衢州龙游以打造中国基层治理最优城市为目标,开创了"龙游通"智慧治理平台,龙游市民通过微信关注就能了解龙游的大事小事,龙游政府也能通过龙游通解决市民的各种问题。

"龙游通"作为基层智慧治理平台,致力于服务基层党建、服务群团改革、服务村级治理、服务企业发展,发挥联系群众、发动群众、组织群众、服务群众的桥梁纽带作用,着力解决基层治理难、公共服务均等化难、基层干部负担过重等问题。如今,"村情通""社情通""企情通"三通合一,融合成覆盖全县域的"龙游通"。沟通更便捷,功能更强大。

"龙游通＋全民网格"模式的主要路径是"党建统领＋群众路线＋智慧治理"。组织方式上,坚持"党建＋"模式。推进基层组织和基层网格深度融合,党政、群团、企业、居民等深度融入;参与方式上,坚持群众主体,推进治理工具在村社全面普及、人人共享,企业职工通过登录平台,获取企业信息资源;服务方式上,坚持民情企情为本,将条线信息化平台整合在"龙游通"上,把治理资源在网格真正整合到位,对政策法规、企业信息等资源,都可以通过"龙游通"平台获取,成功打通服务群众和企业员工"最后一公里"。

二、主要做法

一是坚持党建统领,推动基层党员干部履职尽责。将支部建在"龙游通"平台上、党小组建在网格上,通过设置统揽党员"先锋指数"、党组织"堡垒指数"、党员干部"积分榜"、村级事项"公开榜",推动党员干部手机学习获得在线积分,群众在线点评、在线监督,实现线上线下相结合,同步管好村(社)党员干部、村民代表、社区代表等三支队伍,不断增强基层党组织的堡垒作用。

二是建立电子档案,打造全面、高效、动态数据库。将户籍、土地、住房、务工等40余项信息电子化掌上化,县乡村企分级管理,网格员动态更新,实现党员干部、群众职工对村情、社情、企情、民情、户情"五知晓"和基础信息、问题隐患、从业就业等"六掌握",打造干部群众"用得来、用得着、喜欢用"的民情数据库。

三是打破空间瓶颈,实现政府与群众良性互动。开发应用"应急发布""村民信箱""民主协商"等模块,专职网格员每天组织巡查,对有无违建、污水排放、公共设施、平安、消防、食品安全等情况进行反馈;群众通过"随手拍""村(居)民信箱"等渠道全方位汇集民情民意,实时曝光环境整治、矛盾隐患、平安建设等问题,进行正面点评和督促整改,形成政府与群众面对面沟通、扁平化交流。

四是提供便捷服务,及时回应解决群众利益诉求。整合接入党政、群团、企业等管理服务资源,设置接入残疾证申请、合作医疗办理、不动产办理、婚姻登记等便民服务办事指南,开展在线服务和"网上约办"业务,推出"零审批""零跑腿""跑一次""全代跑"清单,让每位群众、企业职工享有无差别的"掌上服务",实现"最多跑一次、跑也不出家"。

三、案例简析

龙游县独创的龙游通平台推进基层治理和公共服务提升,是数字赋能基层治理的典型案例,通过这一平台的搭建,为老百姓办事和就业,为干部群众沟通和服务提供了便捷高效的通道,成效显著。其探索具有很好的先进性和示范性,值得其他地区借鉴推广。

【案例 2-5】溪口镇"一镇带三乡"探索区域协同发展新模式

一、基本情况

龙游南部山区地域分散、聚落规模小,总面积 320 平方公里,人口 6 万左右,竹林覆盖率接近 80%。包括溪口镇、庙下乡、沐尘乡、大街乡在内的龙南四个乡镇在地域、历史、文化上一脉相承。溪口镇是龙南"一镇三乡"的经济、文化中心,是全国重点镇、省级中心镇。在多年实践中,按照地域一体、文化一脉的原则,探索出以龙南"一镇带三乡"联合发展模式破解"三难"问题的有效路径。溪口镇以创建未来乡村为契机,推动人才、资金、技术等资源集聚,有效辐射周边三乡,形成民生、产业、治理三大共同体,有力推动了龙南片区美丽乡村连线成面发展。

二、主要做法

一是集聚优势资源,打造山区幸福圈。依托溪口未来乡村建设,加快补齐溪口镇作为中心镇在基础设施方面的短板,以"共享空间"为理念,构建以溪口未来乡村为综合服务核心的"5 分钟奋斗公社、15 分钟镇域、30 分钟跨乡镇"的幸福生活三个圈层。通过未来乡村吸引"一镇三乡"农民搬迁至中心镇,形成人口集聚、产业集群、土地集约的良好效应。

二是跨区创新联动,打造山区产业圈。全面整合龙南旅游、交通、民宿、美食等资源,探索龙南文旅融合、错位发展机制,在溪口建成龙南旅游集散中心,2023 年上半年,4 个乡镇游客接待量突破 30 万人次,年乡村旅游收入突破0.8 亿元。同时加强区域内竹林资源统管、统购、统销,成立龙南"匠心竹艺"协会,吸纳龙南片区闲散劳动力,依托"电商＋竹乡",打造竹居生活 O2O 体验馆,帮助村民销售农特产品 20 余万件,创收 6000 余万元。

三是片区组团管理,打造山区治理圈。整合执法"一支队伍",成立一支由多部门、跨乡镇的溪口综合行政执法队;推进应急"一体联动",统筹龙南专职消防队、山野消防救援队等消防救援力量;做强矛调"一个联盟",组建覆盖龙南片区的矛盾纠纷调解联盟,打响龙南"舒心驿站"矛调品牌,2022 年成功调解矛盾纠纷 722 起。依托"龙游通＋全民网格"模式,建立覆盖 4 个乡镇的家庭和个人信用体系,形成"信用＋社会治理"特色模式。

三、案例简析

溪口镇的"一镇带三乡"探索区域协同发展新模式,涉及城乡统筹、产业发展、文旅融合、人口集聚、创业就业、基层治理等各个方面,在空间上、机制上、产业上、治理上、服务上都进行了深度探索,并取得了明显成效,对于如何破解城乡差距、收入差距问题,如何更有效推进农民市民化、推进乡村全面振兴、推进共同富裕等都具有良好的示范效应和借鉴作用。

【案例 2-6】以龙游灉土地综合整治为突破口　助力共同富裕现代化基本单元建设

一、基本情况

龙游灉土地综合整治项目,规划范围东临金华兰溪、西接衢江区、北至小南海镇、模环乡(含沪昆高速以北区域)、南至龙洲街道、东华街道、詹家镇、湖镇镇(含浙赣线以南区域),划定总面积 267.59 平方公里,涉及 6 个乡镇(街道)、87 个行政村。

实施期间以空间战略为引领,以国土空间规划为基础,落实两级三类规划体系,实施九大单元,以城乡融合发展为主线,以项目为牵引、改革为动力,按照 2023 年、2025 年、2027 年三阶段发展目标,打造共同富裕集成展示区、城乡融合发展样板区、综合治理先行区、集成改革引领区和土地综合整治示范区,推动经济、社会、治理全面联动变革,建设"龙游灉"全域共同富裕现代化基本单元。

二、主要做法

一是国土空间优化先行引领。聚焦"三生融合",持续深化"多规合一"改革,整体优化国土空间发展格局。建立国土空间规划传导体系,开展小南海镇汀塘圩村、翠光岩村、湖镇镇凤翔洲岛(张家埠村、杨家村、范家村)等村庄规划修编,新编制龙游灉城镇开发边界内各区块详细规划、龙游灉启动区公共服务设施专项规划,专项编制 9 个单元实施方案。

二是耕地保护利用先行引领。聚焦"三位一体",全面实现耕地红线共抓共管。全面落实耕地占补平衡和进出平衡,实施数质并重的生态造地和永久基本农田集中连片建设。健全田长制考核,继续推进"耕地智保"场景的迭代升级,多跨协同应用,优化巡查电子围栏和打卡点位,完善巡查制度和两非问题报送、移交、闭环处置机制,做好新增违法占用耕地问题的三个倒查。

三是产业高质量发展提升。实施"三位一体"农合联富农工程,建立现代农业综合服务平台,推动规模化经营和种养业现代化,打造标志性农业全产业链,建成"美丽牧场—士元养殖小区"、龙游国际花菇产业园。强化工业发展用地等要素支撑,2025年完成浙工大生态工业创新研究院、浙江建设技师学院等项目建设,以此为牵引建设科创平台。结合"415X"先进制造业集群培育工程,创新搭建"省级产业创新服务综合体""六中心一基地""浙江省维达生活用纸研究院"等重点科技企业、重点科创平台。锚定文旅强县建设。坚持推进文化和旅游深度融合发展,逐步推进瀫石光艺术生态走廊、瀫石光文化遗址公园等项目,打造集文化创意、水岸观光、旅游度假于一体的低碳文创旅游区。

四是城乡均衡富民提升。努力实现好、发展好群众利益,探索"三大集成改革"。一是率先探索乡村土地集成改革。完善承包地"三权分置"制度,探索宅基地"三权分置"有效实现形式,建立健全农民利益联结机制;盘活农村闲置宅基地和农房,增加农民财产性收入。二是率先探索强村富民集成改革。健全农业劳动力就业创业支持机制,深化"政府+企业+村集体+农户"的共富模式,做强强村公司,推动"村+村""村+社"抱团发展,通过"折股量化"建立利益共享、风险共担的经济共同体,带动农户就业增收。三是率先探索扩中提低集成改革。针对"扩中"群体,拓宽城乡居民劳动性收入、经营性收入渠道。针对"提低"群体,开发乡村公益性岗位,实施转移就业拓展、自主创业扶持、职业培训提升等帮扶工程。

五是区域治理水平提升。加快治理体系和治理能力双提升,完善党建统领、社会治理、数字赋能"三张网"。一是完善党建联建治理网络。打破传统以行政区划为单位基层管理的模式,创新党建联建机制,推行整治智治体系。通过"1+X+N"专群联动机制,持续探索建立"微治理"新模式。二是完善社会治理共建网络。加速"龙游通+141"体系贯通升级,进一步突出综合信息指挥室协调指挥的中枢功能,推动社会建设与基层智治系统建设互促共进,构建枫桥式派出所—枫桥式执法中队—人民法庭矛盾分层化解治理新格局。三是完善数字化智治网络。依托地理信息系统,建立龙游瀫区域用地"一张图"。谋划实施滨水岸线智能管控、违法乱倒建筑垃圾智能管控、村镇智慧灯杆、龙游瀫区域用地"一张图"等数字应用场景建设。

三、案例简析

龙游县以龙游瀫土地综合整治为突破口,以国土空间要素资源匹配共同富裕现代化生产力布局为主线,联动推进"山水林田湖草"综合治理和"产城人文景生"融合发展,率先在"优化土地综合整治、重构产业发展格局、提升全域风貌品质、提高公共服务水平、促进城乡均衡富民、增强区域治理能力"等领域开展全方位集成探索,加快生产、生活、生态空间全面重塑,推动经济、社会、治理全面变革,打造共同富裕现代化基本单元"龙游样板",是山区县破解土地要素瓶颈,实现山区跨越式高质量发展的有益探索。

参考文献

[1]习近平.加快建设农业强国 推进农业农村现代化[EB/OL].(2023-03-15)[2023-06-25].https://www.gov.cn/xinwen/2023-03/15/content_5746861.htm.

[2]一以贯之深入实施"八八战略".浙江省委书记易炼红介绍"浙"20年精彩蝶变[N].浙江日报,2023-07-06.

[3]龙游县农业农村现代化"十四五"规划[Z](龙政发〔2022〕37号).

[4]曹林奎.我国现代农业产业体系的构建[J].上海农村经济,2023(05):27-30.

第三章 龙游县推进"八八战略"与打造生态工业高质量发展展示窗口的探索

"八八战略"提出"进一步发挥浙江的块状特色产业优势,加快先进制造业基地建设,走新型工业化道路"。2002 年 12 月 28 日,时任浙江省委书记习近平到龙游浙江恒达新材料股份有限公司、龙游外贸笋厂、浙江龙游新西帝电子有限公司调研,详细了解制造智能化、装备先进性、市场竞争力、企业外向度等情况。龙游县用心领悟习近平总书记的殷殷嘱托,一张蓝图绘到底,始终把产业作为强县之基、富民之源,加快生态工业样本县建设,力争跻身浙江工业大县行列。

第一节 习近平总书记关于生态工业的殷殷嘱托

一、"八八战略"与生态工业发展之路

制造业是国民经济的主体,是立国之本、兴国之器、强国之基。"八八战略"前瞻性地作出"进一步发挥浙江的块状特色产业优势,加快先进制造业基地建设,走新型工业化道路"的重大决策部署,引领浙江以脱胎换骨的勇气,以"腾笼换鸟"的思路,以"凤凰涅槃""浴火重生"的精神,率先摆脱对粗放型增长方式的依赖,大力提高自主创新能力,以信息化带动工业化,变制造为创造,变贴牌为创牌,实现产业和企业的脱胎换骨,推动浙江由简单模仿转向引进消化吸收再创新,由传统块状特色产业转向现代产业集群,由国内先进制造转向全球先进制造,为浙江在高质量发展中奋力推进中国特色社会主义共同富裕先

行和省域现代化先行打下坚实的基础。①

1."八八战略"与先进制造业基地建设

20 多年来,浙江按照"八八战略"提出的"加快先进制造业基地建设"的决策部署,大胆探索,先行先试,持续发力,久久为功。持续制定规划政策,引导制造业转型升级。2003 年,浙江召开改革开放后第一次全省工业大会,对建设先进制造业基地作出全面部署,随后制定出台《浙江省先进制造业基地建设规划纲要》,并提出着力构建环杭州湾、温台沿海、金衢丽高速公路沿线三大产业带。2004 年,在绍兴召开全省先进制造业基地建设工作现场会。2005 年,举办先进制造技术合作与交流大会,搭建高层次科技创新合作大平台。2007 年,出台《关于加快发展装备制造业的若干意见》,率先开展装备制造业首台(套)产品培育认定工作。2009 年,全省经济工作会议提出推进大平台大产业大项目大企业建设。2012 年,作出建设工业强省的重大战略决策,发布《浙江工业强省建设"十二五"规划》。2013 年,推出以"四换三名"、培育八大万亿产业为核心的工业转型升级组合拳。2014 年,实施"两化"深度融合国家示范区建设,提出加快建设信息经济大省。2015 年,实施《中国制造 2025 浙江行动纲要》,统筹推进制造强省建设。2017 年,在全国率先提出实施"十万企业上云行动"。2017 年至 2020 年,连续召开全省传统制造业改造提升推进会等,不断夯实先进制造业基地建设基础。②

2."八八战略"引领龙游"跨越式发展"

2002 年 12 月 28 日到 30 日,时任浙江省委书记习近平到浙江任职不到三个月,就到衢州调研,在龙游县和衢州市区实地考察了企业、市场、开发区和城市建设工程,走访慰问了困难企业和困难群众。这次调研中,他深刻而系统地阐释了欠发达地区怎么发展的问题,鲜明提出衢州要实现跨越式发展,成为全省经济发展新的增长点。他认为衢州有自己的特色和优势,特色就是长处、就是优势、就是竞争力。他鲜明提出跨越式发展的思路,让人耳目一新、为之一振。③

---

① 学习之路⑧|浙江制造转型升级的实践路径[EB/OL]. (2023-06-26)[2023-09-11]. https://baijiahao. baidu. com/s? id=1769696849187777894&wfr=spider&for=pc.

② 学习之路⑧|浙江制造转型升级的实践路径[EB/OL]. (2023-06-26)[2023-09-11]. https://baijiahao. baidu. com/s? id=1769696849187777894&wfr=spider&for=pc.

③ "习书记提出欠发达地区要努力实现跨越式发展"——习近平在浙江(十)[N]. 学习时报,2021-03-15(003).

2003 年 7 月,时任浙江省委书记习近平第二次到衢州调研①,提出跨越式发展要把握好四个关系:

一是把握好加快经济发展与保护生态环境的关系,这也是对生态工业发展的重要指导。2002 年 12 月,时任浙江省委书记习近平在龙游浙江恒达新材料股份有限公司调研时,对企业绿色卫生、安全环保的发展定位和流水线上的智能化装备给予了高度肯定,并嘱咐企业要始终坚持以绿色生产和智能制造为发展方向,实现企业生产制造方式和产品的不断转型升级。保护环境就是保护生产力。保护青山绿水不是不发展,而是要更好地发展,实现有机统一,不能以破坏环境为代价,要实现绿色发展、可持续发展。

二是把握好经济发展与社会发展之间的关系。大力实施"千村示范、万村整治"工程,推进新农村建设。其一改善农村环境,包括交通环境、生活环境,做到道路硬化、路灯亮化、卫生洁化、环境美化。其二大力提升农村基础设施,包括一些服务设施,医疗、教育资源向农村倾斜,推动医疗、教育向农村延伸。其三大力发展职业技术教育,向外输出劳动力。

三是把握好坚持自主发展与争取外部支持的关系,要求衢州首先立足于自身实现发展。习近平同志强调要立足自身,增强造血机能,树立自强不息观念,打破封闭意识、小农意识、边缘意识,坚持自立自强。启示衢州要充分利用好区位优势、资源优势、政策优势,扬长避短,着力培育特色经济,加快区域发展。

四是把握好围绕中心与强化核心的关系,就是要在紧紧抓住经济建设这个中心不动摇的同时,切实加强党的领导,加强基层党组织建设。欠发达地区加快发展确实要重视发挥各级党委的领导核心作用和基层党组织的战斗堡垒作用,动员广大群众,激发干部群众创业的热情。

3."八八战略"引领龙游"腾笼换鸟、凤凰涅槃"

习近平同志在浙江工作期间,创造性地提出了"腾笼换鸟、凤凰涅槃"的理念,强调要充分发挥块状特色产业优势,建设先进制造业基地,努力推动浙江由量的扩张向质的提高转变。习近平同志在龙游考察调研时,实地走访了恒达浙江恒达新材料股份有限公司、龙游外贸笋厂、浙江龙游新西帝电子有限公司,详细了解制造智能化、装备先进性、市场竞争力、企业外向度等情况,对企业发展予以高度重视和特别关心。20 多年来,在"八八战略"指引下,龙游县

---

① "习书记提出欠发达地区要努力实现跨越式发展"——习近平在浙江(十)[N].学习时报,2021-03-15(003).

坚定不移加快新型工业化步伐,大力实施工业强县"531"工程,扎实推进"腾笼换鸟、凤凰涅槃"专项攻坚,强化"双招双引""五链"融合,形成智能制造、碳基材料、轨道交通、特种纸、绿色食品五大优势产业;"二期在龙游"(将企业的二期建设项目留在龙游)成为金名片,本土主板上市企业、科创板上市企业从无到有实现"零突破",国家"专精特新"小巨人、省"隐形冠军"、省"专精特新"中小企业数量均在全市首位。大力度推进两轮开发区整合提升,规划面积拓展至66.75平方公里,获评国家级绿色园区、国家级工业废水循环利用试点园区、省级高新技术产业园区和首批省级现代化服务业创新发展区,成功列入全省生态工业"一县一策"样本县。2002年至2022年,龙游全县规上工业总产值、增加值分别从18.86亿元、5.45亿元增长到378.57亿元、82.77亿元;规上工业亩均税收、亩均增加值大幅提升,分别增长至16.5万元/亩、96万元/亩。

二、龙游牢记嘱托推进生态工业高质量发展

2002年12月28日,时任浙江省委书记习近平到龙游浙江恒达新材料股份有限公司、龙游外贸笋厂、浙江龙游新西帝电子有限公司调研,详细了解制造智能化、装备先进性、市场竞争力、企业外向度等情况。龙游县用心领悟习近平总书记的殷殷嘱托,始终把产业作为强县之基、富民之源,坚定不移实施工业强县"531"工程,打好"平台提质+产业聚焦+双招双引+科技创新+企业上市"组合拳,加快生态工业样本县建设,力争跻身浙江工业大县行列。

1.浙江恒达新材料股份有限公司绿色发展走在前

2002年12月,时任浙江省委书记习近平来到龙游了解造纸行业发展情况。当天,他走进浙江恒达新材料股份有限公司,深入了解企业发展规划,并对企业文化给予肯定。

习近平同志考察了当时浙江恒达新材料股份有限公司刚刚建立投产的1号生产线,对企业绿色卫生、安全环保的发展定位和流水线上的智能化装备给予了高度肯定,并嘱咐企业始终坚持以绿色生产和智能制造为发展方向,实现企业生产制造方式和产品的不断转型升级[1]。

20多年来,该企业始终牢记习近平总书记的殷殷嘱托,坚持以绿色生产

---

① 衢州发布.今天,衢州再添1家上市公司![EB/OL].(2023-08-22)[2023-09-15].https://mp.weixin.qq.com/s/paUfEgVBSf7ah6mbwIHOPw.

和智能制造为发展方向,实现生产制造方式和产品的不断转型升级。2016
年,恒达成立了全资子公司——恒川新材料有限公司,进一步扩大公司发展的
规模和产能,提升了装备的制造水平,为企业发展注入新鲜血液,助力企业跃
上新的发展平台;恒达成为获得浙江省第一批绿色企业称号的造纸企业,公司
还设立了省级高新技术研发中心、省级企业研究院、院士专家工作站;此外,公
司也根据市场需求,开发了医疗包装和食品包装一系列用纸,实现了客户的一
站式需求及个性化定制,提高了企业的竞争力。

2023 年 8 月 22 日上午,浙江恒达新材料股份有限公司在深圳证券交易
所创业板挂牌上市。20 多年来,恒达始终牢记习近平总书记的殷殷嘱托,按
照规划思路稳步发展,当年向习近平同志汇报的"远景"已然成为如今的"实
景"。

2.龙游外贸笋厂转型升级显成效

2002 年 12 月,时任浙江省委书记习近平来到龙游县调研企业发展。刚
刚从竹产业大省福建调任浙江的习近平同志,非常关心这一富民产业在浙江
的发展情况。到龙游调研时,他走进龙游外贸笋厂,详细了解该厂的市场竞争
力、企业外向度等情况。外贸笋厂当时是原料型出口企业,将竹笋简单加工后
装到罐子里卖给日本工厂,由日本工厂再将笋深加工后销往当地。习近平同
志一进公司,就对企业原料仓库的铁皮罐子产生了浓厚的兴趣。

习近平同志在参观工厂时,特别嘱咐竹产业是富民产业,关系到广大笋农
的收入问题。调研结束后,嘱咐企业要做强做大,要提高附加值,原料型的输
出要转型。①

习近平同志的话深深触动了外贸笋厂负责人项志明,更加坚定了他外贸
笋厂转型升级的决心。2002 年,外贸笋厂开始试水真空包装的水煮笋,当时
该厂的出口额为 4000 万元。2005 年,笋厂在转型升级后实现了大规模量产,
并逐步抢占国外的高端市场。20 多年过去了,如今的外贸笋厂已经过多次改
造升级,有了符合国际标准的生产工艺,设备自动化水平也日渐提升,2022 年
度外贸出口额提升至 1.3 亿元。如今的笋厂人依旧沿着习近平总书记当年的
殷殷嘱托,踏实地走在高质量发展道路上。

3.浙江龙游新西帝电子有限公司科技创新谱新篇章

2002 年 12 月 28 日,时任浙江省委书记习近平来到了当时龙游县的"外

① 寻足迹·亲历者③ | 龙游的笋竹产业越做越强![EB/OL].(2022-10-10)[2023-09-11]
https://mp.weixin.qq.com/s/K0UFVJMgxDlM7w4BIyXFCg.

贸明星"——浙江新西帝电子有限公司。当初,该公司凭借着过硬的研发实力,生产的天线已打开了中东、非洲市场。虽然习近平同志在企业调研的时间并不长,但是却看得很仔细,他最关心的就是企业的出口情况,还专门细致地询问了如何出国拓展客户,产品如何迭代升级。

习近平同志的到来,给企业的发展注入了一针"强心针"。企业不断坚定不移地加大产品研发,每年投入产值的 5% 到产品的迭代升级中,甚至在过去疫情的 3 年中,也依旧保持着每年 10% 增长速度。虽然天线行业已经进入存量市场的红海,但是新西帝经过 20 年的发展,产值翻了 7 倍,从当年的 3000 余万元跃升至 2022 年的 1.35 亿元,产品更是打入美国、日本、澳大利亚等发达国家市场。

第二节　生态工业高质量发展的龙游探索与实践

绿色是生态工业最鲜明的底色,工业是最有力的支撑。近年来,龙游自觉践行新发展理念,坚持"两化引领、产业为王",大力实施工业强县发展战略,推动经济发展全面起势,2021 年以"生态工业跨越式高质量发展试验区"入选全省第一批共同富裕试点,作为浙江山区 26 县跨越式高质量发展生态工业样本县,龙游县着眼高质量、竞争力、现代化,提出"工业强县"发展战略,旗帜鲜明地提出了载体抓手——工业强县"531"工程,其中"5"是平台综合能级提升、先进制造业集群培育、制造方式数字化变革、产业科技创新联动、资源要素高效保障"五大行动";"3"是招大引强、凤凰行动、亩均效益提升"三大攻坚";"1"是跻身浙江工业大县行列。

一、实施平台综合能级提升专项行动,构建区域协同发展新格局

龙游县深入实施工业强县"531"工程,打好"平台建设＋招商引资＋科技创新＋企业上市"组合拳,勇当工业强市战略排头兵,努力跻身全省工业大县行列,加快在山区 26 县脱颖而出、在四省边际率先崛起,在大平台上构建生态圈。着眼平台竞争力提升,大力推进开发区空间整合、功能复合、产城融合,拓展发展空间,增加熟地储备,联动创建国家绿色园区、省级高新技术园区、精密制造小镇、产业型人才型未来社区和龙游港区。立足创新转化项目的初创特征,推行"引凤筑巢、拎包入驻"模式,加快龙游瀫未来智慧产业园、机器人产业

园等建设。

1.建设生态工业高能级战略平台

以龙游经济开发区整合提升为契机,支持打造绿色生态高能级战略平台,推进超精密制造小镇创建,深化山海协作生态产业园建设,择优布局 3 平方公里以上的特色生态产业平台,推动生态工业平台提质升级。深化龙游县省级文旅产业融合试验区建设,推动生态工业、产业、人文和旅游融合发展,建设"龙游瀫"绿色科创园区。推进六春湖景区创建高等级旅游景区和度假区,庙下村华岗故居争创省级红色旅游教育基地,灵山江文化休闲区打造文化创意街区等,提供生态工业高品质环境。完善生态工业物流体系,支持龙游县创建交通物流示范县。加快实施 320 国道外延、龙游港区二期、衢江航道升级、纸浆物流交易中心等重大交通物流项目建设,打造浙中、浙西内河公铁水多式联运中心。

2.拓展生态工业高能级联建平台

以"平台＋企业＋项目"为抓手,拓展生态工业发展新空间

"硬件＋软件"联建,提升平台能级。硬件设施建设是指生态工业产业平台和园区建设,龙游县建设 3.9 平方公里的特色生态产业平台,集中培育精密数控、轨道交通装备、碳基纸基新材料等主导产业。加快龙游港区二期建设,推进港区功能提升、临港产业集聚发展。软件设施建设是指营商环境相关应用场景建设,上线"政企通"服务平台,如 2022 年"政企通"上架政策数 147 条,其中即申即享、免审即享政策 125 条,惠及企业 2874 家(次),完成线上兑现8.46 亿元,兑现企业数及金额均排名全市前列。

梯度分类培育,培植优质企业。加大土地、资金、能源等要素保障,集聚上下游配套关联企业,针对重点龙头企业,实行"一事一议",全力支持本土企业上市。全面梳理"雏鹰型"企业,鼓励引导深耕行业细分领域,培育了凯丰新材、金昌特种纸、德辉食品等一批专特精新中小企业。

"三图＋两库"联动,强化项目招引。编制涵盖智能制造、特种纸、绿色食品等主导产业招商地图,配套发布县内重点区块的平台载体导图和熟地空间导图等"三图"。梳理高端装备制造、数字经济、新能源新材料等领域项目 35个,形成项目推介库和全县 45 个总投资超 317 亿元的在谈项目归入的盯引项目库等"两库",实行县领导盯引重点项目制度。

3.夯实生态工业高能级特色平台

龙游县深化经济开发区体制机制改革,打造特色生态工业平台,争创国家

级经济开发区,加快向"万亩千亿"平台目标迈进。谋划龙游潆生态工业创新创业基地建设,推进"五区一镇"(国家级绿色园区、高新技术园区、山海协作园区、临港物流园区、产业型未来社区、超精密制造小镇)联创,全面提升基础设施和生产生活设施配套,深化产城、两业、产研三大融合,进一步打造龙游共同富裕示范区创建和跨越式高质量发展的主阵地、主引擎、主力军。经济开发区整合提升后,规划面积拓展至 66.75 平方公里,2022 年区内 204 家规上企业实现产值 268.7 亿元,同比增长 8.14%。借力新一轮山海协作,与临安、钱塘共建产业飞地、科创飞地,运用市场力量、政策激励,推动科创飞地孵化项目在特色平台转化,推进贝尔智能制造、建州智汇创谷二期等小微企业园建设。

4. 打造生态工业高能级保障平台

为实现"工业崛起",龙游坚持把平台提升作为推动高质量发展的有力抓手。从 2017 年开始,龙游迎来了"一区两块"的大整合,龙游城北、城南两个园区完成了人员、空间、资产、资源、要素的全面融合。

历经多年的整合优化提升,龙游经济开发区从昔日单一建设型的工业园区,跃身迈向建设、管理并重,经营治理体系齐全的经济开发区。城北污水处理厂三期、产业创新服务综合体、港区期现货交易基地一期等基础设施项目相继建成投用,进一步强化园区要素保障;富民小微企业园、机器人产业园等标准化厂房的建设,以"拎包入驻"帮助企业解决资金难题,集中资本用于技术研发、改造和更新,市场竞争力进一步提升;"厂房定制"引来"优质企业",促使发展态势好的主导产业企业快速落地投产;浙西南大宗物资进口仓配交易中心、虎龙安置小区、泰和综合体等生产生活性配套项目顺利开工,全力保障龙游生态工业高质量发展。

二、实施先进制造业集群培育专项行动,构筑生态工业发展新动能

龙游县不断加快产业集群培育,制定发布符合龙游县产业结构特点的生态工业产业指导目录,加快目录内产业强链延链补链。助推龙头企业发展,省市县合力扶持培育一批龙头骨干、单项冠军、隐形冠军以及"专精特新"企业,指导禾川科技、恒达新材、恒盛能源等一批优质企业股改上市,助推企业再融资。加大生态工业产业招商力度,形成承接省域生态工业产业转移集聚地,鼓励引导央企、省属国企、优质民企来龙游县投资布局,支持浙建投集团建工机械项目落地,开展知名浙商联龙商活动,助推龙商企业纳入浙商企业的产业

链、供应链、人才链，实现资源全方位对接。推动生态工业与现代服务业融合发展，深化特种纸产业集群两业融合试点，支持开展全方位、多行业的两业融合发展试点。

1. 构建链主型企业引领带动产业链发展的良好格局

近年来，龙游县发挥龙头企业主引擎作用，构建了链主型企业引领带动产业链发展的良好格局。立足自身的资源特点、产业基础和比较优势，精准把握发展趋势，科学判断市场需求，聚焦重点产业，培育具有生态主导力的"链主"企业，充分发挥链主及龙头企业的主引擎作用，围绕链主型企业配套引进上下游企业，构建了"一个链主企业引领带动一条产业链发展"的良好格局。其主要做法有：一是"雄鹰行动"增动能。围绕碳基纸基新材料、精密数控和轨道交通装备等两大主攻产业，加大土地、资金、能源等要素保障，突出强调依赖链主型企业，"一企一策"培育链主型企业发展壮大，引导"链主型"企业开展以商招商。如在传统土地税收优惠基础上，创新实施国资公司代建厂房或市场化定向转租厂房＋链主企业参投、政府基金跟投等政策组合，携手链主型企业——禾川科技引进中孚精机、威仕喜、台钰精机等一批产业链上下游企业，推动实现产业集聚与"二期效应"同频共振，助力禾川科技裂变式增长，亩均税收由 25万元提升至 62 万元，成为山区 26 县首家科创板上市企业。依托金龙股份的规模体量，吸引金怡热电、金励环保等一批下游深加工企业，初步形成了"金龙系"产业链条。二是"凤凰行动"提效能。按照"培育一批、股改一批、挂牌上市一批、并购重组一批"的工作思路，形成挂牌上市培育企业、拟挂牌上市企业、挂牌上市公司三个梯队，依托多层次资本市场磅礴力量，推进县域经济转型升级、高质量发展，实现 3 家企业上市，新增辅导备案企业 2 家、新三板基础层进创新层企业 2 家、签约规范企业 2 家。三是"雏鹰行动"蓄势能。全面摸排"雏鹰型"企业需求，分批次建立共 60 家左右的县级"专精特新"中小企业培育库，以加强后备企业培育。截至 2023 年底，获得工信部专精特新"小巨人"3 家（禾川科技为重点小巨人，另有贝尔轨道、固特气动）、省隐形冠军 4 家（金昌特种纸、禾川科技、贝尔轨道、凯丰新材）、省专精特新中小企业 46 家，均居衢州市前列。

2. 构建培养支撑生态工业发展的产业链生态圈

龙游县坚持科技创新引领生态工业高质量发展，瞄准关键短板发力，破解产业发展瓶颈，建立协同创新机制，营造产业生态体系，加快生态工业各要素资源共享、融通，促进产业链、创新链协同发展，构建了培养支撑生态工业发展的生态圈。一是激励和倒逼双向施策。完善龙游县科技创新奖补政策,明确将县级财政对科技项目的补助资金由原先的 150 万元大幅提升至 2000 万元,调整当年就撬动企业研发经费新增总投入达 1.75 亿元。同时明确提出"规上工业企业享受政策需满足研发年投入不低于 50 万元或占销售收入比例不低于 1‰ 的条件"倒逼企业加大研发投入。二是建立协同创新机制。支持企业异地设立研发机构。出台专项扶持政策解决龙游企业在异地设立研发机构设计面临的社保缴纳和政策享受、税收、加计抵扣等难点问题。目前,已有禾川科技、浙江茗皇等龙头企业分别走出去在深圳、杭州、大连等地设立了研发中心。大力推动校地协同创新,已先后组织浙江工业大学、浙江科技大学、衢州学院机械工程学院 6 次开展精准对接活动,协助全县企业达成技术交易额 3.6 亿元,直接促成企业成果转化 10 余项,启动山区 26 县首家生态工业创新研究院建设。三是开展重大技术攻关。聚焦主导产业关键核心技术,开展"揭榜挂帅"重大技术攻关项目评审活动,激励企业加大研发投入。通过"发榜、揭榜、评榜、奖榜"的"闭环"流程,鼓励龙游企业自主或联合海内外高校院所、人才团队开展关键技术攻关。2022 年,共发布"揭榜挂帅"项目 20 项,撬动研发资金 1.72 亿元,确定 10 个重大科技攻关课题"揭榜挂帅"科技项目名单,完成第一期资金拨付 753 万元。

3. 构建分布较广、层次清晰的专精特新企业群

近年来,龙游县围绕"产业为王、工业强县"战略,聚焦主导产业和县域特色产业,补短板、拉长板,持续发力,促进产业链创新链深度融合,引导工业企业走专业化、精细化、特色化发展之路,为增强经济韧性、提升产业生态提供重要支撑。龙游县持续出台企业培育相关政策,如《扶持产业核心企业高质量发展的若干意见(试行)》《关于推进工业跨越式高质量发展的若干政策》等,2022 年又印发了《龙游县关于加强"专精特新"中小企业培育若干政策》,全面完善优质企业梯级培育政策体系,引导鼓励企业"专精特新"发展,形成分布较广、层次清晰的专精特新企业群,全力筑牢工业经济高质量发展"底盘"。一是政策加码,激发企业创新活力。由县经信局牵头的《龙游县关于加强"专精特新"中小企业培育的若干意见(试行)》《龙游县"专精特新"中小企业培育工作方案》等多个政策文件接连出台,设立国家级专精特新"小巨人"100 万元、省级专精特新中小企业 10 万元、省创新型企业 3 万元的晋档补差奖励标准,通过递进式培育和奖励政策认定,支持企业向专精特新发展,不断扩充和壮大县域专精特新"小巨人"后备生力军。二是整合资源,构建梯度培育体系。龙游县

以"五链融合"为核心,按照"创新型中小企业—专精特新中小企业—专精特新'小巨人'企业"的成长路径,进一步明确培育标准,建立"专精特新"中小企业培育库并实施动态管理,遴选一批专注于细分市场、创新能力强、成长性好、产品服务特色化明显的中小企业进行重点培育,努力做到专精特新中小企业数量质量"双提升"。三是靠前指导,开展申报精准服务。龙游县启动专精特新申报计划,通过"线上+线下"模式,靠前服务对企业开展专项指导。线上做到政策宣传全覆盖,建立"专精特新企业申报指导"微信群,协助企业做好申报材料的前期收集和准备。线下做到优质企业全纳入,根据申报文件要求,结合企业实际意愿,县经信局对专精特新培育库第一批、第二批共133家企业进行筛选,列出重点小巨人申报意向企业1家、小巨人申报意向企业5家,通过面对面交流、电话咨询等方式,开展"一对一"指导,全力为企业申报"把脉问诊",为后续申报打下坚实基础。

三、实施制造方式数字化变革行动,重塑生态工业升级新模式

近年来,龙游县坚持"绿色低碳+数字化转型"双轮驱动,实现了生态工业发展质量和效益的双提升。抢抓数字化改革机遇,坚持绿色低碳的发展理念,全面推进产业数字化转型,加快绿色低碳转型发展,实现了生态工业发展质量和效益的双提升。

1. 以数字化赋能制造业发展

近年来,龙游县持续推进企业数字化转型,以"3+3"产业为核心,以智能制造应用为导向,大力推进"机器换人",着力推进智能工厂(车间)建设,加快推动数字技术与传统产业融合创新。一是扎实推进中小企业数字化改造。加速推进工业企业智能化改造,加大技术创新力度,多措并举助推传统制造企业转型升级。引导企业开展设备联网上云、数据集成上云等深度用云,实现规上全覆盖,完成工业企业数字化改造50余家,新增省级"智能工厂"2家,入选浙江省首批11个企业数据管理国家标准贯标工作试点县之一。聚焦主要传统支柱产业特种纸产业的上下游协同能力弱、中小企业数字化程度低、精准治理手段缺等问题,打造浙江省唯一的特种纸产业中枢,为造纸企业提供个性化的改造方案,已实现县域内特种纸生产企业监测全覆盖,为企业节约300余万元的数字化成本。二是聚焦特色产业,推动造纸产业中枢建设。龙游县从特种纸行业需求出发,汇聚行业数据、行业知识,建立知识模型,向产业大脑能力中心输出特种纸行业产线数字孪生系统、生活用纸行业产线数字孪生模型、造纸

行业数字孪生3D模型库等13个组件,特种纸产业中枢组件专区上线"产业大脑·能力中心"地方特色应用专区。目前初步完成造纸产业中枢平台政府侧与企业侧的建设,打造以产业链、服务链、人才链、资本链、创新链为主的"五链融合"功能总体布局。吸引生态服务商12家,构建39个行业级应用模块,96个行业级共性模型,完成二十余家造纸企业现场调研并出具数字化方案,加强数据价值挖掘与沉淀,拓宽数字化解决方案路径,建成三家企业数字化标杆示范项目,四家企业数字化项目复制。向县内39家企业提供数字化改造问诊服务,为县内7家企业提供平台入驻及数字化项目服务,实现万级以上工业数据接入。在此基础上积极谋划行业数仓建设,为推出"产业大脑"打下基础。

2. 以数字化牵引低碳化发展

传统制造业是龙游经济发展的支柱和底盘,很大程度上决定着龙游县产业低碳转型的底色和成色。龙游县在践行低碳发展的道路上,通过数字化与产业的深度融合,跑出了产业转型发展的加速度。龙游县以"双碳"为目标,以传统产业升级改造和新兴产业做大做强为主线,在传统产业低碳转型、新兴产业培大育强、生态产业价值转化等方面先行先试,协同推进"6+1"领域低碳发展,走出了一条以绿色低碳引领产业高质量发展的道路,获批浙江省第二批林业增汇试点县,成功入选"浙江省产业低碳转型类"低碳试点县。

龙游县不断实践数智"增绿",跑出转型加速度。一方面,不断加快推进高耗低效企业整治提升,为发展腾出余地和空间。2022年度完成101家低效企业整治提升,共腾出土地空间2212亩,约占全县2022年参评工业用地的9.6%;腾出用能空间6.78万吨,约占全县2022年规上工业用能的5.8%。与此同时,充分利用数字化等技术手段推动"节能减碳",打造"数字+绿色"发展新引擎。针对造纸行业,龙游开发"碳足迹"应用,通过"碳识别""碳升级""碳统筹""碳赋能""碳政策"等多跨场景应用,对造纸企业各类产品碳排放水平持续优化监管,实现政府低碳精准制策、产业资源精准配置、产品低碳精准优化。①

3. 数字化探索绿色共富新图景

针对林业生态产品难度量、难抵押、难交易、难变现等难点,为了破题碳汇"0收益",让林业资源得到充分利用,围绕"碳达峰、碳中和"目标要求,以竹木碳产品价值实现机制创新为抓手,通过数字赋能实时精准地测算、归集、转化

---

① 龙游:逐"绿"向"新",产业低碳引领高质量发展[N].浙江日报,2023-06-09(009).

森林生态产品的关键信息,实现生态资源储量、老百姓收入和企业利润多方共赢,促进县域共同富裕工作不断推进。目前,与浙江金龙再生资源科技股份有限公司签订预交易协议,预支付款为 50 万元。

四、实施产业科技创新联动行动,激发生态工业内生发展新活力

龙游县高度重视"科技龙游"建设,从县域科技创新现实基础出发,通过培育高质量主体、用好高层次人才、构筑高能级平台,打通以科技赋能生态工业高质量发展的实施路径。龙游县委县政府深入实施科技创新首位战略,以"科技龙游"、创新城市建设为统领,坚定不移推进"工业强县"发展战略,进一步发挥科技创新引领作用,聚焦产业技术攻关,聚合科技资源要素,聚拢各类创新主体,聚力厚植人才沃土,聚积创新发展动能,不断提升科技创新对经济高质量发展的贡献度和支撑力,以改革的牵动、科技的驱动、创新的涌动赢得发展的主动,加快动能强劲的创新生态体系构建,迭代升级"科技龙游"。

1. 首位战略,驶入创新制胜"新赛道"

一是强化思想建设。深入学习贯彻党的二十大精神和习近平总书记关于科技创新的重要论述精神,全面落实市第八次党代会和全市人才科技会议的重要部署,坚持创新在现代化建设全局中的核心地位,坚持一把手抓"第一动力",围绕打造四省边际人才科创桥头堡,牢牢把握创新制胜工作导向,以"创新城市"建设为统领,系统重塑县域创新体系,以超常规举措能平台、集聚人才、优化生态,全速迈向创新驱动发展模式。2022 年度,龙游县荣获全国科技创新百强县(衢州市唯一)。

二是强化组织保障。县委县政府高度重视科技创新工作,以创新型城市(县)创建为目标,为迭代升级"科技龙游",成立由县委县政府主要领导为双组长,分管县领导为副组长,相关部门主要领导为成员的加快"科技龙游"建设工作领导小组,全力负责推进、指导、协调、落实全县科技创新工作;出台《关于推进工业高质量发展的若干政策》,并首次提出规上工业企业享受县级奖励政策的需满足研发投入基本要求。

2. 汇融要素,构筑全域创新"生态圈"

一是做强园区平台。以精密制造和新材料等产业为重点,大力推进高新技术园区创建,完善省级精密高端装备制造高新技术园区和高新技术产业优惠政策,结合超精密制造小镇、机器人产业园、浙江省高速列车传动系统运行研究重点实验室建设,打造高水平创新平台。开展高新区亩均税收、亩均研发

投入"双提升"行动,实现高新区进位目标。2022 年 1—12 月,规上高新技术产业增加值 53.3 亿元,同比增长 4.5%,规上工业增加值 82.77 亿元,同比增长 3.7%,规上研发费用 12.73 亿元,同比增长 14.3%,占营业收入比重 3.3%。高新技术产业投资额 14.5 亿元,同比增长 105.9%,衢州市排名第 2。

二是加快综合体建设。围绕产业建设,探索政府主导推动、龙头企业带动、多元主体互动模式,加快特种纸和轨道交通装备等两大综合体装修进度,加大综合体硬件科研设施和软件服务平台投入,集聚各类创新资源,优化完善科技创新平台投资运营管理模式,加速形成协同创新格局。2023 年,浙江省龙游特种纸产业创新服务综合体通过省级验收。

三是打造核心引擎。将"龙游瀫"核心圈层作为创业创新的主平台,导入高端要素、激活创新因子,2022 年成功落地浙工大生态工业创新研究院和中国纸院纸浆研究中心。截至 2023 年 8 月,浙江技师学院项目已落地,同步开展青年城项目谋划,加速推动企业个体创新向产业集成创新转化。

3. 聚焦主体,打造创新发展"雁阵群"

一是精准培育壮大创新主体。大力实施"倍增提质"计划,推动形成"微成长、小升高、高壮大"梯级良性成长格局,完善四色企业培育库。2022 年,新认定高新技术企业 39 家,同比增长 62.5%,绝对值排名全市 6 个市县区第一;新认定科技型中小企业 109 家,是 2021 年新增总量的 2.5 倍,排名全市 6 个县市区第一。

二是加速提升 R&D 经费投入强度。围绕实现"规上企业研发机构和科技活动全覆盖"工作目标,实施企业科技创新"清零"行动。坚持以科技创新论英雄,鼓励企业加大研发队伍、研发设备及研发场地建设,实现规模以上工业企业研发机构覆盖率显著提升。规上工业企业研发费用覆盖率达 74.4%,全年提升 9.8%;新认定省级研发机构 5 家、市级工程技术研发中心 14 家、新增县级研发中心 10 家,认定数量居全市前列。

三是走好专精特新发展之路。瞄准碳基纸基新材料、精密数控和轨道交通装备两大主攻产业,高质量推进企业创新主体培育,让企业"唱主角、挑大梁"。建立专精特新企业培育名单,一企一策、动态跟踪、全程服务,禾川科技、贝尔轨道、固特气动成功获评国家级专精特新"小巨人",禾川科技成为山区 26 县首家科创板上市企业。累计培育形成高新技术企业 135 家,科技型中小企业 371 家。新认定省级科技小巨人企业 1 家。

四是深化开放协作。全面融入 G60 科创走廊、四省边际科创走廊建设,携手钱塘、临安分别设立"产业飞地""科创飞地",与浙江科技大学等高校院所设立 5 家成果转化转移中心,与浙师大建立研究生联合培养基地、轨道交通装备联合研发中心,全面推动创新链产业链深度融合。

4. 政策加持,搭建英才荟聚"强磁场"

一是实施科技攻关项目。根据《关于加快"科技龙游"建设的实施意见》,每年安排 2000 万元科技项目经费,用于支持 10 个重大科技攻关课题、20 个重点科技项目和专利产业化项目。鼓励龙游企业自主或联合海内外高校院所、人才团队开展关键技术攻关。2022 年,"非淋膜高性能无氟防油食品包装功能纸关键技术开发及产业化"等 10 个项目入选,其中主导产业占比达 80%以上,预计撬动研发资金 1.72 亿元。

二是开展高层次人才"双创"大赛。出台高新科技项目引进政策,对落户本地的新引进高端装备、智能制造等高新科技项目,按评定给予 200 万～600 万元项目启动资助,5 年内按其地方综合贡献最高再给予 400 万元奖励。2022 年 9 月,龙游县举办 2022 年度高层次人才创业创新大赛。最终确定浙江汉造智能科技有限公司的"面向 5G 信创产业导热—吸波复合材料及其产业化项目"等 6 个项目得分符合立项要求。这批项目技术含量高,在市场细分领域追求自主创新,成长为独角兽的潜力大。

三是强化财政保障。加大县财政对科技创新支持力度,引导企业加大研发投入,2022 年,县财政共安排科技专项经费 22839 万元,比上年增长 15.48%,逐步形成政府引导、企业主导的多元化科技投入体系。全面落实国家和省市各项科创政策。2021 年企业享受研发费用加计扣除优惠政策获得的税收减免额 2.4 亿元。

5. 揭榜挂帅,聚力高层次人才创新突破

一是聚焦难点,发布揭榜挂帅"招贤令"。通过产业服务团主动对接、人才工作站牵线搭桥等方式全面收集、汇总全县科研难点、技术堵点。由人才办、科技局、经信局等单位组成联合审查组,综合考虑科技含量、产业方向、投资预算等关键因素,编制"揭榜挂帅"重大技术攻关项目需求榜单,面向全球人才发出"英雄帖、招贤令"。

二是关注需求,建立双向合作"匹配器"。按照"选贤纳士、唯才是用"思路,建立企业和人才"双向选择、双向匹配"机制。一方面,根据企业需求和高校院所自身优势进行精准对接;另一方面,对成功揭榜、联合攻关的项目,县科技局、县经信局等联合企业组织相关专家,针对项目技术创新点、技术指标和经济指标等内容进行评审,择优选定团队。

三是充实资金,畅通政策兑现"全流程"。聚焦"揭榜挂帅"后半篇文章,按不高于项目研发总投入的 25% 给予奖励补助,每项最高可达 300 万元。建立人才特殊评价机制和绿色通道,持续探索成果完成奖励和转化、股权化等实施细则,做到"一事一议"、特事特办。

6. 多方联动,构筑高能级平台培优育强

一是飞地共建,打造产业培育孵化平台。通过"研发在杭甬、产业转化落地在龙游"的方式,加快高精尖项目孵化。瞄准先进装备制造、特种纸深加工等产业,与宁波镇海、杭州钱塘共建"科创飞地""产业飞地"。同时,创新飞地建设模式,依托龙头企业资源优势,租用杭甬研发中心场地,由政府委托第三方运营,开展项目孵化。

二是优势升级,打造产业发展集聚平台。紧盯高科技项目,以技术攻关为目标,加快集聚产业园高新产业上下游配套项目,做到延链补链、优势协同。同时,吸引在园企业续建投资,持续引导企业创新转型,强化产业园平台科技集聚效应。

三是政企协同,打造公共技术服务平台。设立产业创新服务综合体、产业综合体,发挥经济开发区的平台集聚作用和服务能力,不断提升科技服务水平,推动传统产业迈向产业链价值链、中高端水平。

五、实施资源要素高效保障行动,拓展生态工业发展新空间

完善高效的资源要素保障体系,持续优化营商环境是龙游县拓展生态工业发展新空间的重要途径。近年来,龙游县持续完善县域顶层设计,大力支持生态工业发展;"腾笼换鸟""筑巢引凤",不断拓宽生态工业资源发展新空间;突出"五链"融合主抓手,全力赋能生态工业样本县建设,为生态工业发展拓宽了新的发展空间。

1. 持续完善县域顶层设计,超高力度支持生态工业发展

龙游县全县上下在组织协调、政策推动等方面加大工作力度,持续强化生态工业跨越式高质量发展顶层设计,不断完善工作推进机制,在《龙游县工业强县五大专项行动和三大攻坚计划方案》的基础上,出台了《龙游县推进工业跨越式高质量发展的若干政策操作细则》等政策,在有限财力之内,县财政年均安排约 2 亿元财政资金,用于企业培大育强、科技创新等方面的补助,为发展生态工业、缩小地区差距提供有力保障。2022 年,工业规模迈上新台阶,全

县实现规上工业产值378.57亿元,规上工业增加值82.77亿元,产值、增加值总量均居衢州市6个县(市、区)第一,为近年来的第一次。

鼓励在浙金融机构针对龙游县生态工业"绿色项目"给予专项金融支持,指导龙游县不断加大财政保障力度,提升县级财力保障水平。在财政部下达的新增地方政府专项债务限额内,在符合风险管理要求的基础上,对龙游县符合专项债券发行条件的项目予以支持优先列入发债范围。一是加大金融支持力度,建立省市县政策联动机制,推动下放县级金融机构授信审批权限,加大对小微、绿色等生态工业企业的融资支持力度,鼓励和支持龙游县企业发行绿色债务融资工具,鼓励和支持金融机构发行绿色金融债在浙金融机构积极向总部争取政策,将特种纸按纸基新材料列入鼓励发展目录并给予信贷支持。二是推动省担保集团加强与衢州市、龙游县联动支持生态工业发展。加强用能、用地保障,优先支持在龙游县建设低碳能源基地和碳中和示范区,在确保完成单位GDP能耗激励目标前提下,对符合龙游县生态工业产业指导目录的重点项目,支持优先列入省重大产业项目并予以用能、用地指标保障。三是加强供电基础设施保障,开展多元融合高弹性电网建设,服务龙游新型城镇化、乡村振兴战略和生态工业发展,优先安排项目实施,加强资金保障。持续优化营商环境,开展"数字龙游"建设,推进"浙里办""企业码""龙游通"应用,推动省、市下放一批涉企事项审批权限,推进企业线上服务实现"一件事"集成。

2."腾笼换鸟""筑巢引凤",拓宽生态工业资源发展新空间

面对产业发展的土地瓶颈问题,龙游县不断在"腾笼换鸟""筑巢引凤"上做文章,盘活闲置资源,给企业发展腾地方、"装翅膀",闯出高质量发展新路径。通过"腾、换、育"三管齐下,将高质量发展的理念贯穿于"腾笼换鸟"专项整治的前一中一后期,实现前期企业情况排摸、中期低效用地腾退、后期优质企业增容扩产,全面推进制造业高效化、低碳化、数字化改造,努力实现产业集中、企业集聚、资源集约,有效盘活"旧巢",努力在有限的资源空间培养出更多的"金凤凰"。

分类分阶段管理,提升"腾笼换鸟"精细度。一是企业名单实行"分类制"。龙游县综合企业技改投资、亩均税收和产值、增加值、税收等情况,精准生成"企业画像",在此基础上,通过"四个一批"攻坚推进,如亩均税收低于最低要求、近三年无企业技改的,作为"收回土地类"企业,倒逼企业增加技改投入,或者收回土地。二是攻坚推进做到"阶段制"。龙游县按照"五步走"分阶段攻坚推进,即"收回土地类"企业按"入企详查、资产评估、签订协议、产权变更、腾

空交付"等五个环节,越早享受政策越好。"改造提升类"企业,则明确后续 3 年的亩均税收要求并签订"对赌协议",确保真改造、真提升。

把好准入管理关,做好腾挪后半篇文章。一是布局新产业。龙游县针对城南工业园区产业低端情况,统筹谋划园区产业定位和企业布局,大力发展化工、新材料等产业,努力打造未来产业集群地;同时,统筹园区路网、管网、电网改造提升,确保新产业布进来,基础设施跟上去。二是准入新要求。严把新项目准入关,重点关注项目投资、产值和税收数据,切实打好"收、腾、用"相结合文章。三是管理新模式。加快经济开发区"智慧园区"建设,开发园区入驻企业履约评估监管模块,根据企业基本情况、投资协议、运行情况、指标数据等,开展企业履约评估,做到时间节点到、履约报告出,一键直达、精准高效。

3. 突出"五链"融合主抓手,全力赋能生态工业样本县建设①

打造产业链。围绕智能制造、碳基材料、轨道交通、特种纸、绿色食品等优势产业,深化延链补链强链,推动禾川科技、吉成新材、金龙纸业等链主型企业延伸布局。加大新技术、新工艺、新设备推广力度,鼓励企业技改提升,力争工业技改投资增长 15% 以上。进一步提升经济开发区平台能级,推动"五区一镇"(国家级绿色园区、高新技术园区、山海协作园区、临港物流园区、产业版未来社区、超精密制造小镇)联建联创,加快工业水厂二期、城北污水处理厂四期、港区天然气管道迁改、机器人产业园四期等配套建设,打造高水平产业发展平台。

完善创新链。实施数字经济"一号发展工程",加快推进产业数字化、数字产业化,实施禾川科技产业园等项目。实施科技型企业"双倍增计划"和"科技小巨人"、科技领军企业"培育计划",新增国家高新技术企业 17 家以上、省科技型中小企业 50 家以上。加大科研设施和服务平台投入,进一步释放特种纸产业创新服务综合体作用,确保轨道交通装备产业创新服务综合体通过省级验收。加快浙工大生态工业创新研究院建设运营,做好浙江建设技师学院秋季招生开班工作。

建强人才链。大抓人才平台建设,实施"鲲鹏行动"计划、海外引才计划、高层次人才特殊支持计划等重大工程,力争引进国家级、省级海内外高端人才 20 人以上。实施青年人才"金种子"、产业人才"金蓝领"、高端人才"金凤凰"等计划,优化"揭榜挂帅""双创大赛"等活动,新建院士专家工作站、博士创新

① 龙游县 2023 年政府工作报告[EB/OL]. (2023-01-31)[2023-09-11]. http://www.longyou. gov.cn/art/2023/1/31/art_1229565067_2456766.html.

站等人才平台 20 家以上,集聚培养卓越工程师、高技能人才等急需紧缺人才 1000 人以上,开展职业技能培训 1.9 万人次以上。深入实施"龙凤引·游子归"十万青年汇龙游行动,新引进青年人才 8000 人以上。建设高素质创新型现代化民营经济人士队伍,鼓励广大企业家坚守实业、潜心创新、追求卓越,打造基业长青的"百年老店"。①

厚植资本链。开展民营和小微企业金融综合改革试点、资本市场普惠服务试点创建,构建"特色板＋资本市场服务＋专项培育基金＋孵化产业园"为核心的资本服务体系。用好财政补贴、产业基金等政策工具,切实提升资金使用效益。深化国有企业改革,提升国企信用评级和国资整体功能,力争国企资产总额超过 450 亿元,新增"AA＋"国企 1 家。深化"凤凰行动",发挥浙股交龙游服务中心作用,建好"龙游智造板",力争金龙股份发行上市,金昌股份、固特科技在北交所上市突破。

做优服务链。完善"1＋29＋7＋N"企业服务网络体系,以企业社区为抓手,不断打造营商环境优化提升"一号改革工程",助推"工业强县"和"五链"融合发展目标,打造党建引领、社区主导、企业参与、社会协同的集成服务治理新模式。健全百名干部助百企、局长入企帮项等机制,开展"助企暖心"行动,切实增强企业获得感,持续放大"二期在龙游"(将企业二期建设项目继续留在龙游)效应。创新"企业前期管家"场景应用,构建全流程、闭环式、颗粒化的项目前期管理服务机制。建立工业产业链服务中心,全方位提供机械加工维修、物业服务、人才培训等公共服务,构建企业公共资源信息共享体系。迭代升级"亲清茶叙""亲清服务日"等载体,畅通政企双向交流"直通车",打造高品质政企互动沟通品牌。

第三节　生态工业高质量发展的典型案例

【案例 3-1】龙游县打造"特种纸产业中枢"应用促进产业转型提质

一、基本情况

2021 年 4 月习近平总书记在广西柳工集团有限公司考察时强调,制造业

---
① 龙游县 2023 年政府工作报告[EB/OL].(2023-01-31)[2023-09-11].http://www.longyou.gov.cn/art/2023/1/31/art_1229565067_2456766.html.

高质量发展是我国经济高质量发展的重中之重,建设社会主义现代化强国、发展壮大实体经济,都离不开制造业,要在推动产业优化升级上继续下功夫①。为贯彻落实习近平总书记重要指示精神,龙游县经信局结合县域生态工业实际发展情况,以省数字经济系统"产业大脑+未来工厂"核心架构为指导,开发建设了"特种纸产业中枢"应用。目前应用已纳入全县 74 家特种纸企业产业中枢平台,已为 39 家企业提供数字化服务共计 451 次,实现万级以上工业数据点数实时接入,为企业节约 300 余万元数字化成本。同时已连接产线、设备121 台(套),采集数据 9367 条,实现相关设备数据的实时上传,为企业在能耗、人力和设备等方面带来 3368 余万元效益,并被评为浙江省数字经济系统地方特色应用。

二、主要做法

一是强化政企合作,提供数字化改造服务。针对中小企业数字化能力弱的问题,龙游县与东南数字经济发展研究院合作共建了造纸工业互联网平台。依托工业互联网,为企业量身定制数字化转型方案,并免费提供能源管理、生产管理、仓储管理、数字工厂、设备管理、质量管理、计划排产、数字孪生等方面的行业应用产品未来三年的使用。

二是总结行业特点,推动中小企业轻量级数字化改造。为原纸生产型企业重点优化能耗及设备成本,为后加工型企业重点实现生产工单及仓储库存可视化管理,总结提炼出特种纸行业八大共性场景需求,结合各个企业"X"类个性化改造需求,形成"8+X"行业数字化应用场景方案,最终推动龙游县特种纸产业成功入围全省第二批中小企业数字化改造试点县(市、区)创建培育名单。

三是构建数智生态,提升平台数字化服务能力。当前已为 7 家企业提供上云服务,构建 39 个行业级应用模块,88 个行业级共性模型,为企业节约数字化成本 300 余万元,吸引生态数字化服务商 12 家。包括国内领先的平台级服务商蓝卓、东方国信,造纸行业级专业应用服务商砖助智连、博依特、智领科技,数字化硬件资源服务商深信服、畅联智融,以及网络通信服务商中国移动、佰才邦等国内各领域的领先型服务商。

四是夯实数据基础,强化企业风险监管。通过全国产业地图及产业链万级以上数据接入,对龙游县造纸企业工商、司法、经营、舆情等维度进行监管。

---

① 习近平在广西考察:解放思想深化改革凝心聚力担当实干 建设新时代中国特色社会主义壮美广西[EB/OL].(2021-04-27)[2023-09-11].https://www.gov.cn/xinwen/2021-04-27/content_5603266.htm

基于平台驾驶舱中数字化服务数据、工业接入能力数据、数字化建设项目数据,以及数字化效益数据,实现对域内三十余家规上企业数字化进展情况实时可视,对企业数字化进展实时监控。实现企业产量、产值、能耗、碳排放、设备开机率等关键运营指标的实时监控,提供行业数据对比,辅助政府侧精准研判各企业及行业当前运营状态及风险水平。

三、案例简析

龙游县作为亚洲最大的装饰原纸生产基地、全国最大的特种纸生产集聚中心,现已集聚维达、金昌、凯丰、华邦古楼、恒川等一批龙头企业,"以点带面"形成 100 多个品种 400 多种规格的特种纸生产能力,年产值超百亿元。龙游县通过搭建数字化造纸产业中枢应用平台,构建造纸产业链条图谱,深化产业链上中下游资源匹配,实现了产业资源精准对接。

【案例 3-2】全力推进"腾笼换鸟"攻坚行动　努力提升"亩均效益"

一、基本情况

近年来,龙游县以"高端化、数字化、低碳化"为目标引领,强有力开展"腾笼换鸟、凤凰涅槃"攻坚行动,为优质企业和优势产业发展腾出更多空间,实现了经济效益和社会效益的双赢格局。2023 年 5 月,浙江省制造业高质量发展领导小组办公室通报 2022 年度新一轮制造业"腾笼换鸟、凤凰涅槃"攻坚行动考核评价结果,龙游县入围激励名单第一档,全省 9 个之一。

二、主要做法

一是梳理系统思维,统筹推动攻坚各环节优化。其一突出实战化力量。加强专班配置,通过"一办多组",分头抓统筹、抓协调,专业组由 2022 年的 9 个组增加到 12 个组、网格包干部门增加到 40 个、评估单位增加到 5 家。其二突出制度化建设。将 2022 年政策执行中以备忘录形式出具的各项政策"补丁",筛选后吸纳形成新的政策意见。2023 年 6 月印发《促进亩均效益提升政策意见》等 5 份指导性文件。其三突出精准化对象。进行事前预警,前期提醒企业如亩均税收数据仍未达标准的将列入"腾笼换鸟"重点收回对象。构建包含企业规模、用地信息、租赁现状、创新能力、投资数据等 10 余项指标的筛选机制,经过部门研判,划出公共服务类等类别企业后,纳入收回类、提升攻坚类。

二是理清攻坚链条,显著提升行动各阶段成效。其一上紧作风发条。县委县政府于 2023 年 8 月份召开全县亩均效益提升攻坚动员会,对专班、评估、包干单位等部分调整人员进行集中培训。其二强化要素倒逼。通过差别化政策执行,对 D 类企业、低效企业分级执行实施电价等的提高措施,征收差别化水、电、汽、气价 572.4 万元。其三组织集中攻坚。专班通过每日晾晒通报、问题协商交办、周例会、联络员会议等制度机制,进一步推动网格包干单位加快攻坚进程,截至 2025 年 10 月底,累计完成签约 139 家,其中收回类签约 53 家、提升类签约 86 家,盘活提升低效工业用地 3800 余亩。

三、案例简析

龙游县引导企业集聚集约发展,统筹已攻坚、收回的低效用地利用,园区活力进一步释放,为项目招引奠定基础。同时,立足本地小微企业发展需求,做优园区配套功能,加快推进小微园区建设,产业平台进一步优化、亩均税收进一步提升。

【案例 3-3】龙游县多措并举建强产业链山海协作工程升级版

一、基本情况

2022 年以来,龙游县围绕省市决策部署,借助"浙江省产业链山海协作工作先行区"的发展契机,以产业链协作为核心,聚焦龙头项目引进、搭建产业对接平台、推动产业结构优化、整合资源、多方协同,主动对接长三角地区、省内发达工业大县,深化与镇海、临安、钱塘等地协作关系,为县域产业链山海协作发展注入更多的生机和活力,全面建设山海协作工程升级版。

二、主要做法

一是规划优质平台,打造山海协作产业链条。以特色生态产业平台作为产业链山海协作发展的战略支点,在龙游经济开发区城北片区规划面积 3.9 平方公里,依托现有产业基础和平台载体,注重"产业集聚、资源集约、产城融合、区域联动",打造产城融合的龙游特色区域。该平台围绕碳基纸基新材料、精密数控和轨道交通装备两大主导产业细分领域,目前已入驻企业 23 家(其中高新企业 5 家、占比 21.7%),其中碳基纸基新材料企业 6 家,精密数控和轨道交通装备企业 14 家。目前在建和拟建项目 23 个,已用地面积约 1430 亩,计划总投资约 138 亿元;通过平台带动,扶持一批规模链主型企业、引进一批产业链关联企业,着力培育"禾川系""金龙系"等具有较强核心竞争力的产业链企业共同体,加快形成产业集群竞争优势。

二是关注项目招引,探索联动共建产业模式。"请进来"联合招商,积极联系镇海、临安等结对地区,筛选有意向拓展扩建业务的企业名单,邀请镇海、宁波等地外迁意向企业和优质企业到龙游考察。2022 年 7 月,龙游县经信局与宁波镇海区经信局签订《镇海区—龙游县山海协作经信合作框架协议书》；"走出去"密切合作，前往镇海等结对地区的新材料产业园、初创园等进行产业合作洽谈。组织 10 余家龙游本地企业赴镇海区考察，学习和了解产业数字化改造成效。鼓励临安、龙游两地企业开展产业项目对接洽谈，让两地产业项目的交流合作更加紧密；借助产业链山海协作模式，已成功引进优科纺织、杰美新材、新航特材和小派科技等 4 个制造业项目。

　　三是开展对接交流，拓展地区结对帮扶渠道。通过"研发在杭甬、产业转化落地在龙游"的方式，聚焦先进装备制造、特种纸深加工等产业，与宁波镇海、杭州钱塘共建"科创飞地""产业飞地"。目前，镇海—龙游"科创飞地"制定出台《龙游—镇海科创飞地入驻管理办法（试行）》，组织起草"科创飞地"入驻项目考核细则，宁波中瑞环保科技有限公司、浙江玖龙新材料有限公司、浙江云蟾旅游开发有限公司等 3 家企业入驻。钱塘—龙游"产业飞地"已签订正式合作协议、成立合资国有开发公司，在 1562 亩选址地块上，先后引进总投资 2.05 亿元的浙江古伽智能科技有限公司智能装备项目、总投资 2 亿元的浙江科力健科技开发有限公司智能装备项目，且两项目均已开工，围绕创新研发，设立转化中心。借助镇海区在高端人才、科技资源、运营模式等创新要素方面优势，共同创建衢州市第一个"科技成果转移转化中心"。通过互联网平台运营，架起与镇海及 3 所高校科技合作的直通桥梁，成为园区及周边地区企业科技创新服务的集聚基地、科技人才的补给口岸。同时，依托龙头企业资源优势，租用杭甬研发中心场地，由政府委托第三方运营，开展项目培育孵化。目前已有禾川科技、吉成新材、茗皇茶业、恒盛能源等企业在杭州、深圳等地设立研发机构，孵化项目 4 个，引进产业链上下游企业 8 家。

三、案例简析

　　龙游县围绕山区 26 县跨越式高质量发展战略目标，深入推进山海协作工程，通过建设多样化平台，积极探索数字经济智慧产业新合作模式，深化多领域合作，打造山海协作升级版，开启山区县高质量发展共同富裕新征程。

- -
【案例 3-4】龙游县实现山区 26 县首家科创板企业上市
- -

一、基本情况

　　龙游县坚持创新引领，通过科技攻关、产业成链、服务保障三大措施，持续激发企业上市活力，积极探索共富试点、生态工业样本县建设金融支撑。2022 年 4 月 28 日，禾川科技成功上市，成为山区 26 县首家科创板上市企业。

二、主要做法

一是科技攻关，强化上市驱动力。瞄准禾川科技专精特新、精密数控的定位和优势，帮助企业创建省级重点企业研究院，每年通过"揭榜挂帅"等形式开展评比，不断鼓励引导企业加大核心关键技术攻关力度，全方位提升企业科技攻关能力。同时，为破解山区县高层次人才缺乏困境，借助"山海协作"等平台，为企业争取杭州"衢州海创园"、青山湖科技园科研场地，引导企业在深、杭等地设立五大研发中心。近三年，禾川科技累计获各类科研补助 2000 余万元，并每年持续投入销售收入 10％以上进行研发，目前该企业已拥有知识产权 70 多项，成功跻身细分行业前三名，实现部分芯片从"进口依赖"到"国产替代"。

二是产业成链，提升上市竞争力。以禾川科技为精密数控产业链主型企业，通过"共享厂房""订制工厂"等方式，为其量身打造机器人产业园，加快上下游企业落地投产，成功打造"禾川系"产业链。通过 3 年时间，引入中孚精机、威仕喜、田村科技、台钰精机、禾立五金等 10 余家上下游企业，从模具、铸造、精密机加工、控制伺服到整机装配，形成空间上高度统合、上下游紧密协同、供应链高效运作的区域集群发展之势。

三是服务保障，夯实上市支撑力。动态跟踪企业发展规划和投资计划，在企业用地、用工、用能等要素给予优先支持。设立产业基金，以政府投入撬动社会资本，帮助企业快速走向资本市场，"禾川系"产业链累计获得北极光、达晨等创投基金战略投资超 2.5 亿元。深化与浙江股权服务集团合作，共建"龙游智造板"，联合开展上市培育，禾川科技以此为跳板成功冲刺科创板。针对上市进程中的"卡脖子"问题，"一事一议"加以解决，引进"战略投资者"，为禾川上市节约税费成本 817 万元，缩短上市辅导时间至少 12 个月。

三、案例简析

作为全省高质量发展建设共同富裕示范区"缩小地区差距领域"试点和山区 26 县跨越式高质量发展生态工业样本县，龙游迈向了适合自己发展的"桥"和"路"。一个上市企业，本身就是一个增长极，是承载区域经济发展和产业结构优化的重要力量。禾川科技的上市，代表的不仅是企业本身，也代表着地区经济和本地产业的发展水平。

参考文献

[1]"习书记提出欠发达地区要努力实现跨越式发展"——习近平在浙江（十）[N].学习时报，2021-03-15(003).

[2]学习之路⑧丨浙江制造转型升级的实践路径[EB/OL].(2023-06-26)[2023-09-11]. https://baijiahao. baidu. com/s? id＝1769696849187777894&wfr＝spider&for＝pc.

[3]龙游:逐"绿"向"新",产业低碳引领高质量发展[N].浙江日报,2023-06-09(009).

[4]龙游县 2023 年政府工作报告[EB/OL].(2023-01-31)[2023-09-11]. http://www. longyou. gov. cn/art/2023/1/31/art_1229565067_2456766. html.

第四章　龙游县推进"八八战略"与打造文旅融合发展展示窗口的探索

　　"八八战略"明确提出要"进一步发挥浙江的人文优势,积极推进科教兴省、人才强省,加快建设文化大省"。浙江一直以来按照习近平总书记指引的路子,持续推进文化大省、文化强省、文化浙江等文化发展战略,走出了一条具有中国特色的文化发展之路。2004年10月9日,时任浙江省委书记习近平来龙游石窟调研时,并提出相关指示要求。多年来,龙游县委县政府始终践行习近平同志的指示要求,秉承"保护为主、抢救第一、合理利用、加强管理"的方针,做好"保护好、研究好、利用好、传承好"文章,以龙游石窟、溪口老街、龙游灖、大南门历史文化街区等为抓手,持续擦亮龙游文化金名片,打造文旅融合发展的展示窗口,为龙游跨越式高质量发展提供文化助力。2023年6月,龙游出台《关于促进龙游县文旅融合高质量发展的若干政策意见》,为加快打造"诗画浙江 活力浙江"大花园核心景区的精品景区,进一步推动龙游区域明珠城市建设,促进龙游文旅融合高质量发展和文旅产业深度融合发展提供更坚实的政策支持。①

---

① 龙游县人民政府. 关于促进龙游县文旅融合高质量发展的若干政策意见[EB/OL]. (2023-06-21)[2023-07-16]. http://www.longyou.gov.cn/art/2023/7/14/art_1229563728_2483724.html.

第一节　习近平总书记关于文旅融合发展的殷殷嘱托

一、"八八战略"与文旅融合发展

推动文化和旅游深度发展,以文塑旅、以旅彰文,已成为发展现代旅游业、促进文化传播的必然选择。浙江有深厚的历史积淀和人文景观,文旅融合发展有着明显的优势。习近平同志擘画的"八八战略"明确提出"进一步发挥浙江的人文优势,积极推进科教兴省、人才强省,加快建设文化大省",并作出了"3 个力"和"8 项工程"的战略部署("3 个力"即增强先进文化的凝聚力、解放和发展文化生产力、提高社会公共服务力这 3 个文化建设的着力点,"8 项工程"即文明素质工程、文化精品工程、文化研究工程、文化保护工程、文化产业促进工程、文化阵地工程、文化传播工程和文化人才工程)①。20 多年来,在"八八战略"的指引下,围绕"3 个力"和"8 项工程",从建设文化大省到文化强省再到文化浙江,浙江始终将文化传承和创新发展作为重要战略任务。

(一)"八八战略"指引文化遗产保护之路

文化遗产保护是文旅融合发展的基础。2003 年 7 月,习近平同志赴良渚遗址调研,亲自协调解决遗址保护中的实际问题。他强调:"良渚遗址是实证中华五千年文明史的圣地,是不可多得的宝贵财富,我们必须把它保护好。"②2006 年 6 月 10 日,习近平同志在"文化遗产日"调研时提出,"我们要站在落实科学发展观和构建社会主义和谐社会的高度,从加快建设文化大省的要求出发,正确处理文化遗产保护和经济社会发展的关系,正确处理文化遗产保护、传承与管理、利用的关系,全面落实《国务院关于加强文化遗产保护的通知》精神,加快抢救速度,加大保护力度,抢救为主、保护第一,切实保护好不可

---

① 浙江省人民政府. "八八战略"实施 20 周年系列主题第四场新闻发布会[EB/OL]. (2023-05-30)[2023-08-21]. https://www.zj.gov.cn/art/2023/5/29/art_1229630150_6699.html.
② 徐继宏. 八八战略引领的精神富有之路——浙江文化强省建设纪实[EB/OL]. 中国文化报,2023-07-13(1).

再生的文化遗产。"①从杭州余杭的良渚古城遗址申遗,到杭州萧山区跨湖桥博物馆的保护;从中国大运河(浙江段)综合保护利用,到嘉兴乌镇的修旧如旧;从宁波余姚的阳明文化、台州天台的和合文化等优秀历史文化金名片的传承发展,到以"中国历代绘画大系"项目为代表的一系列文化研究工程的接续推进。习近平同志在浙江工作期间,对挖掘浙江历史文脉、展示中华文明风采多次作出重要指示。如今,中国大运河、杭州西湖、良渚古城遗址入选世界文化遗产,衢州江郎山入选世界自然遗产,金华浦江上山遗址、宁波余姚河姆渡遗址等得到系统性保护利用。"中国蚕桑丝织技艺""中国传统制茶技艺及其相关习俗"等11个项目入选人类非遗,浙江国家级非遗项目数量连续5年实现全国第一。②

(二)"八八战略"指引文旅融合的为民惠民之路

2003年浙江被确定为全国文化体制改革综合试点省。2003年7月18日,在文化体制改革和文化大省建设座谈会上,习近平同志提出:"文化体制改革的着力点就是围绕面向群众、面向市场进行体制和机制创新,逐步建立有利于调动文化工作者积极性,推动文化创新,多出精品、多出人才的文化管理体制和运行机制。"③2005年7月,省委十一届八次全会专题研究部署加快文化大省建设工作。20多年来,浙江牢记嘱托,始终把建设和完善公共文化服务体系,作为浙江文化大省建设的重要目标,作为改善民生的重要方面,作为文化体制改革的重要内容。《浙江省基本公共文化服务标准(2015—2020)》《浙江省公共文化服务保障条例》等政策措施颁布并实施,在全国率先实现了基本公共文化服务标准化,推动了浙江省公共文化发展环境不断优化。目前,全省基本实现公共文化设施网络体系五级全覆盖,共有公共图书馆104家,文化馆101家,乡镇文化站1350家,建成覆盖城乡的"15分钟品质文化生活圈"8789个,公共文化服务均衡发展迈出坚实步伐。实施"文艺赋美"工程,开展全民艺术普及推进工作,普及率达74.4%,推动公共文化服务效能显著提升。浙江

① 习近平.干在实处 走在前列:推进浙江新发展的思考与实践[M].北京:中共中央党校出版社,2013:324.
② 徐继宏.新时代 新征程 新伟业 |"八八战略"引领的精神富有之路——浙江文化强省建设纪实[N].中国文化报,2023-07-13(1).
③ 习近平.干在实处 走在前列:推进浙江新发展的思考与实践[M].北京:中共中央党校出版社,2013:326.

以标准化建设促进均等化发展,高质量推进区域公共文化均衡发展,创新推进以精神富有为标志的文化发展模式,着力构建城乡一体、区域均衡的高品质公共文化服务体系,取得了良好成效。

(三)"八八战略"指引文旅融合的创新探索之路

党的二十大报告指出:"坚持以文塑旅、以旅彰文,推进文化和旅游深度融合发展。"这既对我国文旅融合发展经验进行了高度总结,也为新时代新征程文旅深度融合发展指明了前进方向。推进文旅深度融合、相互促进,需要在路径探索与模式创新上下功夫。在"八八战略"的指引下,浙江不断探索文旅融合赋能共同富裕的路径,推进文旅领域集成改革,不断激发改革活力。五年来,浙江文化和旅游工作获得党中央、国务院和国家部委发文推广的制度性、理论性成果 3 项,全国首创性成果 15 项,入选国家级试点 14 项。推进文旅数字化改革,建成文旅深度融合数字化平台及"品质文化惠享·浙里文化圈""旅游通·游浙里""浙里文物"等重点应用,"浙里文化圈"注册用户达 235 万。注重"双向发力",为共同富裕铸魂赋能。实施了山区 26 县"百项千亿""造月工程"等十大工程。26 个山区县中,旅游业增加值占 GDP 比重超过 8%。研究制定了两套指标体系,实现"精神富有"可量化、可评价。2023 年,全国文化和旅游促进共同富裕现场会在湖州市召开,浙江作交流发言。①

二、龙游牢记嘱托探索文旅融合特色发展之路

"八八战略"引领龙游加快文化繁荣发展,彰显了文化文明高度融合的气质魅力。习近平同志在浙江工作期间,十分注重从文化深处思考浙江改革发展重大问题,从省域层面对繁荣发展社会主义文化进行富有战略性、前瞻性的实践探索。

(一)深耕文化保护传承,打造古韵龙游

作为"万年文化、千年古城、百年商帮"的发源地,龙游县境内有着众多的文物古迹和非物质文化遗产,其文化内涵丰富、时代序列清晰,是钱塘江诗路文化的重要载体。龙游县深入挖掘衢江、灵山江、三江口及周边文物资源和非

---

① 陈广胜. 打造高水平文化强省,奋力推进中国式现代化省域文旅实践[EB/OL]. (2023-08-03)[2023-08-16]. http://www. zj. xinhuanet. com/20230803/be086179bcdb4c9ab8caa593e579d43c/c. html.

物质文化遗产资源，厘清龙游历史文化发展脉络，以保护、修复和传承之"笔墨"，绘就一个古韵新龙游。

扎实推进文物保护传承，进一步摸清诗路沿线文物资源底数，开展第五批县级文保单位申报遴选工作。根据文物古迹的文化和地理特质，在保护的基础上充分挖掘文物内在价值，整合民居苑、铁路遗址公园、鸡鸣堰等特色文化遗产资源，持续推进姜席堰、龙游石窟、大南门历史文化街区等历史遗址保护和修缮工作。积极推进荷花山考古遗址公园建设和申遗工作，编制完成《荷花山遗址保护规划》，成功加入"上山文化"申报世界文化遗产城市联盟，完成荷花山出土文物进中国国家博物馆展览，打响"荷花山遗址"知名度。

深化推进非遗保护传承，构建国家、省、市、县四级非遗保护体系，持续彰显非遗文化传承价值。龙游发糕制作技艺、龙游莲子酒酿造技艺入选第三批浙江省非遗旅游商品。创新打造非遗文化传承载体，建成龙游皮纸非遗体验基地、龙游发糕非遗体验基地、婺剧传承基地，指导建成龙游皮纸制作技艺传承人徐晓静工作室，推进龙游发糕制作技艺蓝锦国工作室建设。加大非遗宣传交流力度，组织开展皮纸制作技艺、硬头狮子、道情等非遗项目交流活动，举办龙游发糕制作技艺和龙游酥饼制作技艺、龙游县道情演唱、方坦窑乳浊釉烧制技艺等各类培训班，赴各地开展各类非遗走亲活动和专场演出，让龙游非遗在传承中走得更远。

全面推进文化基因解码。深入挖掘传统优秀文化元素，梳理全县文化元素清单，从物质、精神、制度、语言、象征符号等多角度全面开展基因解码。截至目前，已完成 500 余个文化元素普查入库，完成 19 个重点文化元素解码。龙游县作为衢州市唯一县(市、区)成功入围浙江省文化基因解码成果"优秀"等次名单，其中龙游商帮、龙游皮纸、姜席堰、龙游石窟获得全省优秀解码项目，龙游商帮文化入选全省首批 100 项"浙江文化标识"培育项目名单。在文化基因解码基础上，有序推进文化基因转化利用。比如，通过龙商码头吧、龙游商帮 logo 设计应用推广、龙游商帮美术馆等多元化特色项目开展龙游商帮文化基因转化利用。同时，拓宽文化基因解码渠道，出版龙游文化基因系列丛书，开发一系列体现重点文化元素的文创产品，推动文化创造性转化和创新性发展。

(二)聚焦全域旅游示范，打造诗画龙游

龙游是省级全域旅游示范县、省级文旅产业融合发展示范区、全省旅游业"微改造、精提升"试点县，连续三年入围"全国县域旅游综合实力百强县"。近

年来,龙游以全域旅游示范为突破口,以规划统筹为引领,以项目建设为抓手,以数字化改革为牵引,打造出一个诗画新龙游。

高标准谋划推进,先后出台《关于推进全域旅游发展的若干政策意见》《龙游县文化旅游"十四五"发展规划》《龙游县关于加快推进旅游业高质量发展的实施方案》,通过对全县旅游资源的盘点、整合、挖潜、赋能,打造以"两江走廊"诗画风光带为主平台,龙游红木小镇为"龙头"、"两江"沿线为"龙身"、六春湖休闲旅游度假区为"龙尾"的"两江化一龙"全域旅游大格局。

以诗路文化带建设为牵引,以"两江化一龙"精品线路打造为抓手,着力构建全域文旅资源串珠成链、连线成网新格局。高标准实施推进大南门历史文化街区、市民生态休闲公园、六春湖休闲旅游度假区、灵山港治理工程、姜席堰文化旅游区等一批钱塘江诗路重点建设项目,加快推进红木小镇、龙山运动康养度假区等一批重大文旅项目建设。其中,大南门历史文化街区一期项目完成主体建筑修缮建设,并于 2023 年实现开街;六春湖休闲旅游度假区建成"浙江第一索",成为浙西地区热门打卡地,并入围全省第二批"名山公园";姜席堰世界灌溉工程遗产项目获全市文旅项目擂台赛十佳项目。同时,以"微改造、精提升"行动为抓手,串联全县 15 个乡镇街道,着力挖掘旅游项目文化内涵并提升游客微观感受。

发挥数字化改革牵引作用,注重设施建设和文化挖掘、数字展示的深度融合,推动诗路文化带突破时空制约。深化"数字化＋公共服务"、"数字化＋监测监管"等新模式,龙游县古塔及牌坊沉降监测模块作为全市唯一入围"文物安全"应用场景建设"揭榜挂帅"试点,为文物保护工作提供坚实保障。龙游县被列入全省大数据旅游统计应用试点,带动传统旅游统计数据和手机信令大数据的深度融合,成为具有全省推广价值的数字化改革案例。有序推进数字博物馆建设,依托"文旅龙游"平台开设线上展览、语音导览、展览咨询、活动预约等服务,实现云上游。

(三)培育富民文旅产业,打造活力龙游

诗画般的风光带、高颜值的产业带,成为龙游钱塘江诗路建设的真实写照。龙游县以优秀文化基因赋能文旅融合,以新业态解锁乡村共富密码,以精品文旅活动擦亮诗路品牌,打造出一个活力新龙游。

深化文旅产业融合发展,旅游品质显著提升。重点培育和打造一批文旅精品 IP,"龙游石窟""龙游发糕"相继入库浙江省文旅 IP 培育库;打造龙游城市卡通 IP,设计开发的"发糕宝宝"表情包为发糕产业注入活力。推动传统文

化与旅游业深度融合,龙游石窟、红木小镇等传统景区通过传统非遗技艺、纤维艺术展、新潮科技项目、文创产品创新开发等文化体验及业态融合,进一步满足游客多元化需求。开展"百县千碗"美食活动,冯家大院、王阿盖手工小吃店、杨爱珍大排档等入选省级"百县千碗"美食体验店名单,"龙游风味"成为诗路上最美烟火气。

依托"两江走廊"乡村振兴示范带建设,推进乡村旅游与餐饮服务、商贸流通、文化创意、节庆活动等特色产业融合发展,打造诗画风光带上的文旅新业态新空间。塔石镇油菜花节、大街乡芍药花节、龙洲街道蓝莓文化节等一批特色乡旅节庆活动,成为带动乡村共同富裕的重要载体。如小南海镇的团石村围绕水资源、夜经济做文章,创新打造音乐、集市、泼水等多重元素融合的滨水啤酒音乐节,2021 年举办期间吸引游客 20 万人次,拉动消费 1200 万元,成为解锁乡村共同富裕的新密码。同时,深入挖掘传统古村落资源,稳步推进民宿产业发展,石佛乡投资 5000 万元建设南山古村民宿,山语山庄、悠然水居分别获评省级金宿和银宿。2021 年,全县乡村旅游共接待游客 202.96 万人次,实现营业收入 1.92 亿元。

围绕龙游诗词文化、戏曲文化、商帮文化等特色文化资源,开发集诗路研学、文化体验、特色休闲等于一体的特色游线,培育具有龙游特色的诗路文旅品牌,"团石湾—龙游石窟—龙游红木小镇—民居苑—龙游博物馆—姜席堰—六春湖"游线入选浙江省诗路精品旅游线路。以特色文旅活动和知名赛事打响诗路沿线文旅品牌,先后谋划举办龙游石窟国际音乐盛典、首届浙江乡村文化艺术节、绿色中国行——走进美丽龙游、国际龙舟邀请赛等一系列精品活动,结合地摊经济、美食夜市、旅游采风等形式吸引了大批周边地区人员来龙旅游消费,打造形成一批重点展示龙游诗路文化带建设成果的文旅活动品牌。

第二节　文旅融合高质量发展的龙游探索与实践

一、重视保护管理,夯实文旅融合资源基础

"保护好、研究好"文化资源开发的基础,也是做好"四个好"根本。龙游历史悠久,文化底蕴深厚,山水秀丽,自然与人文景观丰富。自古即有"东游西游不如龙游"的说法。龙游石窟被誉为"千古之谜"和"世界第九大奇迹",集聚众

多明清古建筑的"鸡鸣山民居苑",风景旖旎的浙西大竹海,石佛三门源自然、人文旅游资源得天独厚。近年来,龙游县坚持"保护为主、抢救第一、合理利用、加强管理"的文物工作方针,不断加强保护研究,夯实文旅融合资源基础。

(一)统筹规划,加强文物资源保护管理

1.系统普查摸清文物资源家底

据第三次全国文物普查,龙游全县发现不可移动文物 3884 处,登录 1654 处。登录的 1654 处不可移动文物中,古遗址 74 处,占登录总数的 4.5%;古墓葬 74 处,占登录总数的 4.5%;古建筑 1211 处,占登录总数的 73.22%、石窟寺及石刻 5 处,占登录总数的 0.3%;近现代重要史迹及代表性建筑 288 处,占登录总数的 17.41%;其他文物 2 处,占登录总数的 0.12%。截至 2018 年,龙游共有国家级传统村落 8 处(石佛乡三门源村、塔石镇泽随村、溪口镇灵山村、沐尘乡双戴村、湖镇镇星火村、石佛乡西金源村、大街乡方旦村祝家村、沐尘畲族乡社里村),中国历史文化名村 3 处(石佛乡三门源村、溪口镇灵山村、塔石镇泽随村),全国重点文物保护单位 7 处(群)10 点;省级传统村落 3 处(横山镇志棠村、天池村、项家村),浙江省历史文化名镇 1 处(湖镇镇),浙江省历史文化名村 1 处(庙下乡庙下村),省级文物保护单位 38 处(群)113 点;县级文保单位 107 处 134 点,文物保护点 87 处。

2.有序开展文物保护修缮工作

按照"全面保护,重点维修"的原则,有序开展文物保护修缮工作。一是建立文物保护单位保护状况跟踪监测制度,完善文物维修工程审批程序以及招投标、勘察设计和资格认证制度,规范文物维修工程管理、监理和验收等行为。二是加大投入,做好文物修缮工作。三是进一步完善文物保护经费投入机制。在文物专项经费的基础上,依托文化融入项目,吸引相关部门、乡镇(街道)投资文物保护和文保单位修缮工作;依据"以奖代补"政策,吸收民间资金来保障文保单位及历史建筑的修缮保护。此外,龙游现在正在建设旅游生态城市,通过项目谋划争取省文物、科技部门项目资金,相继实施龙游石窟开放洞窟的抢险加固工程和省保单位修缮工程;动员、引导社会各界人士、民间团体采取募捐、回购捐赠等方式,在政府统一组织下进行就地保护。借智借力,实施文化遗产开放式保护。

为有效地保护一批有历史文化价值的古建筑,针对境内古民居原生环境遭到破坏、就地保护难度越来越大的现状,龙游县实施古民居易地保护工程,

把散落在乡村的部分明清古民居集中搬迁复建到鸡鸣山,共搬迁复建41座古建筑。龙游民居苑被列为国家级文物保护单位,是全国两处异地保护示范点之一,集文物保护、旅游观光、爱国主义教育于一体,成为继龙游石窟之后的又一知名人文景点。此外,在中国传统村落、浙江省历史文化村落保护利用的指导下,龙游县加强对古村落、历史街区的保护与利用。三门源、泽随、志棠等文物古迹集中的古村落均得到了很好的保护和利用,并促进了古村落的产业发展。

3. 完善文物保护相关政策机制

早在2009年,龙游县出台《古建筑保护与管理的实施办法》和《进一步加强文物工作的实施意见》,率先在全省提出产权置换保护机制,凡是古民居原产权人自愿将产权转让给政府或集体的,政府和集体给予另选宅基地安置的优惠政策;鼓励社会各界及产权人把古建筑等捐献给政府保护,县财政根据贡献给予适度的奖励;鼓励各种社会资金在不拆毁古建筑的前提下,通过购买非国有古建筑等方式参与全县古建筑的保护和利用。2018年4月,龙游县人民政府办公室公布《龙游县不可移动文物保护管理办法的通知》,进一步完善了文物保护管理办法,提高了不可移动文物保护管理水平。此外,龙游组织力量大力宣传,增强人们保护文物的意识。龙游县文物管理委员会,负责咨询、协调、处理有关文物保护的重大问题,文物保护管理所负责不可移动文物的保护和管理,并配备专职文物干部,组建120余人的业余文保员队伍。加大宣传力度,利用电视专题、图片展览、报刊报道、广播讲座、黑板报、文艺演出等各种形式,举办"知我龙游,爱我龙游"等系列活动,增强全民文保意识。

(二)延续文脉,推动非物质文化遗产保护

龙游积极开展非物质文化遗产普查、认定和登记工作,全面了解和掌握非物质文化遗产资源的种类、数量、分布状况、生存环境、保护现状及存在的问题,为抢救、挖掘、整理及保护做好基础性工作。组织专家、民间艺人、专业技术人员对重点物种进行抢救、梳理、提炼和艺术加工,在继承传统文化的基础上进行创新。目前,龙游有国家级非遗名录1项,省级非遗名录17项,市级非遗名录49项,县级非遗名录170项。有国家级、省级、市级、县级传承人83人。有省级非遗传承教学基地2个,省级非遗旅游景区(民俗文化村)4个,省级生产性保护基地1个,省级传统节日保护基地2个,省非遗宣传展示基地1个,市级非遗体验基地3个,市级非遗教学传承基地2个,2016年龙游县被评

为第三批浙江省传统戏剧之乡。目前,除开展常规非遗活动外目前主要形成了文化和自然遗产日主场城市活动、"非遗三进"演出、"非遗暖冬行"、"非遗闹元宵"等品牌活动。硬头狮子、脱节龙获第七届中国艺术节两项表演金奖,应邀献艺西博会和上海、南京等地国际旅游交易节,充分展示龙游传统民间艺术的特色和魅力。湖镇镇被列入国家民间文化艺术之乡,三门源村被评为中国历史文化名村。

1. 以"三融合"模式推进龙游道情的传承与发展

龙游道情是流传于龙游县一带的主要曲艺表演形式,其源于唐代《九真》、《承于》等道曲,鼎盛于明末清初,2009 年被列入第三批浙江省非遗保护名录。龙游道情演唱时由艺人捧一个"渔鼓"和两块"间板"进行演唱,以说唱和宣传见长,曾有众多的演唱名家和比较繁荣的演出市场。但近几年来由于生活环境的变化,龙游道情出现了从业者后继乏人,演出市场逐步萎缩的现状,截至 2017 年底,龙游道情从业者只有时年 74 岁的省级传承人袁耀明一人。为改变龙游道情传承后继乏人的现状,恢复龙游道情的活力和生机,龙游县充分利用全国曲艺振兴的有利时机,以"三融合"模式推进了龙游道情的传承与发展,取得了较好的成效:

和曲艺保护相融合。根据文化和旅游部关于曲艺振兴保护的相关精神,龙游县将龙游道情的传承与发展列入龙游曲艺振兴工作的主要内容,制定了三年发展计划,开展了系列保护工作。一是开展龙游道情资源普查,通过普查摸清了龙游道情从业者现状、龙游道情演出市场情况,找到了年轻人不愿学习的主客观原因,为下一步制定保护计划提供了依据。二是开展了龙游道情抢救性记录。组织力量对袁耀明、王水根、刘德胜三位道情老艺人的演唱进行了录像拍摄,保存了 20 余小时的演唱资料。三是成立龙游道情演唱队伍,从原民营婺剧团挑选了 10 余个演员进行培训,通过速成培训等方式,初步组建起了龙游县级道情演唱队伍。四是举办龙游道情培训班,2018—2020 年连续举办龙游道情表演艺术培训班,营造龙游道情传习的良好氛围。五是整理出一批优秀道情传统剧目,新创作一批反映新时代新气象的道情小曲目。

和文旅宣传相融合。龙游道情特长为说唱,很适合各类文旅项目的宣传,为在文旅融合的大背景下充分发挥龙游道情的特长和优势,龙游县通过文旅事项主题创作的办法,对龙游道情和文旅宣传相结合作出了有益的尝试。一是以龙游著名特产为演唱创作题材。如龙游著名特产龙游发糕可能很多游客都吃过,但很多游客对龙游发糕的历史沿革、工艺过程、产品特色、销售范围等可能不大清楚,为此专门创作了道情节目《龙游发糕》将上述问题娓娓道来,使很多人对龙游发糕有着更深入的了解。二是以著名旅游事件为演唱创作题材。龙游著名水利工程姜席堰于 2018 年 8 月被评为世界灌溉工程遗产,为充分做好姜席堰的宣传,及时编写了龙游道情《姜席堰》,详细介绍了筑堰县令、姜席两员外的功劳,更是将筑堰的前因后果、筑堰过程的各种技巧和姜席堰的作用和景观做了详细介绍,让不少外地人通过道情详细了解了姜席堰,起到了一般景观类专题片所达不到的效果。三是以主要旅游景区为演唱创作题材。龙游石窟号称"世界第九大奇迹",其产生历史一直是个谜,龙游八塔的建造可谓"仁者见仁、智者见智",道情节目《龙游传说》将龙游石窟和八塔的来历进行了合理的解释,取得了较好的宣传效果。

和主题演出相融合。道情属于表演类艺术,需要有好的作品,更需要有演出展示平台。在保护过程中,依托各类主题演出,为龙游道情演出精心搭建平台。一是开展道情三进活动,2018—2020 年连续三年开展道情进文化礼堂、进校园、进企业活动。二是利用非遗日、春节等传统节日开展演出,每年举办各类道情专场演出 10 余场。三是结合扫黑除恶、三改一拆、防疫抗疫、"最多跑一次"等各类主题宣传,创作出一批道情节目在全县开展巡回演出。四是组队外出参加各类演出和比赛,几年来先后参加了第六届浙江省曲艺杂技魔术节、浙江省道情比赛、浙江省曲艺专题汇演、浙江省农民进城晒文化展览和展演、中国浙江(义乌)•全国曲艺小书展演、浙江省第十届曲艺新作大赛、全国民间文艺展演(深圳)、衢州市文艺汇演等演出。

2.打好"建管用"组合拳,助推婺剧(徽戏)融合发展

龙游县作为传统婺剧大县,距今已有 400 多年的历史,有着广泛的群众基础和浓厚的婺剧氛围,每年全县婺剧演出就达 1000 多场。民间流传:"东游西游、还来龙游;南看北看,争看龙游花旦。"龙游县深入挖掘当地名人事迹,创排本土婺剧(徽戏)大戏《南宋廉相余端礼》《孝子状元刘章》等新戏,每年积极组织婺剧项目开展各类活动,多次组队参加省市各类婺剧比赛和展演,屡获金奖等各类奖项,先后荣获"浙江好腔调奖""浙江省非遗薪传奖",2016 年龙游县因婺剧保护工作成就突出被省文化厅授予"浙江省传统戏剧特色县",2022 年被省文旅厅授予第三批"浙江省戏曲之乡"。然而由于诸多原因,婺剧在青年一代逐渐走向衰弱,表演群体呈逐渐萎缩状态,为改变龙游婺剧(徽戏)传承后继乏人的现状,恢复龙游婺剧往日的活力与生机,2022 年龙游县积极探索龙游婺剧(徽戏)传承与发展新模式,打好"建管用"组合拳助推婺剧(徽戏)融合

发展,取得了较好的保护成效。

多元化创建,探索婺剧(徽戏)发展新平台。龙游县十分重视婺剧(徽戏)的传承与发展,通过开展各类试点工作有力推动婺剧文化的特色化、全域化发展,不断提升龙游县婺剧品牌的知名度和影响力,极大地丰富了当地群众文化生活。一是创建婺剧进校园试点学校。龙游是最早开展婺剧进校园试点的县,目前,全县共有7所婺剧进校园试点学校,各试点学校积极将婺剧知识融入学校音乐课程,通过社团活动,拓展性课程等抓手,积极推动婺剧进校园活动。二是创建婺剧教学传承基地。龙游县现有省、市级非遗教学传承基地3个,早在2012年,龙游湖镇初级中学就已被省文化厅公布为浙江省非遗传承教学基地;2022年,龙游县柳园小学、龙游县北辰小学成功申报衢州市非遗传承教学基地。三是创建"文艺赋美"展演试点。结合2023年省文旅厅提出的"文艺赋美"工程建设,龙游县公布首批展演试点6个,分别开展婺剧、徽戏等非遗项目常态化表演。

社会化运作,探索婺剧(徽戏)发展新路径。为进一步传承发展龙游婺剧(徽戏),龙游县积极探索利用社会力量创办青年婺剧团,提出了"龙游的剧团,演龙游的戏,演给龙游人看"的新思路。一是创办龙游青年婺剧团。剧团采取与龙游本地影院合作共赢模式运营,由影院负责人担任青年婺剧团团长,剧团与影院间明确职责分工。二是向全社会公开招募演员。要求演员以中青年为主,政府每年保障基本运营资金60万元,用于剧团日常基础开支。三是开展常态化演出。要求剧团每周至少开展1次婺剧(徽戏)演出,每次演出时间不少于2小时,影城以惠民价格10～20元对市民开放,资金用以补贴影城场租、水电、场地服务等相关费用。

精品化演绎,探索婺剧(徽戏)发展新模式。2022年,龙游县文化部门通过举办各类丰富多彩的婺剧传承活动来推进婺剧的传承与发展,激发婺剧传承活力。一是抓好婺剧进校园活动。龙游县7所试点学校高度重视婺剧进校园活动,积极组建各种婺剧社团,选拔婺剧苗子,落实师资和场地,依托学校拓展型课程,每周正常开展婺剧活动,每所学校每学期开展婺剧拓展课程不少于20课时。二是抓好婺剧进礼堂活动。2022年通过招投标方式开展送婺剧下乡活动310场,全县各村自发邀请剧团开展送戏下乡全年不少于1000场。三是抓好婺剧进商圈活动。在龙游县核心商圈设有2个婺剧传承点,试点每周开展1至2次演出活动,演员都是婺剧爱好者,每次活动时间保持1小时以上,每次活动至少引来上百名观众驻足观看。

3.举办舞蹈大赛,助推龙游传统舞蹈传承发展

龙游民间舞蹈是流传于龙游县及周边地区的传统舞蹈类表演项目,是龙游县非遗名录体系的重要组成部分。龙游县是民间舞蹈大县,目前有传统舞蹈类省级非遗项目 7 项,市级非遗项目 17 项,县级非遗项目 40 项。民间舞蹈从远古时代的巫舞发展到现代以娱乐性为主的舞蹈活动,广泛地出现在各种民间活动之中,曾有众多的舞蹈演出者和比较繁荣的演出市场,但近几年来由于生活环境和娱乐方式的变化,龙游传统舞蹈出现了从业者后继乏人,演出市场逐步萎缩的现状,如今仅有原先老一辈的传承人在维持表演,严重影响着龙游民间舞蹈的传承与发展。为改变龙游传统舞蹈传承后继乏人的现状,恢复龙游传统舞蹈的活力与生机,龙游县积极探索龙游传统舞蹈传承与发展新模式,取得了较好的保护成效。

老中少齐上阵,助力传承促发展。为促进龙游县传统舞蹈传承和发展,充分挖掘优秀民间舞蹈文化内涵,进一步丰富群众生活,2021 年龙游县举办了全县民间舞蹈大赛,来自当地各乡镇村落的 20 支民间舞蹈队,300 多位村民参与演出。一是老中少齐上阵。20 支参赛队伍中,有已经坚守在民间艺术岗位几十年的老民间艺术家,也有才接触民间舞蹈的初生牛犊。来自不同年龄段、不同行业的选手肩负着推广、传承非遗的使命,在舞台上纷纷舞出自己的最好状态,老中少同台竞技带来一场精彩绝伦的传统舞蹈表演。二是新生力量不断涌入。相比往年,年轻队员新增明显,对龙游传统舞蹈的传承和发展具有重要意义。

"线下线上"双联动,开启"演出＋直播"新模式。在新媒体时代,网络直播已成为当下最主流的传播模式,通过直播,观众可以随时随地观看比赛演出。舞蹈大赛采取"线下线上"双联动模式开展,比赛影响力进一步扩大。一是开展线下巡演活动。一早来自全县各乡镇(街道)的 20 支民间舞蹈队已在龙游湖镇镇志成东方广场依次开启踩街巡游表演。二是开展线下比赛展演活动。当天晚上在龙游湖镇中学举办全县民间舞蹈大赛,整场比赛共吸引了 5000 余人到现场观看。三是开展新媒体线上直播。大赛通过浙江新闻客户端、浙江在线、龙游通 APP、FM954 龙游电台抖音、直播龙游等平台在线直播,当晚观看直播人数达 24 万人次,通过"线上线下"双联动模式一同见证这场意义非凡的比赛。

推陈出新,彰显传统舞蹈魅力。舞蹈大赛表演形式丰富,各参赛队伍充分利用本土优势资源对传统舞蹈进行复排、改编、新创使表演效果达到最佳。一

是通过复排,恢复了一批传统舞蹈节目。如湖镇镇张家埠村选送的踩高跷《八仙送福》,因多种因素停演过很长一段时间,这次通过全村村民共同努力,又重新复排了传统舞蹈踩高跷节目,在建党100周年之际,又重新"站"了起来并获得本次大赛金奖。二是通过改编,不断改良传统表演形式。如湖镇镇大路村选送的滚花龙节目《龙腾盛世》,通过节目改编,由原来的1条龙表演变现在2条龙同时表演,使整个舞台表演效果更加饱满、活力四射、瞬息万变,给人以一种吉庆祥和之感。三是通过新创,创排了一批新的传统舞蹈节目。如湖镇镇溪底杜村选送的节目《麒麟舞起来》,这个节目是在传统民间舞蹈的基础上进行新创后的群体舞蹈,麒麟由一头变为两头,以原有的走阵和踏字为主,融入舞蹈动作,并加入数十头缩小版麒麟表演道具进行伴舞,整个节目节奏更加明快,气氛更加强烈。

二、完善服务体系,放大文旅融合叠加优势

2003年,浙江启动"千村示范、万村整治"行动,拉开了农村人居环境建设的序幕。"千万工程"造就万千"美丽乡村",也加强了农村公共文化建设,通过乡村文化礼堂建设等一系列措施提升乡村精神文化水平,全面提升乡村百姓在精神层面的获得感、幸福感。一直以来,龙游县高度重视公共文化服务建设,推进现代公共文化服务与旅游融合发展,以创建省级公共文化服务体系示范区为契机,以"文化龙游"建设为引领,着力优化顶层设计,探索出一条"花钱少、方法巧、效能高、服务广"的工作路径,不但摘掉了公共文化建设重点县帽子,更于2021年成功创建第四批省级公共文化服务体系示范区,成为全省山区26县(市、区)唯一、衢州市唯一的示范区。不仅为加快建设"活力绽放、精彩纷呈"的浙西新明珠凝聚了强大精神力量,更为加快高质量建设公共文化服务现代化提供了经验样本。

(一)推动文化场馆服务空间提质升级

2021年,龙游县以"文化龙游"建设为引领,高质量推进现代公共文化服务体系建设,积极探索公共文化场馆服务功能拓展工作,通过项目引领、方式转变、改革赋能等,不断推动公共文化场馆硬件、软件及效能提升。

1.盘活现有公共场所资源

一是整合资源,加强文化场馆一体化建设。进一步发挥公共服务集群效应,通过顶层设计,一盘棋谋划、一体化建设,全力打造龙游县公共文化服务中

心项目,整合文化艺术中心、图文和广电信息中心、青少年老年活动中心等新馆项目,既节省了建设成本,又实现馆所效能叠加,助力群众实现精神生活共同富裕,为龙游公共文化便民服务开启了更全面、更便捷的未来。目前,全县建成城市书房"南孔书屋"8个、图书分馆15个、文化分馆15个、社区市民文化驿站10个、农村文化礼堂240个。

二是通过改造利用,增加文化空间效率。龙游县通过改建、置换、扩建、租赁等方式,盘活诸如学校、粮站等闲置场所资源投入文化站改建。通过盘活乡镇(街道)现有公共场所资源,破解文化站建设场所难题,同时也传承了"烟火味""乡土味"的本土文化,留住了乡愁记忆。模环乡把闲置的老粮仓进行改造,建起独具风格的"文化粮仓",溪口镇、小南海镇、横山镇、沐尘畲族乡则分别将闲置的幼儿园、水管站、自来水收费大楼、小学校舍等场所,改造扩建为综合文化站,留住乡愁根脉,成为独具特色的文化地标。仅两年时间,全县15个乡镇(街道)全面建成"有机构、有站所、有编制、有职级、有经费、有队伍、有活动"的"七有"综合文化站,且各具特色、亮点纷呈。让闲置房屋、场地"活"过来发挥作用,这个花小钱办大事的思路和方法也带活了农村文化礼堂建设。如今,全县已建成200余个村文化礼堂,其中超半数是利用闲置乃至废弃的房屋、场地建起来的。

2.高标准推进文化设施提升

从2018年起,龙游县启动乡镇(街道)综合文化站3年提升计划,制订县乡共建、财政补助"竞争抢"方案,明确规定各综合文化站每提升一个站级即给予相应的资金补助。社阳乡、石佛乡、罗家乡、小南海镇等乡镇迅即行动,纷纷扩建、新建文化站,各站面积均在1000平方米以上;位于城区的龙洲街道、东华街道以及地处山区的大街乡等乡镇根据区域广、群众居住分散的实际,采取建设文化分站的方式,让文化阵地更贴近居民群众。

截至目前,龙游县已投入3.76亿元公共文化事业建设经费,2019年公共文化支出同比增长72.81%,占全县财政支出3.49%。开展基层文化设施建设提升,2022年以来已投入建设经费1780余万元。全县创成省级文化强镇3个、省级民间文化艺术之乡2个;全县图书分馆、文化分馆覆盖率实现100%。建成农村文化礼堂240家,实现500人以上行政村全覆盖,建成10家文化家园·市民驿站,新建2家社区文体活动中心,着力推动社区文体活动中心全覆盖。全县乡镇(街道)综合文化站有80%达到省标一级站以上标准。推进全县15个乡镇(街道)综合文化站全覆盖,已建成省定一级站8个,二级站6个,三级站 1 个；目前有 4 个乡镇（街道）综合文化站正按一级站标准提升，力争全省第八次综合文化站评估定级实现一级站全覆盖。

3. 高品质打造龙游文化地标

近年来，龙游县加大公共文化资金投入，高标准打造城市文化地标，全面提升公共文化服务效能。2020 年计划总投资近 14 亿元、占地 10 万平方米的龙游县公共文化综合体项目在城东新区中央廊道奠基开建，含县图书馆、文化馆、美术馆、徽戏馆、青少年老年活动中心等新馆项目，目前主体即将竣工，计划 2025 年建成开放；2020 年 5 月，占地 1.75 万平方米、投资 1.7 亿的县博物馆新馆正式开放。博物馆新馆充分发挥其场馆作用，打造成为文化地标、研学基地、党建堡垒等，迅速成为龙游旅游热门目的地，成为龙游人最佳"城市会客厅"、网红打卡点，既为人民群众提供更高质量的公共文化服务，更成为了文化与旅游深度融合的典范。此外，龙游多样化推动新型公共文化空间建设，探索依托商业综合体、综合交通枢纽、A 级旅游景区、酒店民宿等打造"嵌入式"新型文化空间。全县已建成"15 分钟品质文化生活圈"134 个，为群众提供更为便捷优质的公共文化服务。

（二）提供高品质公共文化服务

1. 延长服务时间，增加服务体验

龙游县公共文化场所服务大提升行动扎实有效，服务更有广度、深度和温度。推动服务便利化、智慧化、人性化、特色化、规范化。在服务内容和形式上，从"有什么就提供什么"向"群众需要什么就提供什么"转变，发展形成"曲艺戏舞影书画"等多元化全方位的个性化服务，通过开展"百师千场"培训、"百团千场"活动走进千家万户。近两年来，龙游建成城市书房"南孔书屋"8 个、图书分馆 15 个、文化分馆 15 个、社区市民文化驿站 10 个、"8090 新时代理论宣讲"示范点 20 个、乡村文艺"三团三社"基层服务站 15 个等，各类新型文化空间秉持"精致共享"原则，为群众提供了更为丰富和便捷的文化体验。文化阵地服务时间不断延长，"三馆"节假日均不休，文化馆、南孔书屋夜间灯火通明，文化站每周免费开放 60 个小时以上，经常延时到深夜，村级文化礼堂错时开放集聚人气，大大满足群众文化需求。

2. 保障文化供给，丰富内容和形式

龙游县持续开展送书、送戏、送文化、送培训、送展览、送电影等"六送"下乡活动，丰富基层群众文化生活，让文化活动更惠民。深入实施"三送一走"文化惠民工程,年均开展送戏下乡 310 场,送展览讲座下乡 100 场、送书下乡30000 册,丰富基层群众文化生活。大力推进全民艺术普及,通过"百师千场"采购公益培训 1000 课时并实行"点单式"配送,开展"艺路同行"社会联盟公益培训,采购 10 家校外培训机构公益培训课程,进一步拓展全民艺术普及工作覆盖面。积极推进全民阅读工作,打造"书香龙游"全民阅读品牌。文化品牌活动惠民显著,打造了"百村(社)赛事"、"魅力青年"才艺大赛、"民间舞龙舞狮大赛"等一批活动品牌,其中大街乡贺田"村晚"荣登大年初一央视《新闻联播》。2022 年全县已举办各类活动 4000 余场,惠及群众 78 万余人次。全县培育"三团三社"648 支,文艺骨干、文化志愿者 1.8 万人,健强文化志愿服务生力军,增强文化服务能力。全县各类文艺队伍达到 600 余支,文艺爱好者超过 8万人。在农村文化礼堂精品节目展演等群众性文化活动舞台上,涌现出一批"草根明星"。各文艺社团每天活跃在基层文化阵地上,让文化站、文化礼堂不再空置,让乡村的夜晚变得更为丰富多彩,全县年均开展各类群众性文化活动3000 余场次,年均惠及群众 50 多万人次,群众文化自觉、文化自信不断提升。

3. 数字化改革提升文化服务效率

龙游不断推进公共文化数字化改革工作,实施公共文化场馆智慧化提升工程。龙游县乡镇(街道)以上文化场馆实现 wifi 全覆盖;县博物馆配置智能交互设备,全面建设智慧化场馆,提升群众参观体验;图书馆、南孔书屋视听阅读设施覆盖率 100%;县图书馆、南孔书屋、乡镇图书分馆等全部实现智能化通接通还,配置有声图书和电子书站点 11 个,建成地方特色资源数据库 2 个,年新增图书 5 万册,读者办证量、进馆人次增长 2.5 倍,推出了"点读平台"服务,读者直接从新华书店免费借书,真正打通图书馆借阅的最后一公里;在省级创新奖、基层治理智慧平台——"龙游通"上开设"公共文化服务"模块,图书借阅、场馆开放、活动点单,数据均能实时共享;开通"文旅龙游""龙游图书馆"等微信公众号,并充分依托智慧文化云平台、微信公众号等开展"码上阅读""听书打卡"等线上文化服务。

龙游坚持以文化人推进社区治理,在数字化改革背景下,依托"龙游通"APP,谋划建设了多元性、包容性、成长性强的"未来社区·文化家园"应用。该应用已纳入全省"数字文化"应用试点,并以翠光未来社区为试点投入使用。"未来社区·文化家园"应用按照 V 字模型的开发理念,分为"我爱我家""才子家人""柴米油盐""琴棋书画"4 大场景,拆解出 15 个三级任务,50 项最小颗粒度,打通跨部门、跨层级系统 10 套,对接数据接口 54 个。该应用的推出将进一步促进跨层级数据"共享"、跨空间阵地"共建"、跨地域人才"共用";让广大市民实现"云上课堂"一键即学、"文娱活动"一键即约、"文创产品"一键即达;同时,"邻里圈""随手拍""有礼分"等几大模块将激发社区居民主动参与到社区的治理和各类活动中,强化居民与社区之间的精神纽带,构建和谐、温暖的熟人社区①。

(三)探索高效能公共文化治理模式

龙游县着力聚焦公共文化服务,以省级公共文化服务示范区、公共文化服务现代化先行县创建为抓手,坚持"创新性、导向性、带动性、科学性"原则,迭代升级"一站一公司五员"建管用新模式,创新推出以百家站堂共建、百村赛事活动、百师培训服务为主要载体的"三百联盟"运作新体系,着力推动"15分钟品质文化生活圈"建设,在共同富裕建设中推动精神富裕,在现代化先行中实现文化先行。

1. 开创文化站社会化运作模式

龙游开创文化站"一站一公司""一站五员"社会化运作方式模式,补齐社会化服务短板。依托"一站一公司",引导综合文化站与优秀文化公司结对,实现政企文化联姻,通过政府购买服务,发挥文化公司专业优势,有效解决了综合文化站活动单一、活力不足等短板问题。每个乡镇通过购买服务方式,签约1家有资质、有实力的文化公司,按需购买综合文化站的日常管理、免费开放、专业培训、节目编创、活动策划等服务项目,破解乡镇(街道)人力不足、活动单一难题,目前已成功运作5年,形成并出台了《龙游县乡镇(街道)综合文化站社会化运作管理规范》地方标准。文化公司通过承办群众活动获得收益,因此各公司在培育文艺团队、编创节目、策划组织活动等方面积极性非常高,搅活了群众办活动的"一池春水",形成了"一乡一节、一村一品"的群众文化活动品牌。构建"一站五员"专业文化队伍,除编制内的文化员和指导员外,引入文化公司派驻的辅导员、管理员、村文管员,辅导员负责组织策划、节目编排、指导培训,管理员和村文管员负责文化站的日常运行管理,补强了基层文化队伍力量,实现了文化站服务项目的丰富多样。

---

① 龙游县人力资源和社会保障局.龙游"未来社区·文化家园"打通公共文化服务"最后一公里"[EB/OL].(2022-08-18)[2023-06-20].http://www.longyou.gov.cn/art/2022/8/18/art_1339782_59169468.html.

2.打造"三百联盟"运作新体系

龙游开展制度设计研究,着力破解农村文化礼堂服务效能不高、文化赋能活动抓手不足、基层文化人才队伍薄弱的难题。通过推进"三百联盟"运作机制,实施"百家站堂共建联盟",整合乡镇(街道)文化礼堂和文化站免费开放经费,派驻"文化村长"日常管理,开展基层文化阵地社会化运行,让基层文化阵地活起来;实施"百村赛事活动联盟",打造品牌赛事,让基层文化活动亮起来;实施"百师培训服务联盟"采购文化培训课时开展全民艺术普及,让文化队伍闹起来,并通过数字化平台实施点单服务和绩效评价,实现基层公共文化服务大提升、品质大提升、供给大提升。该案例入选浙江省文化和旅游厅公共文化服务高质量发展典型案例名单,同时成功入围省委宣传部浙江省农村文化礼堂赋能共同富裕引领计划(体制机制改革)首批项目,入选由中央宣传部、文化和旅游部、国家发展改革委组织遴选的基层公共文化服务高质量发展典型案例。

3.搭建高效能文化建设组织保障体系

龙游着力搭建高效能组织保障体系,为文化建设保驾护航。被列为浙江省公共文化服务现代化先行县创建培育单位以来,龙游县委县政府高度重视,迅速部署、规划落实,力争到2024年,基本建成具有龙游特色、在全省山区26县具有示范价值的公共文化服务现代化体系。自启动创建以来,龙游县公共文化服务综合评价从40多位晋升至全省27位,创下历史最优纪录。

一是加强组织保障。制定《龙游县公共文化服务现代化先行县创建规划》,成立由县长挂帅的创建领导小组,细化责任分工,明确了部门分工和重大事项会商制度,每年召开先行县创建工作领导小组会议,研究部署工作,解决实际问题。二是加强资金保障。县级层面加大对公共文化服务资金保障力度,在原有基础上增加2022年保障落实公共文化民生实事项目建设运营经费600余万元,其他涉文经费1000多万元,有力推进了公共文化服务效能提升。三是加强督查考核。文化工作连续多年列入县级民生实事项目,民生实事项目建设运营持续抓实抓细,文化工作督查考核力度不断加大。同时,建立完善先行县创建督查工作机制,由县督查考评办牵头考核,人大、政协负责监督机制,真正形成全县创建的合力。四是加强人才保障。完善人才培育机制,发挥"两专"人才对文化工作的引领作用。吸引各类优秀人才进入公共文化服务领域,加大对文艺创作人才创作成果进行物质及精神奖励,鼓励创作更多优秀文艺作品。龙游籍知名书画家包辰初先生出资设立"包辰初美术奖",对龙游县书画艺术发展带来正向激励。五是加强宣传保障。进一步建立完善宣传工作机制,"多元化"宣传凝合力。龙游创建成果和创建经验被《中国文化报》《浙江日报》《竞跑者》等省级以上主流媒体报道20多次。2020年10月30日,《浙江日报》以"龙游:文化惠民 幸福花开"为题,全面报道了龙游县公共文化示范区的创建成果。

三、深挖地方特色,推动文旅产业融合发展

龙游县一直高度重视文化产业和旅游产业融合发展,2013年1月,龙游县被浙江省人民政府列为省级文化旅游融合发展专项改革试点县,先行开展文旅融合发展体制机制、标准体系、营销模式、扶持政策、服务体系等创新探索。2020年12月23日,省文旅厅印发《浙江省文化和旅游厅关于公布浙江省文旅产业融合试验区名单的通知》,龙游县被正式命名为"浙江省文旅产业融合试验区"。2021年,龙游县将打造文旅融合试验区作为县委重大战略写入党代会报告,为创建国家文化产业和旅游产业融合发展示范区奠定了坚实基础。2022年,龙游县在省级文旅产业融合发展总体验收中获得优秀等次(全市唯一)。同时,2022年龙游县入选全省"促进人民群众精神富有试点县"(全市唯一),山区26县旅游业高质量发展考核龙游位列第8,创下龙游文旅领域历史新高度。龙游以优秀文化基因传承发展和创造性转化为主攻方向,推动龙游优秀传统文化与文化体验、游憩度假、运动康体等深度融合,探索以优秀文化基因赋能文旅融合、以文旅融合推动文化基因传承发展的新路径①。

(一)实施重大项目,筑牢文旅产业发展之基

龙游牢牢牵紧重大项目"牛鼻子",积极打造以红木小镇为"龙头"、"两江"沿线优质资源和重大项目为"龙身"、六春湖旅游度假区为"龙尾"的"龙"形美丽经济带、幸福产业带,并取得了较好成效。

1. 点睛龙头,推动龙游红木小镇"浙江省特色小镇"创建

龙游红木小镇是按照"制造基地＋文化旅游＋OTO＋现代循环社区"模式打造的集家居制造、文化创意、旅游休闲、商务服务、生态居住五位一体的特色小镇,是国家AAAA级景区,浙江省首批特色小镇创建单位,连续五年考

---

①　龙游县人民政府. 龙游县被正式命名为"浙江省文旅产业融合试验区"[EB/OL]. (2020-12-30)[2023-07-16]. http://www.longyou.gov.cn/art/2020/12/30/art_1243670_59053792.html.

核获省市优秀。小镇以红木为基、文化为魂,充分发挥独特的红木文化优势,打造了彩虹桥、万姓宗祠、紫檀宫等多个特色文旅融合景点,建成吉恒商业街区、木都商业街区、吉恒家居步行街等6个特色商业街区,陆续开发疗养游、研学游、养生游等17个旅游产品。积极打造"三区三基地",逐步形成夜龙游产品核心区、国学文化游览区、匠心传承体验区、中小学研学实践基地、康体养生基地和党群活动疗休养基地,丰富小镇业态。龙游红木小镇正式开园后,连续高规格举办系列音乐节、啤酒节、购物节等活动,集聚大量人气,国庆小长假期间接待游客超过14.3万人次。

以龙游红木文化的传承和发展为目标,龙游出台《关于进一步加快推进红木小镇建设的若干意见》《龙游县开展红木小镇公共基础设施移交工作实施方案》《龙游县产业基金红木小镇项目股权投资实施方案》等政策扶持意见,整合县文旅公司和年年红集团两大投资主体,计划收购资产2亿元左右,同时组建2.5亿元产业基金,用于游客中心、木都宾馆建设及相关业态开发植入,并引导和带动社会资本投入小镇旅游文创、国学体验、夜游项目、家居定制等项目开发。通过统一规划、组建工作专班、交通基础设施互联互通、产业基金扶持等手段,积极打造高等级旅游景区和文化休闲体验区。

2. 提振龙尾,跨县(区)合作开发六春湖大景区

六春湖—桃源尖区域地处衢州市龙游县、衢江区和丽水市遂昌县交界处,拥有十万亩杜鹃花海和六春湖湿地公园,是浙江省罕见的高山草甸型天然湿地,也是华东最为壮观的杜鹃观赏地之一。

深入践行"绿水青山就是金山银山"理念,衢龙两地政府按照"一体两翼、衢龙合作"的政府合作开发模式,结合"旅游"和"运动",兼顾"开发"和"保护",通过资源整合、要素整合、项目整合、职能整合,探索创新山地度假旅游可持续发展机制。依托六春湖稀有的生态资源、独特的高海拔用地条件等自然禀赋,结合国家健身登山步道等配套设施,龙游充分挖掘其运动元素,着力将六春湖打造成"国际山地运动休闲旅游度假区"衢州一号旅游目的地。其中,总投资2亿元的"浙江第一索"已于2020年5月投入运营。索道下站位于龙游毛连里村东北侧,地形高程约428米;索道上站位于毛连里村西南部山脊颜峰尖处,地形高程约1302米。整个索道线路水平距离2879.66米,线路高差874米,线路斜长距离3009.37米,索道单程耗时约为8.5分钟,沿途可观四海(竹海、云海、花海、雪海)。六春湖景区总体规划通过审查,滑雪场完成初步设计,冰雪嘉年华、露营基地和高山度假区项目启动建设。六春湖2020年6月入围

省级首批山地休闲度假发展试点。2022年,成功引入衢州龙之梦旅游度假区项目,总投资约95亿元,总建筑面积约95万平方米,分山上滑雪场、山下主题娱乐、龙之谷(衢江区)三个片区,建设主题酒店、会议中心及室内冰雪乐园、欧式风格庄园、实景演艺平台等内容。

3.激活龙身,推进两江沿线重大项目建设

龙游全力推进白鸽湖商埠文化园、双江口主题酒店公园等一批省市重点文旅项目建设,全面推进95联盟大道建设,完成彩色标线49.6公里、标识牌安装262套、旅游驿站9个,沿线业态布局和风貌环境不断提升。其中,95联盟大道是贯穿联通浙闽赣皖四省的旅游交通项目,龙游自始至终火力全开,陆续开启旅游驿站建设、沿线环境整治和风貌提升、道路"白改黑"等工作,下足绣花功夫持续做好沿线景观质量和公共配套提升,受到游客的广泛好评,现在不少驿站已然成为小有名气的网红打卡点,比如风景如画的团石湾摩道驿站、移步即景的泽潭揽胜驿站等等,95联盟大道自驾游线路被浙江省文旅厅评为全省诗路精品旅游线路。此外,龙游积极实施旅游业"微改造、精提升",以项目建设为抓手,投资11.25亿元推进395个项目建设。团石村充分挖掘文旅发展潜力,开发泽潭揽胜、摩道驿站等网红打卡点,持续开展迷辣音乐节、龙游湖日月滩露营节等品牌活动,实现美丽风光向美丽经济转化。龙和码头渔业园以农、文、旅、体相融合,推出"三产融合全鱼产业链＋联农共富"模式,被列入省"两山"转化改革试点项目。广和雷迪森怿曼龙山运动酒店以"运动,让生活更美好"为主题,2021年获评银鼎级特色文化主题饭店,同年其户外拓展项目荣获浙江省运动休闲旅游优秀项目。

(二)挖掘文化内核,打造文旅融合品牌IP

龙游县注重挖掘传承文化基因,弘扬商帮文化、姑蔑文化、龙文化等地方特色文化,与推动区域经济发展相结合,不断营造新亮点,提升文化软实力,增强了区域吸引力,打响文旅融合品牌。

1.实施文化基因解码工程

龙游为破解文化密码,挖掘文化基因积极实施文化基因解码工程。根据《龙游县文化基因解码工程工作方案(2020—2022年)》,成立工作专班,并邀请龙游当地文史研究老专家,各机关、乡镇及行业领域的才俊、乡贤、文创人才、民间文艺家等组建龙游文化基因解码专家组,落实经费180万元,从龙游方言、美术、音乐、戏曲、小说、故事、文物、非遗、俗语等文化形态入手,深入挖掘有价值的文化基因。截至目前,共梳理文化基因 611 个,其中包括龙游商帮、龙游石窟、姜席堰、上山文化荷花山遗址、龙游发糕、徽戏等重点文化元素23 个。同时,通过提炼龙游核心文化基因,积极打造入城口景观节点,凸显城市品牌形象;打造商帮文化特色小吃品牌、龙游石窟音乐盛典文旅品牌;推进荷花山遗址公园项目建设,出版龙游文化基因系列丛书、开发一系列体现重点文化元素的文创产品等,推动文化创造性转化和创新性发展。

2.提升文旅产业融合文化内涵

一是凝炼核心特色文化亮点突出。成立龙游商帮文化品牌打造和推广工作领导小组,制定三年实施意见,与浙江工商大学浙商研究院签订共建"浙江龙游商帮研究中心"合作框架协议,建设龙商会馆等项目,推广商帮文化特色。二是优秀文化基因传承发展和创造性转化亮点突出。深入开展文化基因解码,成功入围浙江省文化基因解码成果"优秀"等次名单(全市六个县市区唯一)。龙游商帮文化入选全省首批 100 项"浙江文化标识"培育项目名单。投资 15 亿元建设的大南门历史文化街区,秉承文态、业态、形态三态融合理念,在文化脉络上以姑蔑文化(商帮文化)为主干,串联龙游地方文化特色,打造龙游文旅融合新地标。三是文化融入重大文旅项目建设亮点突出。将龙文化贯穿项目布局,实施大南门历史文化街区、凤翔洲水文化公园等"龙头""龙尾""龙身"十大重点文旅项目建设;红木小镇以红木文化为主题,实现了从一根红木到一个特色小镇的蝶变;善蒸坊糕饼文化园从一块发糕到一个糕饼文化园、龙和渔业园从一条鱼到一个渔业文化园,文化融入重大文旅项目特色鲜明。

3.大力支持特色文旅品牌培育

龙游致力打造文旅融合精品 IP,成功举办红木小镇开园、2020 龙游石窟国际音乐盛典、绿色中国行—走进美丽龙游等系列文旅活动,进一步打响了"衢州有礼·天下龙游"的城市品牌,集聚了旅游人气。同时推进龙游发糕、富硒白莲、竹工艺品等老字号文创产品建设。"龙游发糕"品牌建设及营销推广是一项系统性、长期性的工作,对发糕产业发展壮大具有战略意义。为做大做强龙游地方特色品牌,使"龙游发糕"成为知名地方品牌,促进经济发展,2017年,龙游县出台《关于促进"龙游发糕"产业健康发展的实施意见》,县财政设立"龙游发糕"品牌建设及营销推广专项资金 300 万元。由龙游县"龙游美食"推广领导小组办公室对该专项资金使用进行系统规划,每年安排 50 万元左右,专门用于由政府部门直接组织的其他各种宣传推介活动和品牌推广建设的各项费用,扶持"龙游发糕"产业成为龙游县经济发展的新增长点、大众创业就业的新平台、老百姓增收致富的新引擎。

此外,童年的小木马荣获中国特色旅游商品大赛铜奖;龙游石窟项目入库浙江省首批文旅IP库。开展"百县千碗"美食活动,龙游冯家饭店、王阿盖手工小吃店、龙游县杨爱珍大排档、龙游金秋园时尚餐厅等入选省级"百县千碗"美食体验店名单,"龙游风味"品牌持续打响。

4.打响"新乡贤+文旅"特色品牌

龙游县积极实施"两进两回"工程,结合高质量发展建设共同富裕示范区工作要求,以龙游县溪口镇为试点,回引优质新乡贤助力文旅产业发展,引进一批专业文艺新乡贤,在做活传统文化产业、打造现代文旅IP等方面取得一系列特色成果,持续丰满乡村文旅产业新业态,实现了"传统生态村"向"美丽经济村"的蝶变。

溪口镇的文艺新乡贤们在深挖本地深厚底蕴的同时,也将其与现在的文艺市场相结合,打造出一批专属溪口的文化IP。例如扎根溪口的新乡贤产业瓷米文创,将溪口的竹文化与新潮元素进行融合创新,创作出了竹宝、笋宝形象,不仅成为老街口的吉祥物,更成为众多游客打卡溪口老街的不二选择。新乡贤吴琴芬将本地"竹"元素融入耳环、手链等产品设计中,龙游石窟的壁画在她的茶杯和丝巾上栩栩如生。依托老街深厚文化底蕴,专业文艺新乡贤聚力打造涵盖舞蹈、舞龙、舞狮、竹马、沉浸式演出等类别的15支民间文艺团队,在春节期间乘势推出"古韵新春 老街有戏"系列活动,共吸引游客5万余人,带动溪口镇文旅消费800余万元。类似的还有位于溪口老街的溪口创艺工坊,新乡贤许良平招聘了部分在纺织、印染和刺绣上技艺精湛的少数民族村民,通过创艺工坊将非遗手工作品进行展示并售卖。带着现代印记的非遗文化产品不仅吸引了不少前来体验的游客,更是有效提高了当地村民的收入,为乡村文旅发展注入全新动能。

由专业的文艺新乡贤开展指导,推动各村文化在老街进行沉浸式演绎,不仅赋予了传统文化新的生机与活力,还丰富了游客的文化体验,也使得溪口的文旅产业更富有品牌性。村民即是"演员"的做法,让村民既富了口袋,也富了脑袋。下一步,龙游县将加大文艺新乡贤回引力度,在沐尘乡、詹家镇等重点乡镇推动文旅融合新业态落地生根,持续打响"新乡贤+文旅"特色品牌,唱响共富新声。

(三)创新节会活动,促进文旅产业提质升级

1.打造龙游石窟音乐盛典精品 IP

龙游石窟国际音乐盛典是省文化和旅游厅、衢州市人民政府、龙游县人民政府从 2019 年起打造的文旅融合 IP 的重要项目,同时也是龙游县人民政府推进龙游文旅在长三角经济一体化大背景下融合发展和创建全域旅游示范县的重要举措。2020 年的盛典以"音乐无界,'洞'听龙游"为主题,导入国际顶尖音乐人团队,积极破题石窟文化基因解码,打造"一带一路"原声音乐品牌IP。音乐盛典由三场洞窟音乐秀、一场户外音乐节和一场学术研讨会组成。其中,洞窟音乐秀以 2 号洞窟为主要场地,依托洞窟特点,设立新媒体沉浸式剧场,推出"知音自得""琴韵朗音""光风霁月"三场汇集世界音乐特质的视听盛宴。石窟音乐秀特邀国际钢琴大师郎朗、全网播放量破亿的自得琴社团队、笛子演奏家杜如松、舞蹈家刘福洋等艺术家演出;龙游红木小镇音乐节邀请流行乐坛常青树齐秦等亮声欢唱。在《"洞"听龙游——石窟的声学体验与探究》音乐研讨会上,中外作曲家、艺术家及教育家,通过云论坛的方式共同进行学术探讨。户外音乐节在龙游红木小镇音乐节热力开唱,著名歌手齐秦、音乐创作才子王啸坤、著名女高音歌唱家、浙江籍国家一级演员周旋等用歌声点燃整个夜晚①。2020 年国庆中秋假期,龙游县共接待游客 124.72 万人次,同比增长2.7%;实现旅游总收入 7.46 亿元,同比增长 2.86%,实现疫情影响下的逆势发展。

龙游县充分挖掘龙游石窟的自然文化禀赋,依托龙游石窟天然音乐厅的独特优势,推进龙游石窟音乐盛典文旅融合精品 IP 打造。2019 年以来,省文化和旅游厅联合龙游县人民政府已经成功举办龙游石窟国际音乐盛典两届,更好地帮助龙游融入"一带一路"文化交流合作行动,既促进了旅游的提质升级,为旅游体验增添故事与温度,也更好地推进文化的传承发展,讲好龙游故事。

2.打响团石湾"夜经济"品牌

龙游以深化"千万工程"、推进高质发展建设共同富裕示范区为牵引,以"两江走廊"乡村振兴示范带为主抓手、主阵地,全力打造"诗画浙江"大花园核心景区的精品景区,绘就了景美、业兴、民富的共同富裕新图景。

围绕"两江走廊"诗画风光带,依托衢江、灵山江沿岸景观资源,点亮"夜间

---

① 浙江省文化和旅游厅. 龙游石窟国际音乐盛典打造文旅融合 IP[EB/OL]. (2020-10-26)[2023-06-28]. http://ct.zj.gov.cn/art/2020/10/26/art_1652990_58998370.html.

经济"激活消费"新引擎"。聚宝古街开街、龙游红木小镇亮化、龙游美食城新建、文创集市兴起,夜间经济日趋繁华。衢江沿岸小南海镇团石村存在"脏、乱、差"现象,村民生活极不便利。从 2019 年开始,团石村紧抓党建治理大花园,以"两江走廊"乡村振兴核心区小南海片区建设为契机,全力配合沿江公路、沿江绿道建设,经过两个月的集中攻坚,将违建全部"清零"。借着诗画风光带小南海核心片区建设的"东风",依托团石湾商帮兴盛地,2020 年,小南海镇就开始试水乡村"夜经济",成功举办啤酒音乐节,实现以平台促发展、以节会惠民生,展销本地特色农产品和传统工艺,拓宽农特产品销售渠道。活动期间,团石村引流超 15 万人次,拉动内需消费近 80 万元,打响团石湾"夜经济"品牌。"龙游瀔·2022 迷辣音乐节"在龙游县小南海镇团石湾开幕。活动期间,推出了团石湾主题舞台、迷辣美食市集等六类活动,进一步点亮龙游"夜经济",打造龙游消费新名片。作为"龙游瀔"建设主阵地之一和"两江走廊"核心区,团石村的每一寸土地都散发着蓬勃生机。摩巡驿站、花菇共富产业园、山海协作产业园、兰花国际博览园等项目纷纷落地;灯光秀、两江会客厅、大地艺术等成为新晋网红打卡点;"醉美两江·夜秀团石湾"更是成为"夜经济"的"金字招牌"。同时通过打造泽随文创集市、溪口星星集市等地标集市,带动人气兴旺,成为文化产业新的增长点。纷至沓来的游客,不仅给团石村增加了人气,更为村里带来了无限商机。

3. 打造群众性文化体育赛事活动

龙游县积极搭建活动平台、赛事机制,推进文旅活动赋能,各地群众文化活动越办越红火。一方面,充分调动文化公司等市场主体参与培育文艺团队、编创节目、策划组织活动等方面积极性,积极打造"一乡一节会,一村一品牌"的文化活动,为乡旅产业注入活力。如"沐尘畲乡三月三""天池荷花文旅节""大公清明祭祖""溪口状元文化节""青塘坞板凳龙灯会""大街乡村晚""溪底杜村民俗文化节""团石湾啤酒音乐节""大街芍药花节"等特色活动,成为文旅融合新亮点。另一方面,连续多年举办"魅力青年"大赛、"村歌村舞大赛""精品节目创作大赛"等全县性赛事活动,"草根"舞台激发群众文化参与热情,成为群众活动品牌以及城市美誉度品牌。通过全民化活动,文艺队伍被唤醒、力量在壮大。全县各类文艺队伍达到 600 余支,文艺爱好者超过 8 万人。2021年 9 月 23 日晚,"幸福像花儿一样——首届浙江乡村文化艺术节暨乡村舞蹈大赛"在龙游红木小镇开幕,不仅是一个展示龙游经济社会发展、文艺成果成效的重要平台,还是深挖乡村文化资源,深耕文艺品牌,努力培育一批展现乡村特色的"金字招牌"的重要契机,为全省"重要窗口"建设添砖加瓦、贡献力量。

此外,龙游县还高度重视体育事业发展,围绕省级体育现代化县创建目标扎实推进落实各项工作。利用山水生态自然环境资源,龙游精心培育了亚太汽车拉力赛、龙舟赛、山地越野赛、全国钓鱼锦标赛等一系列精品赛事,承接了全国四智会、省四体会等重量级赛事活动,掀起了全民健身运动的新高潮,刺激了赛事经济蓬勃发展,有力提升了"龙之游·人之居"城市品位。以龙舟赛为例,自 2004 年起,龙游先后成功举办中国龙游国际龙舟邀请赛、浙江省龙舟锦标赛、长三角城市龙舟邀请赛等赛事,拥有着丰富的龙舟赛事经验,也是世界龙舟赛事项目一块不可或缺的拼图。2022 年 7 月 30 日,浙江省第四届龙舟锦标赛暨浙江龙游首届华人华侨龙舟邀请赛在龙游红木小镇衢江水域举行,共有来自温州、台州、宁波、绍兴、湖州、衢州等地市 24 支代表队 527 名运动员参赛,其中省锦标赛组 13 支代表队,华人华侨组 11 支代表队,参赛人数创龙游赛事新高。

第三节　文旅融合高质量发展的典型案例

【案例 4-1】龙游石窟保护开发

一、基本情况

龙游石窟是世界罕见的地下古建筑群,具有很高的社会学、历史学、考古学、古建筑学、工程地质学和岩石力学等多学科研究价值,它既是龙游古代劳动人民汗水与智慧的结晶,也是浙江省一笔丰厚的历史文化遗存,更是我国古代灿烂科学文化的具体体现,具有巨大的科学教育价值、文物保护价值和旅游开发价值。作为国家级重点文物保护单位,衢州第一个国家级 4A 旅游景区,龙游石窟被誉为世界第九大奇迹,是龙游的"金名片"。多年来,龙游县委县政府始终践行习近平总书记的重要指示精神,秉承"保护第一,合理开发"的方针,做好"四个好"文章,持续放大龙游石窟的影响力,打造文旅融合发展的展示窗口,为龙游区域明珠型城市建设发挥了积极作用。

二、主要做法

(一)保护好龙游石窟

1992 年 6 月,龙游石窟由小南海镇石岩背村四位村民发现,之后县委县政府邀请相关专家对龙游石窟进行研究考证。1998 年 6 月 12 日,龙游石窟群被公布为龙游县文物保护单位,划定保护范围,规定不得任意破坏原貌,禁止任何个人开发。2005 年,小南海石室(龙游石窟)被公布为第五批省级文物保护单位(浙政发〔2005〕18 号)。2013 年,小南海石室(龙游石窟)被国务院公布为第七批全国重点文物保护单位。近年来,龙游持续加大对石窟的保护力度:

一是开展普查勘探。开展周边地质地貌普查、勘测,包括石窟群的位置、空间分布、洞室结构、河流分布、流量大小、水位变化、地下水和地表水通道的分布与走向情况等。

二是组织专家研讨。为更好地保护石窟,先后组织召开龙游石窟 4 号、2 号洞岩柱加固设计方案评审会、龙游石窟 1 号、2 号洞长期保护措施咨询会议、龙游石窟洞室安全问题及处理方案讨论会等 8 次专项会议,着重破解龙游石窟岩体风化、地表地下水侵蚀等问题。

三是实施保护工程。实施加固工程。2001 年 2 月开始,采用喷锚支护技术,加固 3 号、4 号、5 号洞顶棚;采用支撑、注浆等综合措施,加固 1 号、2 号洞的公共墙;对裂缝部位进行注浆封闭加固处理;对 3 号洞采用人工透光式全封闭棚,并对洞口进行支护处理;延缓风化速度。对暂不开放的洞窟尽量维持原貌,保持周围环境,将曾被抽干潭水的 6 号洞和 7 号洞注水回灌。对地下水渗流较大部位,采用注浆法封堵,辅以排水井疏排;加强锚杆支护体系应力变化情况监测;调整洞室内的温湿度,使之保持恒定;控制光照强度,在重要部位采取封闭保护措施,防止风化。加强实时监测。根据洞室内部的变形破坏情况,对 1 号、3 号、4 号、24 号洞建立监测系统,实现多种传感器信号自动采集、储存与显示并自动预警。开展石窟及周边大范围的水文及地质勘探调查,摸清石窟内水系分布及流向情况,为下一步石窟保护提供基础资料依据。

(二)研究好龙游石窟

龙游石窟和传统意义上的石窟有所不同,其合理的结构体系和精美的建筑造型,对研究中华民族的文明史具有较大的科学意义。与世界著名的大型古地下工程洞室群(包括以色列的 Bet Guvrin 古地下采石场、世界文化遗产波兰的 Wieliczka 古地下采矿场和土耳其的 Basilica 等)相比,毫不逊色。为充分挖掘石窟价值,龙游针对性搭建了研究平台,开展了一系列研究活动:

一是搭建学术研究平台。成立龙游县石窟研究所,先后成立了"财团法人国际高等研究所—大阪大学—加利福尼亚大学龙游石窟研究基地""中国科学院页岩气与地质工程重点实验室龙游石窟研究基地""中国岩石力学与工程学会龙游石窟科普教育基地"等 4 个科研基地,搭建学术研究平台。举办中国龙游石窟保护国际学术讨论会、大型古地下工程科学问题及长期保护国际学术研讨会等国际性学术研讨会 2 次,第二届中华石窟经济与文化研讨会、中国龙游地下古建筑群学术讨论会等国内研讨会 5 次。

二是开展高端学术研究。聘请国内外有关著名专家学者共同参与龙游石窟文化遗产的研究与保护工作,针对石窟的建造目的、年代、施工技术,洞室稳定性有关的岩石力学与工程地质问题,洞室围岩的优化加固方案和保护策略等开展专题研究。与中国科学院地球物理研究所、同济大学、武汉岩土力学研究所、日本大阪大学等国内外科研单位、大专院校建立龙游石窟防风化等课题协作关系,其中以龙游石窟为主的地下工程研究项目被中国科学院地质与地球物理研究所课题立项。中国科学院孙钧等 10 余位院士、国内外 100 多名专家为龙游石窟的长期保护问诊把脉、建言献策。

三是集结出版研究成果。据不完全统计,先后出版龙游石窟相关专著 8部,推出《龙游石窟保护国际学术讨论会论文集》《姑蔑历史文化研究论文集》《龙游商帮研究》《余绍宋论方志》等一批学术研究成果,合作获得国家发明专利 3 项,在国内外学术刊物发表相关论文 200 余篇。以龙游石窟为研究主体,申请国家自然科学基金项目 4 个,省级课题项目 3 个,市级课题项目 3 个。其中,"龙游石窟大型古地下工程洞室群科学问题研究"项目获第九届中国岩石力学与工程学会科学技术奖(自然科学奖)二等奖。

(三)利用好龙游石窟

一是做好景区开发。龙游石窟景区于 2002 年 11 月建成,景区主体部分由 5 个石窟组成,并互相连通,洞窟间高低落差很大,游客凭借洞壁的台阶上下。景区建有展示厅 2350 平方米,管理用房 556 平方米,广场草坪等 6000 平方米,出口停车场 1 万平方米,入口停车场 3333 平方米,主干道 1500 米,步游道 3000 米,服务设施齐全。2004 年 1 月,龙游石窟获评为国家 4A 级旅游景区。

二是推动产业发展。作为 4A 级旅游景区,龙游石窟延伸旅游产业链,完善配套设施,丰富业态植入,吸引大量游客。龙游石窟游客接待量总体稳定,年增长 10%～20%,高峰期达到 50 多万人次。龙游石窟的旅游价值得到越来越多的认可,获得"长三角世博主题体验之旅示范点""浙江夏日最美十景"等荣誉。

三是创新体制机制。以龙游石窟为核心,整合资源,推进龙游石窟旅游度假区建设,优化管理机构,成立龙游县石窟旅游度假区管理中心。启动度假区总体规划编制,围绕"四十百千"重大项目推进、文旅"金名片"打造等重点工程,推进项目建设,完善配套设施。挖掘龙游商帮文化、石窟文化、红木建筑文化,推出主题展示、沉浸式体验和旅游节庆活动,开发新产品,丰富业态培育。

（四）传承好龙游石窟

一是文化基因解码。梳理龙游石窟地形地貌、水文、气候等基本情况,研究龙游石窟岩石力学及结构学方面的特征;梳理龙游县及龙游石窟周边地区的社会、政治、经济发展背景,研究龙游石窟建造史、技术史和地方建筑历史文化的关系;与年年红家具制造、中浙高铁等现代企业发展相结合,挖掘提炼大国工匠精神。"龙游石窟"文化基因解码获省文化基因解码"优秀解码项目"。

二是打造文旅IP。依托龙游石窟洞内天然音乐厅的独特优势,龙游县连续两年与浙江省文化和旅游厅共同举办龙游石窟音乐盛典、音乐学术研讨会等系列活动,引入国际顶尖音乐人团队,激发龙游石窟的新活力和文旅融合发展的新动能,打造"一带一路"原声音乐品牌IP,并积极谋划建设龙游石窟音乐小镇项目,打造"诗画浙江·衢州有礼"文旅金名片。

三是宣传成效显著。龙游石窟开发初期,中央电视台、海外电视台纷纷聚焦龙游石窟,《破解石洞之谜》《世界考古的未解之谜——神秘的石窟（德国）》《世界神秘之旅（日本）》等专题片在海内外引起强烈反响。中央电视台、地方电视台的"探索发现""历程""天地人""发现之旅""走进科学""北纬30度""讲述"等栏目将龙游石窟的知名度传播得更广泛。

三、案例简析

高标准、高要求的保护准则,也在一定程度限制了景区的拓展和开发。如何在保护与发展中找到平衡点?龙游石窟做了有效尝试,充分发掘石窟独特的声学环境优势,创新推出石窟音乐盛典。运用洞窟内的回声效果,再加上多层音响的摆放设计以及洞内的漫反射,致使音乐在洞窟内的每一个点都有其可听之处。石窟音乐盛典也成为解码龙游石窟文化基因、打造文旅融合IP的创新之举。

【案例4-2】解码商帮文化基因　厚植人文底蕴　赋能民营经济高质量发展

一、基本情况

龙游商帮是明清时期全国十大商帮之一,是唯一以县域命名的商帮,是宋韵文化和南孔文化的重要组成部分,被誉为浙商之源。通过龙游商帮精神与新时代浙商精神的贯通和承袭,推进商帮文化在各领域、多方位、全链条融合发展、创新转化，不断优化提升营商人文环境，切实维护企业家权益、激发企业家活力，助推县域民营经济稳进提质。

二、主要做法

（一）实施"基因解码"工程，追溯商帮文化之源

一是"全量式"挖掘商帮文化资源。梳理宋朝以来史料文献，实地考证龙游人商业活动场所，从物质、精神、象征符号等角度开展商帮文化基因解码，呈现具有宋韵特色的文化元素，厘清"浙商之源"的历史逻辑，提炼"开放包容、敢为人先、商儒交融、务实理性"的龙商精神。现已完成 500 余个文化元素普查入库和 19 个重点文化元素解码，"龙游商帮"文化荣获全省优秀文化基因解码成果。

二是"渗透式"传递商帮文化元素。按照"有形＋无形"思路，在"一核两极、两江走廊"城市定位和诗画风光带的建设中，以商帮文化展示中心为核心，搭建商帮古镇、古街、古码头、乡村博物馆和龙商会客厅等多点位呼应的"一中心＋多展馆＋N 基地"的文化传承场景。2023 以来县内外旅游参观人次达到 40 万人次。以"一剧一戏一曲"为核心，创作以商帮精神为主题的文艺精品，举办"龙商文化周""龙商共富融媒"等特色文化品牌活动。

三是"矩阵式"打造商帮文化标识。面向全球发布龙游商帮 logo，打造龙游商帮公共文化品牌，在商贸洽谈、文旅推广、展会营销、赛事活动、农特产品等推广营销平台中广泛使用龙游商帮标识，搭建"线上＋线下"龙商好物展销馆，通过龙商好物全媒体推广、活力龙商短视频大赛、龙商主题文艺作品展播、龙商主播代言培养计划等，提升商帮文化品牌辨识度、影响力和附加值。

（二）实施"根脉传承"计划，复兴商帮精神之魂

一是搭建"龙商有礼"指数。以信用体系建设为引领，构建由放心、合规、诚信、公益、平安组成的"龙商指数"评价体系，明确考评实施主体、评比频次、评比方式，根据企业经营行为中的 20 余个维度进行评价打分，将商户按照分数进行排名，并赋予一星级至五星级不同等级，同时授予星级商户荣誉称号。

二是打造"龙商有礼"示范商圈。搭建以大南门历史文化街区为核心，以兴龙路、荣昌路为两翼，以 15 个乡镇（街道）为协同的"龙商有礼"商圈，将"信有礼"理念全方位融入城市文明、基层治理、产业融合等各领域，通过正向激励、反向约束等方式发挥指数监管作用，引导商户自觉遵守行业规范，不断优化提升营商人文环境。三星商户数达到参评总数 50％的可评为"龙商有礼"示范商圈（街区）。

三是建立"龙商有礼"两大基金。创设龙商有礼文创基金，举办"龙游商帮

杯"文创设计大赛,以比赛和基金双"赛道"共同撬动文创市场,推动设计出一批结合非遗技艺、南孔儒风、民风民俗等主题的龙商文创产品,以文化创意赋能文商旅产业融合发展。设立龙游商帮"小巨人"产业基金,扶持企业上市、发展专精特新,以商帮精神助推高质量发展。政府基金投资平台率先为链主型龙商禾川科技注入产业基金 4000 万元,撬动北极光、达晨等创投基金对产业链上下游企业战略跟投 2.5 亿元。

（三）实施"价值重塑"战略,优化活力双创生态

一是"跨界＋赋能"打造龙商产业链群。继承"开放包容"的龙商传统,按照"链长＋链主＋联盟"思路,激活链主型龙商企业禾川科技的龙头引领作用,以技术支撑、深度互联,引入威仕康、中孚精机、台钰精机、司母戊等 10 余家上下游企业,推出共享厂房、定制工厂、拎包入驻等贴心服务,形成了共生共赢的"禾川系"智能制造产业链群。

二是"内聚＋外引"构建龙商创业集群。全省率先组建 8090 新生代企业家宣讲团,讲好"敢为人先"的龙商故事,连续 5 年开展新生代企业家"红色筑梦"行动,实施"龙商青蓝接力"工程和新生代企业家"双传承"计划,丰富 200 余人的新生代企业家资源库,建立一对一"龙商创业创新"导师帮带制度,开展"青蓝对话""薪火传承"等系列活动和"龙凤引·游子归"十万青年人才集聚行动。

三是"政府＋社会"深化亲清政商关系。在全省率先搭建"亲清茶叙"政企双向沟通平台,搭建青亲廉居、青清勤居、亲清和居阵地,通过选聘"青亲CEO"、召开产业恳谈会、开通"亲清直播间"等,实现政府端有为、企业端有效。连续 5 年开展党政主要领导与专家学者、民营企业家零距离茶叙 50 余期。扁平一体打通县内外高端人才资源库,邀请行业代表作主题交流,打通"企业反馈—政府反应—企业评价"闭环,解决人才招引、物资运输、用水用电等共性问题。

三、案例简析

龙游县深入推进龙游商帮文化研究,解码龙游商帮文化基因,厚植其人文底蕴,做好"传承＋发展"文章。通过赋予新时代新概念新目标,使龙游商帮作为"浙商之源"的文化认同度和龙游区域影响力均不断提升,产业驱动不断加强,人文环境不断优化,文化竞争力优势逐渐彰显。

【案例 4-3】龙游婺剧进校园

一、基本情况

龙游县婺剧进校园活动由龙游县教育局、龙游县文化和广电旅游体育局、龙游县婺剧促进会三家共同实施。精心挑选了北辰小学、柳园小学、桥下小学、溪口小学、启明小学、湖镇初中和蓝天幼儿园等 7 所学校作为重点婺剧进校园学校,其它中小学在固定年级开展婺剧教学活动,婺剧进校园活动在全县有序开展。

二、主要做法

一是婺剧老师进校园。选派婺剧老师进校园。县婺剧促进会和县文广旅体局精心挑选社会上知名的婺剧老师,选派到 7 所学校开展婺剧教学工作,完成相关婺剧课程的教学和节目的排练。注重学校音乐老师的培养。通过外派参加各类婺剧培训班,县内举办音乐老师培训班,协助选派老师开展教学活动等形式培养校内自身的婺剧辅导老师,达到选派婺剧老师和校内老师在教学上的互补。

二是婺剧课程进校园。编写龙游县地方课程《中小学婺剧进校园读本》,规范婺剧进校园教学内容和质量。全县中小学在三年级和七年级,每周安排一节婺剧教学课。县教育局把婺剧教学内容纳入音乐学科质量抽测,以此促使学校积极使用教材,保证教学质量,扎实推进"婺剧进课堂"的实施。

三是婺剧展演进校园。县婺促会每年年初就制定婺剧进校园节目展演计划和实施方案,解决展演所需的经费等问题。县文化旅游部门解决展演节目的舞台、开展节目指导等问题。县教育部门组织校园婺剧展演节目的落实,指导学校排练精品婺剧节目,牵头婺剧进校园现场会和展演活动的开展。

三、案例简析

婺剧是龙游县主要的本土地方戏曲剧种,被列入第三批浙江省非遗保护名录,是龙游县重点非遗保护项目之一。婺剧有着 400 多年的发展历史,群众基础深厚,在传承过程中也培育和造就了一批婺剧表演艺术家,推动着婺剧的繁荣和发展。为推进婺剧项目的进一步传承和发展,发现和培育婺剧表演的好苗子,龙游县通过三方联动的形式,推进"婺剧进校园"活动的开展,为婺剧传承发展进行了有益的尝试。

【案例 4-4】龙游县"三百联盟"模式

一、基本情况

近年来,龙游县以省级公共文化服务示范区、公共文化服务现代化先行县创建为抓手,坚持"创新性、导向性、带动性、科学性"原则,着力聚焦公共文化服务,迭代升级"一站一公司五员"建管用新模式,创新推出以百家站堂共建、百村赛事活动、百师培训服务为主要载体的"三百联盟"运作新体系,着力推动"15 分钟品质文化生活圈"建设,在共同富裕建设中推动精神富裕,在现代化先行中实现文化先行。

二、主要做法

一是以社会化为支撑,"百家站堂共建联盟"实现基层公共文化服务大提升。在乡镇(街道)综合文化站社会化运作基础上,进一步拓展社会化服务范围,开展农村文化礼堂"站堂联盟"社会化管理。实行"一乡一企"市场化机制。乡镇(街道)将综合文化站、文化礼堂所需服务进行打包,通过公开招标、竞争性谈判等方式,与 1 家入库的文化公司签约,按需购买文化站、文化礼堂的日常运行管理、队伍的组建培训、节目的编创指导、活动策划组织等服务项目。县乡两级财政按照 2 万元/个文化礼堂、10 万～20 万元/个文化站的标准,将"站堂联盟"运行经费纳入财政预算,用有限的财政资金撬动专业公司的社会力量。开展"一堂两员"互补性服务。文化公司统一派驻"文化村长"、流动辅导员两类人员到各文化站、文化礼堂。"文化村长"由文化公司从本村村民中物色,选择有责任心、热心文艺的人来担任,负责礼堂的日常开放、文体队伍组建。辅导员由文化公司根据乡镇实际和群众文体需求派驻,全部下沉到各村文化礼堂,开展各类培训、辅导活动策划。落实"县乡村三级"连环式监督。针对各乡镇(街道)文化特色资源、特色项目,制定出台《农村文化礼堂公司化运行考核办法》,压实乡镇主体责任;乡镇(街道)根据与文化公司签订的服务协议,对服务公司日常管理、活动开展,以及特色文化挖掘传承、原创节目创编、公益培训覆盖面等服务内容开展量化打分;各行政村负责对文化公司提供的服务进行群众满意度测评。通过县乡村三级监督评估体系,有力提高文化公司服务能力。

二是以精品化为准则,"百村赛事活动联盟"实现基层公共文化品质大提升。通过竞赛机制推动全县各机关部门、乡镇(街道)、村(社)文体活动开展,实行定期考评机制,让文化活动"闹"起来。在主体上,整合农村文化礼堂、乡镇文化站等公共文化阵地资源,通过政府"搭台"、百姓"唱戏",鼓励群众成为舞台的主角,广泛参与文化作品的创作与供给,让群众真正成为文化活动的创造者。在内容上,下沉文艺骨干力量,指导组建村社文艺小分队,精心编排地方戏、情景剧、村歌、舞蹈等具有地方特色的文艺节目,促使"送文化"向"种文化"、"创文化"转变。在机制上,聚焦节目创新力、群众参与度、活动覆盖面等维度,构建政府主导、媒体推动、社会支持、群众参与的文体赛事运作模式,通过赛事比拼精选出群众喜闻乐见的优秀作品,进一步提升基层群众文化生活品质。2022年以来,龙游县围绕"月月有活动、季季有亮点、全年都火爆"目标,共举办各类百村赛事群众文化活动150余场,累计登台演出的基层群众和乡村文艺骨干1.8万人次,惠及现场观众18万人次,线上点播量达300多万人次,有效满足群众日益增长的精神文化需求。

三是以多样化为核心,"百师培训服务联盟"实现基层公共文化供给大提升。凝聚全县域文化队伍,让文化队伍"亮"起来。整合扩面,搭建艺术指导联盟。针对基层文化人才队伍薄弱的难题,通过整合校外艺术培训机构、县内外专业技术人才、县级以上文化艺术类协会会员和有一定知名度的专业人士,成立艺术指导联盟,组建艺术领域专家人才库,弥补乡镇"三团三社"专业化水平不高的短板,搭建县乡"文艺人才链"。专职专能,开展"点单式"服务。针对基层文化员和文化辅导员专业单一、下村指导时间难以保障等问题,龙游县积极引入社会力量参与公共文化服务,通过采购音乐、舞蹈、戏剧、曲艺、文学、摄影、书法、美术、非遗、文创等十大类别公益培训课1000课时进行"点单式"配送,对"三团三社"乡村文艺带头人、文化公司、基层群众实施"百师千场"大培训,丰富基层文化供给。志愿引领,激发文化内生动力。积极鼓励社会文艺专业人才机构开展文化志愿服务,根据志愿服务时长、效能,推荐参评省、市、县协会会员、文化能人、文化示范户等。引导校外非学科类培训机构组建行业协会并开展公益培训,每年面向社会公众个人开设3次以上免费试课,针对每年到文化站、文化礼堂开展公益培训30课时以上的机构,可参评年度志愿服务星级单位,并给予一定奖励表彰。

三、案例简析

一是锚准问题实现"有的放矢"。坚持问题导向,聚焦实际工作中农村文化礼堂服务效能不高、文化赋能活动抓手不足、基层文化人才队伍薄弱等共性难题,通过创新工作机制,优化顶层设计,提出切实可行的解决措施,实现基层文化设施大门常开、活动常态、人员常在,从而形成具有一定示范价值的体制机制成果。

二是社会化运作实现"四两拨千斤"。进一步拓展社会化服务范围,达到"花钱少、方法巧、效能高"的成效。通过"站堂联盟"购买服务方式,破解基层文化员人员精力不足难题;以较少资金搭建一支基层文化服务队伍,切实提升农村文化礼堂服务效能;通过"百师千场"调动校外艺术培训机构师资力量,提升基层文艺队伍专业化素养,依托社会化服务补足基层公益培训短板,实现优质文化资源在基层流动,满足群众日益增长的精神文化需求,达到"四两拨千斤"的服务成效。

三是精准化服务实现"品质提升"。通过切实开展以"智慧+"为核心的"订单式""菜单式"服务,依托"智慧文化云"服务平台和"15分钟品质文化生活圈"等服务端,开展"百师千场"文化公益培训"点单式"配送,推动基层公共文化服务供给、服务、品质大提升。

四是品牌化引领掀起"文化热潮"。以"百村社赛事"为载体打造"一乡一节、一村一品"活动赛事品牌,如横山镇"天池荷花文化节"、湖镇镇"婺剧演唱演奏大赛"、溪口镇"状元文化节"、沐尘畲族乡"三月三畲族风情文化节"、社阳乡"清明祭祖灯会"、大街乡贺田村的"村晚"等"赛事联盟"全年比拼,掀起了一股内生性多元化的文化热潮,并通过文化的力量带动乡村文旅产业蓬勃发展。

【案例4-5】龙游"一站五员"文化站运行模式

一、基本情况

龙游县从事关百姓利益的关键小事抓起,着力于公共文化服务体系建设,通过引入社会力量提升乡镇综合文化站服务效能,实现"从无到有、从有到优",全面提升基层文化服务水平,百姓文化生活满意度、幸福感不断攀升。由于出色的工作成绩,龙游县作为全国唯一一个县级政府代表单位,在全国公共文化产品供给侧改革现场经验交流会上作典型发言。

二、主要做法

一是探索一套可复制能推广的运作模式。通过因地制宜、资源整合,在硬件设施上对全县综合文化站进行改造提升,并通过建立"一站一公司、一站五员"的社会化运作模式,从根本上解决文化站人员短缺、活动单一、吸引力不足等短板问题。建立"一站一公司"结对模式。通过政府购买服务,让综合文化站与优秀文化公司结对,实现政企文化联姻和社会化运作模式转型。全县15个文化站分别与一家有资质有实力的文化公司签约,按需购买日常管理、免费开放、专业培训、节目编创、活动策划等方面的服务项目。同时,为保证服务效能,根据公司规模限定其服务对象数量,确保人员、精力、资质上的匹配性、适合度。推行"一站五员"管理机制。每个文化站配齐五类工作人员,即指导员、文化员、辅导员、管理员、村文管员。指导员由县文化馆、图书馆下派,每站2—3名,每年一轮换,每周到站服务1—2天;文化员每个乡镇配备1—3名,全面负责乡镇文化工作。辅导员、管理员、村文管员由签约的文化公司派驻。其中辅导员采用1+N方式,即固定人员1名,兼职辅导员若干名,主要辅导各类培训和活动,每周到站工作不少于32小时,每周到县级馆培训不少于8小时;管理员1名,负责文化站的日常开放和管理;各村配备文管员1名,负责村文化阵地的开放和活动的开展,管理员和文管员主要从当地文艺爱好者中聘用。

二是推行一条易操作可持续的实施路径。抓实入库、择优、签约、考核四个环节,规范文化公司管理,不断提升文化站服务效能,打造成熟的社会化服务运作闭环模式。首先是入库培育。将相对成熟、优质的文化公司纳入资源储备库,通过政策扶持、引导培育,加速社会文化力量成长。2017年促成7家文化公司与15个文化站联姻,2018年新增11家公司入库参与竞争,至2023年县储备库中具备相应资质的文化公司已达到20余家。其次是比选择优。通过公开招标、竞争性磋商等方式,综合考量公司实力、人员配备、服务能力等要素,择优选定合作对象。同时,限定文化公司服务文化站数量,确保其市场效益和服务质量"两不误、双优质"。再次是签约协定。县文化部门出台文化站社会化运作指导意见,明确基本服务标准,各乡镇可依实际适当调整服务项目,保障各文化站购买经费不低于10万元。目前,各站平均采购经费为18万元,大型乡镇最高达到30万元。最后是考核保障。发挥考核指挥棒作用,将基层公共文化考核纳入县对乡创先争优考核项,文化站社会化运作成效占基层文化工作考核权重的30%,占免费开放经费补助权重的50%。县财政给予各站15万~25万元的经费补助。

三是掀起一股内生性多元化的文化热潮。在社会力量参与带动下,公共文化事业呈现勃勃生机。(1)文化服务在拓展,时间在延长。服务内容上,从"有什么就提供什么"向"群众需要什么就提供什么"转变,发展形成"曲艺戏舞影书画"等多元化全方位的个性化服务。文化阵地服务时间从每周42小时增至60小时以上。(2)内生动力被激发,活动在兴起。文化公司主要通过承办群众活动获得收益,因此各公司在培育文艺团队、编创节目、策划组织活动等方面积极性不断提高,激活了群众办活动的"一池春水",造就了"一乡一节、一村一品"的群众文化品牌。(3)文艺队伍被唤醒,力量在壮大。截至目前,全县各类文艺队伍达 600 余支,文艺爱好者超过 8 万人,在农村文化礼堂精品节目展演等群众性文化活动舞台上越来越多的"草根明星"不断涌现。(4)文化产业被带动,自信在提升。县域内文化公司逐年增加,从小微型向规模化发展,成为文化产业新的增长点。文化站在乡村振兴、基层治理、"诗画浙江"建设等方面,充分展现"乡村会客厅"作用,群众文化自觉、文化自信不断提升。

三、案例简析

龙游吸纳了社区主体、社会人士等社会力量共同参与到公共文化服务建设和发展中,提升群众在公共文化场馆管理和监督的参与性。大力推进政府购买服务的社会化运作方式,开创文化站"一站一公司""一站五员"模式,引入文化公司,按需购买综合文化站的日常管理、专业培训等服务项目。龙游县从探索到实践,已成功运作 4 年,形成并出台了《龙游县乡镇(街道)综合文化站社会化运作管理规范》地方标准。这一创新举措有效破解乡镇(街道)公共文化服务人力不足、活动单一难题。该项工作先后两次在全国会议上作经验交流,得到时任文旅部副部长张旭的肯定和时任浙江省人民政府副省长成岳冲批示,并在全省推广。

【案例 4-6】龙游大南门历史街区开发

一、基本情况

大南门是龙游历史文化变迁的重要见证、传统文化传承的重要载体。2019 年年底,大南门历史文化街区保护开发项目开工仪式启动,这标志着大南门历史文化街区保护开发正式进入实施阶段;2023 年国庆前夕,大南门历史文化街区建成并开放纳客。龙游县瞄准中秋国庆双节契机,以大南门历史街区开街为引爆点,以文博城市建设为主抓手,在业态植入、氛围营造、机制保障等方面多点发力,致力打造既有文博味、又有烟火气的文旅金名片,为加快建设四省边际全域旅游桥头堡注入鲜活力。双节期间,街区旅游综合营业额近千万元,累计吸引游客 30.33 万人次,单日人流量峰值达 7 万人次,成为炙手可热的网红打卡点。

二、主要做法

(一)丰富业态,打造特色街区

一是还原历史肌理,重塑古韵街区。按照一轴、两街、三巷、十大空间合理布局,将归仁门、小南门、古城墙等历史遗址串联,形成古今交融时空轴线,点燃老城人间"烟火气"。先后完成泮池、县衙、归仁门等 7 处历史遗址及挑水巷片 31 处古建筑修缮,还原街区历史浓厚感。同时对街区内 8 座省级文保单位开展社会招租,目前已打造龙游传统民俗、官村窑等特色博物馆并投入运营,进一步推进文物活化利用,让街区更有文博气息。

二是实施微改精提,绣出精致场景。在项目建设基础上,实施旅游业"微改造、精提升",邀请省市专家进场指导,秉持"小切口、大场景"理念,通过细雕微改,打造茶苑书香、糕香酒院、徽戏非遗等一批文化旅游体验场景。同时添加智能化设计,融入科技元素,如打造"我的外婆"沉浸式 VR 剧本体验馆,在泮池遗址广场开设音乐动感旱喷,滨江公园建时光雾森,小西湖上展现光影水秀,进一步丰富游客体验。

三是强化招商运营,丰富文旅业态。以打造集文化、休闲、文创于一体的特色街区为目标,成功引进星巴克、杨爱珍、善蒸坊、小肥羊等特色商铺 45 家,业态涵盖餐饮、娱乐、文创等领域,实现吃住赏购玩"一站式"打卡。邀请全省首家御猫快闪店入驻街区,提供多样化沉浸式的文旅产品,进一步激发新兴消费需求。同时推出"南门百货"文旅自营旗舰店,采取联营扣点新模式与本土主力品牌开展合作,提升商户经营积极性。

(二)文艺赋美,引燃假期爆点

一是依托高校力量,打造文艺爆点。与景德镇陶瓷大学、中央美术学院、浙江传媒学院搭建多边合作交流平台,共同举办 2023 龙游"水脉艺术节"活动,展示 5 个国家 130 余位艺术家、400 余组艺术作品,涵盖纤维艺术、公共艺术、影像艺术、绘画、雕塑等多样化的艺术形态,陆续引流 1 万余名游客打卡,综合收入达 20 余万元。

二是融合古今元素,打造特色体验。将现代科技元素与本土文化元素紧密相融,开展国潮沉浸游园会、沉浸式互动非遗演艺、汉服表演等活动,设置美食市集、文创市集、艺术装置打卡区等区域,为游客提供精彩纷呈的游玩体验。全面升级沉浸式体验场景,打造"大型水秀"文旅 IP,线上视频浏览量达 154.7 万次,带动街区消费达 202.43 万元。

三是植入文化活动,浓厚街区氛围。精心定制文化套餐,先后举办龙游县第八届魅力青年才艺大赛、龙游县广场舞大赛、全民歌唱大舞台、婺剧表演等"文艺赋美"系列活动 42 场,为现场游客带来一场场不同的视觉、听觉盛宴,实现"日日有活动、场场有亮点"。据统计,双节假期活动吸引 500 余名选手踊跃参赛,受众群体达 10 万余人次。

(三)多重保障,浓厚游玩氛围

一是优化营商服务,当好"店小二"。打破常规制定招商政策,召开招商推介会,制定国庆前开业再优惠政策,全力开展招商工作。同时当好"店小二",做好入驻商户服务工作,协助商户开展店面装修、办证等工作,确保双节假期如期营业。三个月内完成大南门的招商、装修及开业,大南门成为全市网红街区。截至目前,除胜利路外其余路段招商率均达 98% 以上,45 家店铺已正常开业。

二是深化宣传营销,当好"推介官"。建立宣传矩阵,通过衢州文旅、微龙游、文旅龙游等新媒体账号开展精准宣传,先后推出"迎亚运 游龙游"主题推介,串联大南门打造文化体验主题游线,重点推出大南门历史街区文旅活动宣传 3 期,不断提升街区知名度、曝光度。同时广邀各地旅游博主、探店达人游玩打卡,通过抖音、哔哩哔哩、小红书等平台开展大规模宣发,吸引各地游客前来游玩打卡。

三是强化安全监管,当好"守门员"。联合公安、文旅、综合执法、街道社区等单位力量,建立巡逻队伍,在街区外围进出口开展常态化监管,建立"全天候、全覆盖、无缝隙"大巡防机制,确保安全隐患早预防、早发现、早处置。同时,畅通旅游投诉机制,假期专人专管,及时处理各类游客投诉事件,消除矛盾纠纷,确保假日街区平稳有序。

三、案例简析

大南门是展示龙游"万年文化、千年古城、百年商帮"的重要平台,"复活"大南门,需要在保护延续街区历史文脉的基础上,重新整合街区空间秩序。作为省级文物保护单位,大南门历史文化街区的打造,始终秉持"古街雅巷,旧时新貌"的理念,在占地 12.4 万平方米,建筑面积 9.8 万平方米的空间里,规划布局"一个历史街区,两个入口片区,四处遗址,八个亮点"。还原老街老巷老字号的空间氛围,复兴、传承和展示龙游传统文化,使之既有古街区的宁静,又有商贾游人相互往来的繁荣;有传统文化与建筑的熏陶,又有江南水系的陶冶;有现代的繁华气息,又有历史文化的沉淀。大南门历史文化街区将成为浙西区域集观光旅游、休闲购物、文化体验、艺术创作等于一体的综合性历史文化街区。

【案例 4-7】龙游"瀫石光·艺术生态走廊"项目建设

一、基本情况

衢江,古称"瀫水"(瀫[hú],水名,义为衢江龙游段)。衢江为钱塘江上游支流,流贯龙游县境,将县城分为南部烟火县域,北部产业乡野两部分。龙游围绕岛链、瀫面、大小湖群为特征的生态区域,缝合原割裂的城市板块和乡

(镇)村,实现空间景观的系统重塑,变衢江"龙游段"为"龙游漱"。"漱石光·艺术生态走廊"项目携青年之力、以艺术为方,为新时代城乡融合发展作答。从"大县小城",到"小县大城",龙游用艺术赋能城镇可持续发展,为有志青年施展才华、创造价值搭建广阔舞台,打造青年友好型县域,建设长三角艺术文旅新地标。

二、主要做法

(一)群策群力、因地制宜,有颜值也有创意,实现景美人富百姓乐

一是青年创造,创新项目建设组织方式。汇聚建筑、艺术、景观等行业领域 27 组青年创作者,采取集群设计的方式,结合在地乡土人文,将龙游在地空间、建筑进行改造,在传统文化的基础上赋予其新的生命与意义。通过艺术作品、大地生态景观、构筑物、艺术装置、文化空间、在地联合等呈现形式,共涵盖 42 组点位方案,展示青年人对未来城乡、自然和社会生态的价值共识,致力打造未来生态与艺术结合的漱畔生活场景,助力开创青年发展型县域的"龙游范本"。

二是盘活资源,实现空间景观的系统重塑。整个项目实施过程遵循轻干预、轻投入和轻运营,实现人与自然与建筑的融合。通过对存量用地的利用、闲置用房和设施用房的改造,整治利用闲置荒地 3000 余平方米,保护性修缮改造闲置用房 8 栋共计 1600 平方米,沿线绿化整治 5 公里,游步道新增 2 公里,新增基础设施公厕 2 个和公共自行车停放点 4 个、公共电瓶车停放点 8 个。

三是成果共享,放大文旅产业共富效益。2024 年 3 月 13 日上海发布会后两周时间,"漱石光·艺术生态走廊"已接待来自上海、杭州等长三角周边城市游客 4 万余人。整个 3 月份,县域内酒店住宿入住率同期增长 15%,截至 2024 年 5 月底,访客流量达 117 余万人次。项目周边群众通过兴办农家乐、售卖水果、手工及龙游美食等,实现家门口就业。同时,将村民培训变成乡村讲解员,实现多路径村民增收。

(二)以点带面、层层宣发,有热度也有人气,打响"龙"游龙游第一枪实现文旅复兴

一是业内预览,圈内打下基础。2023 年 10 月 20 日,历经一年研讨创见和建设的"漱石光·艺术生态走廊"迎来了第一批检阅,艺术、建筑和景观等业内的 200 余名专家相聚漱石光。在为后续全面宣发预热的同时,也是一次专业的查漏补缺。预览日后的一个月内已吸引来自全国各地的建筑、艺术等行业的专业人士和爱好者 2 万余人来此参观学习,小红书、抖音等自发流量达

100万＋,杨爱珍船厂岛本店和年年糕步步发小吃驿站等特色小吃店月增收3万余元。

二是全国路演,淡季保持热度。"瀫石光·艺术生态走廊"在2023年底建成,正值旅游淡季,变"引进来"为"走出去"。向有较强消费能力的青年群体开展有针对性的推广,"瀫石光"走进中国美术学院、中央美术学院、深圳大学和广州美术学院等高校开展宣讲和路演,吸引在校师生近5万人的关注。

三是全面发布,开幕拉满流量。作为"龙"游龙游旅游推荐的第一枪,"瀫石光·艺术生态走廊"发布会在上海打响。自发布会以来,全网关注到这一长三角艺术文旅新地标,"瀫石光"在浙江日报、中国日报、人民日报等20余家官媒以及凤凰艺术、卷宗等50余家业内媒体还有小红书、抖音等自媒体上的相关内容点击量破亿,其中一则概念书店的推特获得8万＋的点赞,微信推送"不敢相信,这是中国十八线小县城的审美,卷,绝!"获得了10万＋的点击量,"五一"期间,青年创造季第一季成果"瀫石光·艺术生态走廊"吸引打卡游客7.67万人次。

(三)倚瀫而兴、产业融合,有流量也有"留"量,助力双招双引实现产业振兴

一是乡贤回归有动力。第一季的成功,为第二季的项目落地筑牢基础,给足龙游乡贤上海哔哩哔哩科技有限公司总裁徐逸回龙投资的信心。第二季由梦想民宿建造经营真人秀和公共艺术展场创造集体秀两部分组成,总投资2000万元。小派科技(上海)有责任有限公司也将在"瀫石光"设置VR体验点。哔哩哔哩和小派科技的加入,为促进龙游人才和科技事业发展作出贡献,离"小县城也有大科技"的梦想更近一步。

二是校地合作聚合力。中央美术学院、中国美术学院和同济大学等3座国内一流高校分别与我县达成校地合作,在"瀫石光·艺术生态走廊"区域范围内选址,落地建设产教融合创新实践基地。同时,成立清华大学设计院龙游中心,导入清华大学的人才和产业资源,打造竹产业生物质材研究基地。通过与各大高校的合作,推动龙游筑巢引凤、招才引智全面增强。

三是招商引资增引力。利用全国路演、商会活动、招商推介会,在不同场合广泛推介"龙游瀫",宣讲"龙游瀫"高质量发展规划、青年创造季品牌,做强招商引资。谋划青州科技、智慧交通、植物研究中心、创业大街、青年城等项目10余个,引入节能环保、元宇宙、中医药基地、无人技术等新兴产业。2023年龙游瀫区域新招引落地全民健身中心、品亿环保科技、星传百万吨光伏级POE项目,总投资约43亿元。

三、案例简析

"瀫石光·艺术生态走廊"位于浙江省龙游县衢江沿岸,包含从红船豆水利枢纽到虎头山大桥约 5 公里长的江、村、岛、田、丘。项目通过中国城市规划设计研究院、上海风语筑文化科技股份有限公司、上海哔哩哔哩科技有限公司联合发起的"龙游瀫畔·8090 青年创造季"的研讨和实践,依托丰富的生态、历史和村庄资源,汇聚建筑、艺术、景观等领域有志青年,以群策、群设、群创的方式,从研讨、创见到实践、创造,打造新时代中国城乡融合的"龙游范本"——瀫石光·艺术生态走廊,形成"瀫岸""瀫村""瀫之灵"三大泛艺术板块,最终实现景美人富、助力产业振兴。

🏠 **参考文献**

[1] 龙游县人民政府. 关于促进龙游县文旅融合高质量发展的若干政策意见[EB/OL].(2023-06-21)[2023-07-16]. http://www. longyou. gov. cn/art/2023/7/14/art_1229563728_2483724. html.

[2] 徐继宏. 新时代 新征程 新伟业 | "八八战略"引领的精神富有之路——浙江文化强省建设纪实 EB/OL].(2023-07-26)[2023-08-16]. https://www.ccdy. cn/portal/detail? id=f1201c35-c309-43f9-86b4-68c97e63ac92.

[3] 习近平. 干在实处 走在前列:推进浙江新发展的思考与实践[M]. 北京:中共中央党校出版社,2013.

[4] 陈广胜. 打造高水平文化强省,奋力推进中国式现代化省域文旅实践[EB/OL].(2023-08-03)[2023-08-16]. http://www. zj. xinhuanet. com/20230803/be086179bcdb4c9ab8caa593e579d43c/c. html.

第五章　龙游县推进"八八战略"与打造青年发展展示窗口的探索

　　青年因城市而聚，城市因青年而兴。近年来，龙游深入学习贯彻党的二十大精神，严格对照"全党要把青年工作作为战略性工作来抓"部署要求，以把龙游建设成为青年思政教育新高地、青年人才集聚新高地、青年品质生活新高地、青年发展活力新高地以及青年共创美好新高地为目标，在打响 8090 新时代青年理论宣讲品牌的基础上，更好地推动青年发展，实现青年与城市双向成长。

第一节　习近平总书记关于青年发展的殷殷嘱托

一、"八八战略"与青年发展

　　青年是社会发展的新鲜血液和中流砥柱，肩负着推动时代继续前进的历史使命。党的十八大以来，习近平总书记立足于国家和中华民族长远发展的角度，不断给青年或青年群体回信，每年在五四青年节之际深入高校考察，并在庆祝中国共产党成立 95 周年、纪念"五四运动"100 周年大会、庆祝中国共产党成立 100 周年大会、庆祝中国共产主义青年团成立 100 周年大会等重要讲话中围绕青年作了一系列论述，习近平总书记关于青年工作的重要思想为进一步做青年工作提供了重要遵循。

（一）习近平总书记对青年发展的殷殷嘱托

　　在中国共产党第二十次全国代表大会上，习近平总书记对青年提出了殷切期望，他指出："青年强，则国家强。当代中国青年生逢其时，施展才干的舞台无比广阔,实现梦想的前景无比光明。全党要把青年工作作为战略性工作来抓,用党的科学理论武装青年,用党的初心使命感召青年,做青年朋友的知心人、青年工作的热心人、青年群众的引路人。广大青年要坚定不移听党话、跟党走,怀抱梦想又脚踏实地,敢想敢为又善作善成,立志做有理想、敢担当、能吃苦、肯奋斗的新时代好青年,让青春在全面建设社会主义现代化国家的火热实践中绽放绚丽之花。"①2020年6月21日,习近平总书记对8090新时代理论宣讲做了重要批示,我们要着眼培育担当民族复兴大任的时代新人的高度,把握未来方向,聚焦青年发展。

一是习近平总书记明确指出了当代青年发展的价值,即:"青年强,则国家强。当代中国青年生逢其时,施展才干的舞台无比广阔,实现梦想的前景无比光明。"②

二是习近平总书记对当代青年发展提出了期望,即:"广大青年要坚定不移听党话、跟党走,怀抱梦想又脚踏实地,敢想敢为又善作善成,立志做有理想、敢担当、能吃苦、肯奋斗的新时代好青年,让青春在全面建设社会主义现代化国家的火热实践中绽放绚丽之花。"③

三是习近平总书记对当代青年工作指明了方向,即:"全党要把青年工作作为战略性工作来抓,用党的科学理论武装青年,用党的初心使命感召青年,做青年朋友的知心人、青年工作的热心人、青年群众的引路人"④。

党的二十大报告中对青年发展工作的阐释充分展现了习近平总书记对青年发展的殷殷嘱托,为新时代中国青年赋予了新的期望和新的使命。

(二)习近平总书记关于青年发展的殷殷嘱托所蕴含的思想内涵

1.习近平总书记关于青年发展的殷殷嘱托所蕴含的第一要义就是明确了青年的主体地位。习近平总书记在庆祝中国共产主义青年团成立100周年大

①　习近平.高举中国特色社会主义伟大旗帜 为全面建设社会主义现代化国家而团结奋斗——在中国共产党第二十次全国代表大会上的报告[EB/OL].(2022-10-25)[2022-10-26].https://www.gov.cn/xinwen/2022-10/25/content_5721685.htm.

②　习近平.高举中国特色社会主义伟大旗帜 为全面建设社会主义现代化国家而团结奋斗——在中国共产党第二十次全国代表大会上的报告[EB/OL].(2022-10-25)[2022-10-26].https://www.gov.cn/xinwen/2022-10/25/content_5721685.htm.

③　习近平.高举中国特色社会主义伟大旗帜 为全面建设社会主义现代化国家而团结奋斗——在中国共产党第二十次全国代表大会上的报告[EB/OL].(2022-10-25)[2022-10-26].https://www.gov.cn/xinwen/2022-10/25/content_5721685.htm.

④　习近平.高举中国特色社会主义伟大旗帜 为全面建设社会主义现代化国家而团结奋斗——在中国共产党第二十次全国代表大会上的报告[EB/OL].(2022-10-25)[2022-10-26].https://www.gov.cn/xinwen/2022-10/25/content_5721685.htm.

会上的重要讲话开篇就强调"青春孕育无限希望,青年创造美好明天。一个民族只有寄望青春、永葆青春,才能兴旺发达"①。习近平总书记从确保党的事业薪火相传和中华民族永续发展的战略高度,对青年的主体地位作出高度概括,明确指出"青年是祖国的未来、民族的希望,也是党的未来和希望;青年一代有理想、有本领、有担当,国家就有前途,民族就有希望"②。因此,"青年作为引风气之先的社会力量,价值追求和精神状态如何,在很大程度上决定着国家和民族的走向。"③

2.习近平总书记关于青年发展的殷殷嘱托把加强对青年的政治引领摆在首位。党的十八大以来,习近平总书记关于青年工作的重要思想,都强调加强对青年政治引领的极端重要性,在三次同团中央新一届领导班子集体谈话时,都要求将对青年的政治引领摆在首位。因此,习近平总书记强调"要从保持红色江山永不变色的战略高度来认识,要有居安思危、知危图安的忧患意识"④,"对青年的政治引领搞不好,总有一天会出大问题的。""如果青年一代不能坚定理想信念,不能坚持中国特色社会主义,不能接好我们的班,那无数革命先辈换来的成就就可能付之东流。"⑤

3.习近平总书记对青年发展的殷殷嘱托体现了辩证思维。从辩证的角度看,既强调青年作为最活跃的社会力量,其有青春的天性,也指出青年的现实局限性。"当代青年思想活跃、思维敏捷,观念新颖、兴趣广泛,探索未知劲头足,接受新生事物快,主体意识、参与意识强,对实现人生发展有着强烈渴望。这种青春天性赋予青年活力、激情、想象力和创造力,应该充分肯定。同时,青年人阅历不广,容易从自身角度、从理想状态的角度来认识和理解世界,难免给他们带来局限性。"⑥

(三)"八八战略"与龙游青年发展

1."八八战略"为龙游打造青年发展型城市指明了方向。

"八八战略"围绕人才强者建设作出了一系列具有很强战略性、前瞻性、指

---

① 习近平.在庆祝中国共产主义青年团成立100周年大会上的讲话[EB/OL].(2022-5-10)[2022-5-10].https://cpc.people.com.cn/n1/2022/0510/c64094-32418823.html.

② 习近平.论党的青年工作[M].北京:中央文献出版社,2022:153.

③ 习近平.论党的青年工作[M].北京:中央文献出版社,2022:242.

④ 习近平.论党的青年工作[M].北京:中央文献出版社,2022:156.

⑤ 习近平.论党的青年工作[M].北京:中央文献出版社,2022:155.

⑥ 习近平.论党的青年工作[M].北京:中央文献出版社,2022:214.

导性的重要部署,为龙游打造青年发展型城市指明了方向。根据人才强者的战略部署,龙游全力打造青年发展型城市,通过多方跨界资源联合,从青年创造季开始,不断聚集青年思想,吸引青年力量走进龙游,为龙游发展助力发声,共同探讨通向城与乡的未来桥梁,探索乡村现代化的多元可能,打造新时代中国城乡融合的"龙游范本"。

2."八八战略"为龙游聚力青年人才提供了路径。

"八八战略"指出要积极推进人才强省。青年人才是实现人才强国战略的主力军,龙游县提出每年引进青年大学生不少于 8000 人,到 2026 年,力争全县青年人才总量达到 7 万人以上,青年常住人口占比达到 25%,积极构建青年人才集聚高地,让青年在社会各领域担当建功的示范引领作用进一步凸显,青年生力军作用得到进一步发挥。

3."八八战略"为龙游青年发展提供了方法。

从方法论的角度看,"八八战略"不仅仅是习近平新时代中国特色社会主义思想在浙江萌发与实践的集中体现,还贯穿着辩证唯物主义和历史唯物主义的立场观点方法,彰显了人民性、时代性、历史性的高度统一,青年发展本身就是时代性和历史性的统一。为了扛起时代大旗,2019 年 9 月,龙游县的 80 后、90 后青年成立了"8090 新时代理论宣讲团",结合本地事、新鲜事、国家事,将高深理论通俗化、刚性政策人性化、服务信息故事化,以小切口反映大政策、以小故事讲好大道理,从最初 31 人的小分队发展成现在 4000 余人的大团队,把理论宣传的课堂搬到了田间地头、村社广场、农家大院、学校企业和线上平台,让党的创新理论真正"飞入寻常百姓家",用理论宣讲阐释"八八战略"的时代内涵。

二、龙游牢记嘱托打造青年发展的展示窗口

(一)强化思想引领,绘就青年成长的"同心圆"

一是迭代升级"8090"宣讲体系。坚持"青年在哪里,宣讲就开展到哪里",探索建立体制外青年、大学生、红领巾等宣讲分团,从"8090"拓展至"0010",开展"学习二十大·8090 说"、红领巾宣讲赛等宣讲活动 600 余场,覆盖青少年 6 万余人次。在省级以上主流媒体刊登达 600 余条,有效扩大 8090 品牌效应。二是深化主题实践活动。紧扣建党 100 周年、建国(新中国成立)70 周年、建团 100 周年等时间节点,深入组织开展五四百年、探寻红色根脉等主题团日活

动及红色研学、祭英烈等系列活动 50 余场，获新华社、光明日报、学习强国等多家主流媒体报道。三是守好网络传播"主阵地"。用好"青春龙游"等新媒体矩阵，发布《龙游腾飞有我在》《我们在这里》主题曲 MV、红色百年之旅 H5 等作品，以多种形式广泛传播党的理论、"四史"学习、疫情防控等内容，点击量达10.6 万余人次。

（二）聚焦青年发展，搭建青年与城市双向奔赴的"高速路"

一是激活核心引擎。推动青年发展型县域建设理念和龙游瀫整体规划深度融合，成功落地浙工大生态工作创新研究院和浙江建设技师学院，完成凤翔洲主题文化公园一期建设。聚力赋能"龙游瀫"青年双创空间，探索社群搭建和IP 矩阵持续运营的"城市＋平台＋青年"新模式，常态化开展"龙游瀫畔·8090青年创造季"系列活动，吸引了浙江卫视、浙江日报、新民晚报、B 站等各类媒体目光。二是搭建奋斗平台。联合县委人才办、溪口镇人民政府成立青春联合会，回引百余名青年创客返龙、来龙，目前青春联合会年销售额达 6000 余万元。龙游县青创代表胡秀秀、姜鹏等人多次获得"全国乡村振兴青年先锋"、全国创青春大赛银奖等荣誉。三是强化智力供给。牵头组建"龙游县大学生联盟"，累计推出大学生暑期见习、实践岗位 1400 余个，吸引 460 余名返乡大学生参与实践。深化"龙凤引·游子归"十万青年汇龙游行动，依托"两院一中心"加强高层次人才引育，有力推动青年之家"1＋N"阵地改造提升计划，建成青年人才之家 4 家。新引进青年博士 11 人、大学生 8000 余人，入选国家"引才计划"等省级以上人才工程 7 人，创历史新高。

（三）把握青年需求，当好青年发展的"服务员"

一是塑造青年"十五分钟生活圈"。坚持"为青年人筑城"，以前瞻眼光谋划布局城市规划，大力开展社区、乡村、企业、青创农场、青年驿站、青年之家等系列青年友好单元建设，让青年城市可知可感。优化青年人才公寓、青年驿站、保障性租赁住房等多层次住房供给，建成青年人才公寓 72 套。二是优化"一老一小"普惠服务。谋划建立青年工作联席会议与老年友好型社会、儿童友好型城市建设等领导小组联席会议会商机制，推动老年、青年、儿童全年龄段一体创建。优化"校内＋校外"托管服务体系，建立校内课后托管服务"5＋1＋X"特色做法，"团团助力 5＋2"公益服务项目活动已开展 310 批次，投入师资力量 787 人次，4 万余名青少年享受课程服务，入选共青团助力"双减"常态化托管志愿服务省级试点。三是打造青年城市"第三空间"。按照"产城人"融合发展理念,大力发展生产性服务业和生活性服务业。围绕青年 8 小时外生活,充分利用龙游马拉松、石窟音乐盛典、青春龙游音乐节等赛会活动,打造"星星的夜市""夜游团石湾"等特色场景,融合非遗小吃等元素,吸引广大年轻游客打卡游玩。四是强化青少年权益保障。积极整合笛语心理、龙游大妈、舒心驿站等社会资源,形成工作合力,助力基层治理。累计排摸 18 周岁以下困难、留守儿童 1200 余名,结对留守儿童集聚学校 18 所,开展关爱活动 78 场,惠及留守儿童 4000 余人次,并探索建立龙游县社会关爱长效机制。依托青年人才之家、"小哥驿站"等平台,开展快递小哥服务月、暖冬行动等关爱活动,覆盖 400 余人次。

(四)深化县域共青团改革,做好青年发展的"领航员"

一是着力夯实基层团组织。严格落实"党建带团建",通过强化基层团组织政治功能、凝聚功能,引导各基层团组织把团建工作融入党和政府中心工作,积极开展团建联建共建活动,通过展示交流特色工作、方式方法,做到互通有无、互促互进,形成大抓基层的良好氛围。二是加强团干部队伍建设。坚持团要管团,突出抓好团干部教育培训管理,从思想、政治、能力、业绩、作风上从严从实锤炼一支过硬的团干队伍。争取上级党委支持,将团干职能落到实处,让愿干事、能干事、干成事的团干部受到激励,浓厚各级团干部抓主责主业的工作氛围。在各基层团组织换届时,主动过问,积极向党组织提出建议,严把团干质量关。三是扎实推进全团带队工作。完善贯穿青少年成长全过程的党团队一体化阶梯式培育模式,密切团教合作,将团建、队建情况纳入教育系统党建考核,全县实现中学团校、红领巾学院、学校少工委三个 100％ 全覆盖,构建"三级衔接"政治培养体系,依托"阶梯式"政治培养、"融合型"育人过程、"沉浸式"学习体验,打造完善贯穿青少年成长全过程的党团队一体化培育模式。

第二节 青年发展的龙游探索与实践

一、强化党管青年工作体系,绘就青年"理想之城"

(一)提高战略思维能力,强化青年工作的顶层设计

青年工作是系统工程,龙游县以重点突破带动整体推进。坚持关心厚爱

和严格要求相统一、尊重规律和积极引领相统一、尊重青年天性和照顾青年特点相统一,顺应新时代青年对高品质生活的期待,构建和完善适应青年发展的工作机制,落实党建带团建制度机制,确保汇聚起党领导下各方齐抓共管青年工作的合力。依托青年工作联席会议工作机制,建立"月会商、季研判、年总结"制度,定期召开青年工作联席会议,专题研究部署青年发展工作。全面融入发展大局,将青年城市建设纳入县委全委会报告、政府工作报告和全县"重点改革事项",在城市规划、建设、管理全过程中,贴近青年需求、照顾青年特点、体现青春元素。

(二)把握青年发展规律,形成青年建设的强大合力

龙游县把握新时代青年发展的新特点新规律,充分正视新时代青年在理想和现实、主义和问题、利己和利他、小我和大我、民族和世界等方面存在的思想困惑,以及因成长在物质相对丰裕的时代而使部分人的青春沾染了某些惰气、暮气、邪气等缺点和不足,深入了解青年的优势和弱点,把握青年发展的时代主题,提高共青团工作科学化水平。对标全省青年发展综合指数,明确年度建设目标指标、主要任务、政策举措、实事项目"四张清单",压实工作责任、形成推进合力。会同县委组织部、人社局、龙游瀫建管中心等重点部门多次召开会议专题研究青年城市相关工作,大力推进青年发展重点项目。积极倡导"青年城市建设共同体"理念,实施"城市青春合伙人计划",汇聚政府、市场、社会等各方力量,做大做强青年"朋友圈",形成青年建设的强大合力。

(三)倡导优先发展理念,构建青年优先发展政策体系

龙游县压实推进《中长期青年发展规划(2016—2025 年)》,形成一系列可复制可推广的政策清单,充分用好党赋予的资源和渠道,把青年工作的制度优势固化为实实在在的政策效能,把促进青年发展与广大青年紧紧团结在党的周围高度统一起来。龙游县重点聚焦城市促进青年高质量发展和青年建功城市高质量发展的双向奔赴,聚焦青年教育、住房、婚育等核心领域出台普惠性政策举措,积极营造"安身、安心、安居、安全、宜创、宜业、宜学、宜游"青年发展生态系统。深度挖掘社会资源,大力推进青年发展重点项目,第一批阶段性重点项目 26 个已全部开工建设。

二、持续做亮 8090 理论宣讲，建设青年"奋进之城"

（一）理论宣讲标准化建设迈上新台阶

一是宣讲队伍不断发展壮大。坚持"全员参与＋全域覆盖"模式，上下动员，广泛吸纳，多元化发展壮大宣讲团队伍。截至目前，宣讲团成员从最初的 30 余人扩充至 4000 人，在县域内形成"1 县团＋97 分团＋N 研习小组"的宣讲团架构，新建海外宣讲团等体制外特色宣讲团 20 余个，吸纳体制外宣讲员超 500 人，"00 后"宣讲员 60 余人，宣讲人才梯队向多元化、优质化发展。1 名宣讲员获评"2022 年浙江省基层理论宣讲成绩突出个人"，10 人获评"2022 年度衢州市宣传思想工作成绩突出集体和个人"，10 名宣讲员获评 2022 年"8090 新时代理论宣讲能手"，受县委县政府表彰。二是体制机制不断迭代升级。贯彻落实《推进 8090 新时代理论宣讲工作迭代升级的若干意见》文件要求，迭代升级"队伍、研学、管理、课程、场景、保障"六大体系，完善社团《章程》《县团管理办法》《分团管理办法》和《分团"十个一"规范化标准化操作要点》等文件，持续推进分团标准化建设。提档升级《关心关爱硬核八条》，落细落实星级宣讲员疗休养、健康体检、稿酬发放等福利政策，累计发放金牌讲师体检卡 53 份，体制外人才津贴 14.4 万元，12 人列入 2024 年疗休养申报名单。同时，抓实抓细"六治六提"赛道比拼考评督查，有效遏制"上热下冷""层层衰减"等问题，营造了"比学赶超"的优质宣讲氛围。三是标准建设硕果累累。坚持市县联动，持续推进理论宣讲标准化建设工作。制定并出台全国首个青年理论宣讲团建设市级地方标准——《青年理论宣讲：宣讲团建设》，协同出台《青年理论宣讲：数字化管理与服务》标准。以"龙游模式"为样本的《青年理论宣讲工作导则》标准化项目获中国标准化协会立项，为全国范围内探索青年理论宣讲工作标准化提供有力借鉴。

（二）理论宣讲数字化建设释放新动能

一是以服务群众为导向，数字化应用改革创新。坚持市县一体，优化线上"8090＋"青年宣讲应用场景模块，健全"学习—调研—宣讲—实践"工作闭环和青年宣讲指数评估体系，破解宣讲信息沟通不畅、宣讲效果评估难等问题，累计实名注册用户超 1 万人，助推宣讲服务提质增效。《"8090＋"青年理论宣讲衢州模式》入围 2022 年度浙江省改革突破奖提名奖，荣获衢州市改革突破特等奖、"衢州市宣传思想文化工作创新项目"。开通8090宣讲服务热线，广泛收集群众宣讲需求，针对性开展素材收集和课程孵化。截至目前，累计收集群众需求800余条，配送宣讲120余场次，线上线下覆盖群众8万余人，线下答疑率达100%，理论宣讲更有温度、更贴近百姓。二是以青年成长为导向，拓展线上宣讲新载体。邀请媒体大咖做技术指导，试水8090助农直播，从"策划一选品一直播一销售一售后"等方面开展主播全流程培训，开拓"宣讲＋带货"新路径，助力农户解决农产品滞销难题。运用MG动画、短视频、微电影等手段，制作推出一批形式新颖、感染力强的线上宣讲产品，全年在"8090青春之光"微视频号、抖音号，龙游通APP等平台推出"党的二十大精神"'八八战略'在身边"等精品宣讲视频90余个，点击率达33万次。同时采取"青年宣讲＋情景教学＋网络直播"的形式，做好FM954"小李说理"品牌节目，全年开展"清廉""防诈"等主题专场直播50余场次，覆盖受众超10万余人次，有效扩大宣讲影响力，助力青年成长。三是以传播实效为导向，序列化打造"云上"精品。聚焦习近平新时代中国特色社会主义思想、经济社会发展重大问题、老百姓关注的热点难点问题等，序列化体系化开发精品课程，充实云端精品宣讲稿库。统筹导师团、顾问团，丰富内容选题，依托数字化平台，打磨精品课程，评选优质精品，做到"一月一研学""一月一精品"，实现资源共享。全年累计征集原创稿件725篇，入库精品宣讲稿175篇。截至目前，已开发《伟大思想·8090说》《百年党史·8090说》《党的二十大精神·8090说》精品课程汇编3册，推出《我心中的"中国式现代化"》《"浙"一块叫龙游》《中国式现代化分步走的智慧》等一批精品稿件，实现一堂课百家讲。

（三）理论宣讲品牌化推广擦亮金名片

一是聚焦研学体系建设，"迎进来"的基础不断夯实。依托新时代文明实践中心（站、所）、8090新时代理论宣讲孵化基地等县域原有载体，高标准建设新时代青年理论宣讲研学中心，将溪口村、团石村、浦山村、石佛村等精品研学点串珠成链，新建团石基地，打造8090助农直播间，构建"一中心一书房四基地N场景"格局，打造涵盖东西南北全域性宣讲研学阵地。目前，已累计"迎进"北京、山东等全国各地的考察团研学团200余批次，接待清华大学、浙江大学等各级院校交流调研30余批次，邀请来自俄罗斯、美国等国青年开展中外对话宣讲交流活动，受众超3000余人次。8090新时代理论宣讲孵化基地入选浙江省首批理论宣讲研修基地，龙游8090"一街一园一阵地"网络普法基地入选2022年度浙江省典型网络普法基地。二是聚焦多元交流互动，"走出去"

效应持续放大。借助省市名师工作室平台优势,多次受邀赴上海、新疆、安徽、江西等地开展蹲点研学走亲活动,足迹遍布 6 个省份、17 个地级市,惠及群众超 3 万人次;积极开拓校地合作全新模式,举办"8090＋"携手全国高校青年宣讲联盟联学联讲结对仪式,与清华大学博士生讲师团、浙江工业大学、浙江工商大学等全国 10 余所高校,宣讲团结对共建。目前,累计"走出去"宣讲交流 200 余次。1 名宣讲员在全国"网络普法行"启动仪式上作示范宣讲并作经验交流,6 名宣讲员获评省级赛事荣誉,6 名宣讲员获市级赛事荣誉。此外,创新举办山海青年对话、中外青年对话、8090 对话 0010 等系列对话交流活动,持续吸纳"新鲜血液",挖掘"新生力量",促进 8090 走出龙游,走向全国。2023年 4 月 23 日,《龙游县以"8090 宣讲走亲"推动理论宣讲跨"山"越"海"》获市委常委、宣传部部长的批示肯定。三是聚焦品牌 IP 打造,8090"辨识度"显著提升。通过"部门海选、导师领衔、群众打分"的方式在全县掀起 8090 新时代理论宣讲"百团大战",以"实地调研＋即兴宣讲"的形式组织选手深入基层蹲点宣讲、比拼,累计吸引 97 支战队,近千人报名参加,超 5 万人次线上观摩总决赛。常态化推进"8090 宣讲集市"活动,灵活运用脱口秀、情景秀等群众喜闻乐见的形式,每周在人群集聚地推出半小时微宣讲,实现"群众在哪里,宣讲就送到哪里","8090 宣讲集市"入选 2022 年全省社科普及创新项目。有序推进理论成果转化,正式出版《新时代青年理论宣讲的龙游实践》理论著作,为全国青年理论宣讲工作提供可复制可推广的"龙游样板"。

(四)理论宣讲体系化推进主题教育

一是聚焦现场教学,筑牢多元化宣讲阵地。"8090 新时代理论宣讲孵化基地—8090 24H 有声书房—小南海团石村"入选市级十条主题教育路线之一;8090 新时代理论宣讲孵化基地同步列为市级"循迹溯源学思想促践行"主题现场教学基地,主题教育开展以来,陆续迎接省供电公司、市妇联、县人大等省市县各级单位 40 余批次。二是聚焦先进典型,打磨精品化宣讲课程。组织宣讲员研究学习"千万工程""枫桥经验"等习近平总书记在浙江调研时提及的关于基层实践探索的经验做法。通过"学习—总结—提炼",深度挖掘"中国最美林业人——吴柏林"等本地人物先进事迹,形成《四千精神话龙商》《恒达纸上绘蓝图》《点亮万家灯火的那双手》等精品稿件 70 余篇,8090 新时代理论宣讲进讲堂、进社区、进车间、进校园超 1000 余场次。三是聚焦宣讲实效,激发干事创业"内生动力"。注重品牌引领,助力中心工作。2023 年 9 月份以来,成功承办全省"守好红色根脉·班前十分钟"、全县"'薪火相传·强国有我'

8090 开学第一课"、秋季役前教育等系列活动,并在全县干部轮训中开展宣讲授课及示范宣讲,通过理论宣讲入企、入校、入军营,积极为青年群体赋能"充电"。积极承担出色完成全国"千万工程"现场会、全国因地制宜推进小城镇建设现场会、全国城市规划设计衢州年会龙游现场会、龙游人发展大会、"龙凤引·游子归"招募引才大会等重大会议随车讲解工作十余次,8090 宣讲员成为现场会上靓丽的风景线。2023 年 9 月 27 日,浙江卫视新闻联播主题报道《思想润之江·赓续红色根脉 展现勤廉奋进生动图景》,关注报道龙游县 8090 学习贯彻习近平新时代中国特色社会主义思想主题教育相关事迹。

三、汇聚优秀青年人才,打造青年"圆梦之城"

(一)招财引智,不断深化"龙凤引·游子归"十万青年汇龙游行动

一是大力集聚优秀青年人才。设立人才工作联络站、青年学子服务站,精准务实靶向引才。通过赴高校招聘、出台人才政策、强化政策宣传等举措,努力补上大学生招引最大短板。发布 2023 年"一城十地百校千岗万人"青年人才招引活动,持续面向洛阳、西安、杭州等十地百校发出"引才专列",派出"引才大使",聘任"引才参谋",主承办各类招引活动、就业见习活动 67 场次,提供就业岗位 3900 余个、见习岗位 300 余个。同时,出台卫生人才政策、人才七日免租服务政策,以及全市首个突破社保桎梏的租房补助办法等,分层分类召开重点企业恳谈会和涉企政策宣讲会,向企业负责人、人事经理宣传最新的招用工和人才政策,进一步激发企业主体引才用才积极性。据统计,仅 2023 年1—9 月,龙游全县新引进青年大学生达 6400 人,新引进市外员工 3000 人。二是加快高层次人才项目落地签约。深化 2023 年高层次人才创新创业大赛成果转化,县科技局、县招商中心、龙游经济开发区、县人才办等部门持续跟踪6 个高层次人才项目落地情况,做好双招双引政策介绍,办公场地和厂房租赁等全流程服务,推动"结合 ChatGPT 的 AI 虚拟数字人项目"等大赛获奖项目签约落地。通过"一事一议",给予省海外高层次人才引进计划顶尖人才团队("鲲鹏行动"专家)领衔的"高比能富锂锰基正极材料产业化项目"启动资助和人才引进奖励扶持,该项目已于 2023 年 9 月 14 日成功签约落地,实现衢州市"鲲鹏行动"专家领衔的产业项目破冰。三是挖掘本土人才培育潜力。禾川科技王项彬、吉成新材尹邦进成功进入国家"高层次人才特殊支持计划"科技创业领军人才答辩,占全市入围答辩人数的 40%,为全市各县(市、区)最多。进

一步加快高技能人才培养,举办龙游县第十一届职业技能大赛,围绕电工、钳工、焊工、养老护理员、汽车维修工、健康管理师、互联网营销师、中式面点师等8个竞赛项目开展理论测试和实操比赛,直接认定技术能手20人、金牌职工24人,评定技师40余人、高级工50余人。据统计,截至2023年9月20日,龙游全县累计新增高技能人才1700人。同时,强化乡村振兴人才培养,积极申报省"希望之光"计划项目——稻渔产业人才提升工程,成功入围省级审查会,并由市委组织部人才工作处在会上作项目介绍。

(二)筑巢引凤,全面激活"龙游瀔"核心引擎

一是统筹规划,整合国土空间要素搭建青年集聚平台。构建"1+2+N"的龙游瀔空间体系。龙游瀔位于龙游主城区与产业新城之间,依托"两江两山两滩"独特资源,按照"公园城市""创新城市"理念,变衢江龙游段为龙游瀔,通过定义瀔区与陆域的发展主题,重整空间结构,激发创新因子,打造触发产城动能的风景核心,吸引青年人才汇聚的共享群落。二是持续开展"龙游瀔畔·8090青年创造季"活动。通过举办"龙游瀔畔·8090青年创造季"活动让青年集聚在龙游、了解龙游。创造季活动先后举行了1次线上论坛、3次线下研讨和专题分享论坛。第一季活动项目名称为"瀔石光·生态艺术走廊",涵盖27个项目作品,14个在地艺术单元和1个AR计划(16个点位),艺术辐射由瀔岸向村庄内部进行延伸。2023年10月9日,"瀔石光·生态艺术走廊"预展活动举行,作为鼎力团的9位国内顶尖的设计、建筑、景观大咖齐聚龙游,百余位业内知名的规划、设计、建筑和媒体人朋友参与预展,在全国范围内掀起第一波宣传声势,抖音、B站、小红书等平台"瀔石光"声音持续发酵,推动"龙游瀔畔·8090青年创造季"品牌成为龙游青年发展县域建设的"金字招牌"。三是引入新兴业态,积蓄龙游瀔发展新动能。龙游瀔以省级石窟旅游度假区和龙游石窟·龙游瀔5A景区创建为核心,谋划瀔畔夜游等特色体验,引入高端游艇、国际马术、滑翔伞、固定翼飞机、尾波冲浪、音乐节和烟火晚会等新业态,吸引青年人流量,盘活现有资源。打造汽车运动小镇,实施绿道畅通工程。主办"真心缘有你·爱满龙游瀔"龙游新青年小岛集体婚礼、"浙水十年·喜迎亚运"8090理论宣讲活动、首届"龙游瀔"杯全省摄影大赛,协办新联文创工业制造联盟青年市集、凤翔洲龙游马拉松,助力"龙游瀔杯"龙游·中国汽车拉力锦标赛活动等。通过系列活动提升龙游瀔知名度、美誉度和社会影响力,为核心引擎、核心圈层打造注入新动能。

(三)搭台唱戏,助力青年创新创业

一是多渠道搭载奋斗平台。围绕青年教育、住房、婚育等核心领域,深度挖掘社会资源,形成政策合力,截至 2023 年 6 月,第一批阶段性重点项目立项 41 个,已启动 29 个。深入推进青年"两进两回",建立产业创新集群青年联盟和"共富工坊"。组织龙商智慧城、建州龙游智汇创谷申报 2023 年度市级创业孵化示范基地。高规格建成 4 家青创人才服务站点,开辟政策咨询、创业指导、技能培训、金融服务、品牌推广等事项办理"直通车"。2023 年新建省级博士后科研工作站 4 家,新进站博士后 6 人。联合中国美院、衢州学院等高校共建未来乡村学院,创新"新创客＋原住民""大师＋工匠"抱团发展模式,累计吸引了 245 名创客入驻,竹编文创、民宿、陶艺等 30 多个项目投入运营,带动技能人才、周边农户创业就业 1200 余人。

二是多形式助力就业成长。举办"8090 创造季·竹梦青春 溪见未来"暨溪口青春联合会周年活动,探索"研学＋乡村振兴"发展模式。每月举办"青春赋能·乡村创业"溪口乡村青创沙龙暨公益培训,帮助更多的年轻人返乡入乡创业。开展湖镇镇专场电商主播创业大赛、"实战主播特训营"等吸引青年主播积极参与,帮助龙游青年准确把握直播电商发展趋势,更好地从线下走到线上。如今,百余名返乡创业青年落户溪口组建的青春联合会年销售额达 6000 余万元,已然成为全县文创标杆和村播直播领军团队。落实就业创业政策,鼓励企业吸纳更多高校毕业生等青年群体进行就业,截至 2023 年 6 月,共发放创业担保贷款 460 万元,支出就业专项资金 579.87 万元。

四、优化青年全方位发展,构建青年"活力之城"

(一)打造青年生活"友好圈层"

坚持"为青年人筑城",以前瞻眼光谋划布局城市规划,大力开展社区、乡村、企业、青创农场、青年驿站、青年之家等系列青年友好单元建设,塑造充满青春活力的"十五分钟生活圈",让青年城市可知可感。专门设置新就业青年公租房准入条件,优化青年人才公寓、青年驿站、保障性租赁住房等多层次住房供给,建成青年人才公寓 72 套。

(二)开拓青年城市"第三空间"

按照"产城人"融合发展理念,大力发展生产性服务业和生活性服务业。

比如,围绕青年8小时外生活,充分利用龙舟赛、石窟音乐盛典、龙游瀫·团石未来乡村滨水音乐节等赛会活动,打造"星星的夜市""夜游团石湾"等特色场景,融合非遗小吃等元素,吸引广大年轻游客打卡游玩。充分聚焦青年特点和需求,挖掘"青年+"新经济,举办"在龙游 正青春 敢无为 可有为"首届青春龙游音乐节;开设光影印象、8090读书、花艺年华、户外运动、体育健身、志愿服务、摄影、龙青电商、桌游、街舞等十大青春社团;聚焦社区、乡村、园区、企业、青年驿站、青年之家等10类青年发展友好单元建设,谋划申报具备龙游标识度的特色单元。

(三)优化"一老一小"普惠服务

建立青年工作联席会议与老年友好型社会、儿童友好型城市建设等领导小组联席会议会商机制,推动老年、青年、儿童全年龄段一体创建。推出校内课后托管服务"5+1+X"特色做法,覆盖全县27所非寄宿制学校学生1.8万人。"团团助力5+2"公益服务项目入选共青团助力"双减"常态化托管志愿服务省级试点。深入推进现代社区建设"十件惠民好事工作",构建普惠均衡的青少年校外活动微阵地,翠光未来社区"家门口青少年宫"正式运营,方便少年儿童享有校外活动场地提供的优质服务,解决青年后顾之忧。

第三节　青年发展的典型案例

【案例5-1】团龙游县委搭建"青春城市矩阵",助力青年城市感知无限

一、基本情况

为持续深化县域共青团基层改革,团龙游县委以"8090宣讲"激发"青年创造",倾情打造"青春城市矩阵"。从搭平台、建队伍、强活动三个维度出发,瞄准工作、组织、生活三个方向,搭建青春城市"连心桥",助力龙游青年城市感知多维度提升,实现新兴青年融入城市"零距离",引领"团聚新青年,点燃新力量"的共青团工作新风尚。

二、主要做法

一是做实"8090+"理论宣讲,旗帜鲜明讲好"青春故事"。其一锻造宣讲队伍。大力推动8090新时代理论宣讲迭代升级,延伸宣讲员队伍,从"8090"

拓展至"0010",组建体制外青年、大学生、红领巾等宣讲分团,组织开展"8090百团大战""8090接力有我"宣讲 PK 赛、红领巾宣讲赛等活动,把宣讲课堂搬到农家院坝、田间地头、村社广场等基层一线小场景,把党的创新理论融入乡土故事、文化文艺。理论宣讲成为龙游青年新时尚。其二加强青年理论武装。不断加强青年理论武装,坚持把青年思想政治引领作为首要任务,以青年大学习、大宣讲、大实践为抓手,通过现场宣讲、学习座谈、交流研讨等形式,深入学习贯彻党的二十大精神、习近平总书记系列重要讲话精神,引导广大青年听党话、跟党走,推动全团学懂弄通做实习近平新时代中国特色社会主义思想。

二是回应青年痛点,精准聚焦服务"青年需求"。其一聚力打造青年城市。围绕党政中心和青少年需求,在全市范围内率先提出青年发展型县域建设,并在县委十二届二次全会上审议通过《关于推进青年发展型县域建设的决定》。其二开展基层服务项目。持续推出"团团助力 5+2"公益服务课程菜单,整合流动青少年宫、青年之家等阵地功能,形成"点单次单＋定长期单"模式,成功入选共青团助力"双减"常态化托管服务省级试点单位。依托青年人才之家、"小哥驿站"等平台,开展快递小哥服务月、暖冬行动等关爱活动,覆盖 500 余人次。开设婚恋交友专场活动 10 余场,参与人数 600 余人次。发放希望工程助学金 13 余万元,实现"微心愿"170 余个。

三是赋能"创青春",全力以赴激发"青年创造"。其一聚焦青年新业态发展。坚持"党建带团建",加强对"两新"组织和各类新兴领域青年群体的组织覆盖,实现符合建团条件的规模以上企业建团率动态达 100％,"两新"组织中建立团组织或团主导的青年社团增幅 20％以上。积极开展团建联建共建活动,聚力赋能"龙游瀫"青年双创空间,依托"龙游瀫"科创中心等载体,打造社群搭建和 IP 矩阵持续运营的"城市＋平台＋青年"新模式,一季一主题开展由年轻人主导的群策、群设、群创"青年创造季"活动。其二加强青年英才引育。深化"青"字号品牌项目育人功能,通过"聚、引、留、用"等手段深化实施"龙凤引·游子归"青年人才集聚行动,打造四省边际青年人才优选地。持续深化"大学生龙商行"龙游籍学子回乡就业直通车等载体平台,推动所有社区和高校(或院系)团组织建立合作关系,组织大学生利用日常和寒暑假时间到基层报到,开展"社区有我　青春报到"大学生社区实践行动。深化各级共青团"两红两优"等先进青年个人及集体典型选树活动,持续挖掘、选树并报"向上向善好青年""好畲匠""优秀青年骨干"等青年典型。其三助推青年"双创"提速。依托经济开发区、浙工大生态工业创新研究院、"龙游瀫"科创中心、技师学院等团员青年较集中的教育、金融、新媒体、产业创新集群平台,建立"行业党工委+行业团工委"党团共建模式,高水平打造青年双创空间。进一步优化和创新"青轻贷"等金融产品,提供"低成本、零门槛"的青年创业创新服务。聚焦乡村振兴、共同富裕,建立"溪口青春联合会"等产业创新集群青年联盟,引导青年到村创业办企,村企共建各具特色的"共富工坊"。

三、案例简析

团龙游县委坚持"大场景、小切口",聚焦"三个五"突破性抓手,扎实推进青年思政教育、人才集聚、品质生活、发展活力、共创美好五大高地建设,以青春之力助推铁军之干助力龙游之变。其主要特色亮点有:

一是坚持"产业为王",通过系统方式丰富创业创新实践场景,为广大青年找到赛道,追逐梦想,推动青年发展型县域建设理念和龙游濑整体规划深度融合。二是将青年发展深度融入"推进以县城为重要载体的城镇化建设"战略布局,为青年来龙留龙提供全生命周期服务。三是以系统思维和系统方式走好新时代群众路线,引导青年在基层治理中有位、有为。充分发挥 8090 新时代理论宣讲特色优势,有效扩大 8090 品牌效应。

【案例 5-2】龙游县溪口青春联合会,展现青春创造的力量

一、基本情况

在龙游溪口镇,70 年前,"衢州六烈士"之一的李子珍,在他的家乡溪口组织"溪口联谊会",以凝聚青春之力、团结革命能量,从事抗日救亡活动。如今,充满激情和信念的年轻人汇聚溪口,创建了"溪口青春联合会"。

溪口青春联合会以汇聚更多的年轻创业者,以新的活力、新的构思活化业态,在溪口这个大舞台上以共享、共创、共融、共生为目标,通过青春联合会的自创运营模式,借势借力以行业带动共富模式,汇聚"原乡人、归乡人、新乡人",让青年在溪口一起创业、一起生活、一起致富。目前,溪口青春联合会已经拥有 90 余名创客会员,遍布文化创意、社区运营、数字经济、电子商务、运动健康、旅游研学等多领域,孵化了"一盒故乡""瓷米文创""溪游记"等品牌,形成了互助互持的奋斗气息。

二、主要做法

一是搭建创业平台,聚拢创业青年。溪口青春联合会通过溪口未来乡村、乡村振兴综合体等载体,按照跟政府一起办公、跟导师一起创业、跟居(村)民一起生活的理念,建设青年创业工厂、未来社区学院、乡创基地、乡创公寓,定期举办创业大赛、才艺比拼、文体活动、艺术沙龙等活动。同时为青年提供阳光雨露,建立"乡创基金"等政策服务,营造利于人才招引、入驻、成长的浓厚氛围。2022年,溪口青春联合会开展包括青春研习所、宣讲会、青创沙龙等不同形式的活动十余场,立足于研学业务提升、创客项目推荐、青年跨界交流等多主题内容,为创业青年搭建思维碰撞、资源共享的平台,吸引人才、集聚人才、服务人才、成就人才。

二是讲好青春故事,引领感召青年。溪口青春联合会坚持以习近平新时代中国特色社会主义思想为指导,深入贯彻落实习近平总书记系列重要讲话精神,让青年成为传承和发扬传统文化的主体,让溪口文化活化传承、薪火相传,把传统文化融入乡村经济,大力发展乡村文创产业,让乡村文化"活"起来,打造青年创业文化高地。溪口青春联合会以"8090"青年创客为主体,释放青春能量,积极通过政府资源开展公益活动、培训体验及各类宣讲,充分宣传青年回归乡村、发展乡村、扎根乡村的奋斗故事,同时,讲好龙游故事,让"乡愁"走出去,让青年留下来。

三是勇担时代使命,贡献青春力量。溪口青春联合会立足溪口生态优势,引导发展休闲度假、健康养生、艺术文创等产业,打造溪口IP,点燃青年创业激情,扩大群众农副产品的销售渠道,带动更多的龙南山区群众就业,在乡村振兴路上展现出青春力量,激活乡村产业,打造共同富裕样板。2022年,溪口青春联合会积极发挥服务功能,组织开展以毕业季、夏令营等多主题的研学活动十余次,在将瓷米、竹编、乐道户外等已有业态盘活的同时继续挖掘新业态,成员单位实现产值2000余万元,带动龙南山区1000余户农户增收。

三、案例简析

为推动人才、资金、技术等资源集聚,有效辐射周边三个乡,龙游溪口镇通过"溪口青春联合会"吸引更多的青年来此创业。青年需要什么样的空间,当地就塑造适合的场景环境与课程。青年的回归,为当地发展注入全新动力。近年来,溪口镇出台多项政策,大力实施青年新乡贤回引工程,为返乡的新乡贤、乡创客搭建创业创新平台,通过政策扶持盘活乡村运营,让这些"原乡人""新乡人""归乡人"以青春联合会为纽带,相互交流、相互扶持,提升未来乡村活力,实现青年和乡村的双向奔赴。

【案例5-3】"8090新时代理论宣讲团"青年宣讲员的学习成长之路

一、基本情况

2019年,党中央"不忘初心、牢记使命"主题教育领导小组印发《关于开展第二批"不忘初心、牢记使命"主题教育的指导意见》,龙游县委第一时间召开"不忘初心、牢记使命"主题教育动员大会,明确提出要紧紧围绕学习贯彻习近平新时代中国特色社会主义思想这个主题主线,精心设计一批接地气、有实效的载体和抓手,把主题教育延伸到党外、延伸到基层、延伸到千家万户,让伟大思想落地生根、深入人心。

与此同时,龙游县第八届"微党课"大赛也正在紧锣密鼓地开展。全县各部门、乡镇(街道)累计共有 2000 余名青年干部参与比赛。他们认真写稿、磨稿、背稿、试讲,本着"台上一分钟,台下十年功"的精神,用奋斗与激情为听众们呈现了一场场精彩纷呈的宣讲。比赛过后,31 名优秀宣讲员脱颖而出,他们带着参赛作品回归单位,将比赛中学习到的宣讲技巧运用到日常的理论宣讲中,结合"不忘初心、牢记使命"主题教育深入基层开展宣讲,获得了广大群众的喜爱,产生了良好的效果。龙游县委县政府当即决定组建理论宣讲团,在县域内广泛开展理论宣讲工作。

得知要成立宣讲团,许多历届参加过"微党课"大赛的宣讲员踊跃报名,这些勇于尝试探索的龙游青年纷纷加入了新时代理论宣讲工作中。渐渐地,通过"微党课"大赛、"金点子"大赛等活动,以赛促学、以赛促讲、以赛练兵,龙游组建了第一支有思想、有活力、能创新的新时代理论宣讲队伍。由于宣讲员都是"80 后""90 后",宣讲团也就有了自己的名字:龙游县 8090 新时代理论宣讲团!

2019 年 9 月 30 日,龙游县举行了"8090 新时代理论宣讲团"授旗仪式,首批宣讲员就是 31 名参加历届"微党课"大赛的优秀选手。从此,龙游青年开始出圈。

同日,龙游县"8090 新时代理论宣讲团"正式成立,龙游青年以此为舞台,开始了一段精彩绝伦之旅。

2019 年 11 月 28 日,央视新闻联播报道龙游县"8090 新时代理论宣讲团"深入基层开展党的十九届四中全会精神宣讲。

2020 年,3 月 30 日,龙游县 8090 新时代理论宣讲工作被评为衢州市宣传思想工作创新项目;5 月 18 日,《光明日报》专版报道龙游县"8090 新时代理论宣讲团"做法,时任省委常委、宣传部部长朱国贤作出批示;6 月 13 日,时任《光明日报》总编辑张政专程来衢调研龙游县"8090 新时代理论宣讲团";6 月 28 日,时任市委书记徐文光专题调研龙游县"8090 新时代理论宣讲团";7 月 1 日,时任省委常委、宣传部部长朱国贤带队来龙调研 8090 新时代理论宣讲工作,他提出,要努力推动龙游的"盆景"变成全省乃至全国的"风景"和"风尚";7

月20—21日,浙江省新时代青年理论宣讲工作现场会在龙游召开;11月7日,龙游县"8090新时代理论宣讲团"骨干宣讲员李陈在全国基层理论宣讲先进集体表彰会上作交流发言;11月14日,与浙江传媒学院建立"青年理论宣讲共建基地",这是与龙游县"8090新时代理论宣讲团"建立校地合作关系的首个高校。12月17日,宣讲员李陈在浙江省"我最喜爱的习总书记的一句话"青年微宣讲大赛中荣获一等奖;12月22日,龙游县"8090新时代理论宣讲团"导师及优秀宣讲员赴新疆乌什县开展宣讲交流活动。

2021年,1月26日,龙游县8090新时代理论宣讲孵化基地直播间首播;3月,FM954首次推出"8090小李说理"栏目;6月21日,8090新时代理论宣讲"百团大战"火热"开战",赛事品牌"百团大战"从此打响;7月13日,时任浙江省委书记袁家军在团石村,与"8090新时代理论宣讲团"成员进行交流;7月18日,在龙游火车站候车厅开展"七一"重要讲话精神宣讲快闪活动;8月13日,"8090接力有我"龙游县大学生暑期研学实践营宣讲PK赛正式开赛;8月20日—9月1日,开展8090"百员联百校"活动,8090宣讲员在全县各级学校的"开学第一课"上宣讲党史和"七一"重要讲话精神;9月13日,全市8090新时代理论宣讲现场推进会在龙游召开;9月29日,精品课程《共同富裕看"浙"里》获浙江省青年理论宣讲暨微党课大赛情境式决赛一等奖;10月21日,中央组织部考察龙游县8090新时代政治宣讲孵化基地,调研青年理论宣讲和青年党员教育培训工作;11月12日,举行"'共同富裕 大庆大干'8090采风团向您报告"PK赛,这也是县委"铸魂塑形、两专赋能"建新功立新业系列活动之一;11月19日,"8090学精神 说共富"短视频宣讲大赛云启动;12月1日,浙江省委召开省委十四届十次全会新闻发布会,点名表扬"'龙游县8090新时代理论宣讲团'做活载体形式,取得非常好的效果"。

2022年,1月19日,市委常委、宣传部部长邓崴来龙专题调研8090工作;1月20日,龙游县"8090新时代理论宣讲团"社团成立大会召开;1月21日,龙游县"初心不改 遍地龙游"战队获衢州市8090说新时代理论宣讲电视大赛2021年度总决赛"金星战队"称号;1月22日,8090宣讲员沿着习近平同志在罗家乡调研足迹,开展"8090牢记嘱托 循足迹话共富"活动;3月8日,县委书记祝建东专题调研8090工作。6月1日—2日,全省"共同富裕·青年说"宣讲挑战赛总决赛在龙游举行,龙游县选手赵越获特等奖;6月初龙游专报《龙游县创新构建"六大体系"持续擦亮8090宣讲"金名片"》得到时任省委常委、宣传部部长的批示肯定"龙游的探索很有意义,要持续迭代,更好实现入心入脑入青年,为全省宣讲工作提供示范,为意识形态工作创新提供新路径。"

以青春的名义宣讲伟大理论、解读大政方针、回应时代命题，伴随着宣讲团的成长，这群年轻人也在逐渐成长，从而使得宣讲团成为龙游青年成长的重要载体。习近平总书记说："青年人正处于学习的黄金时期，应该把学习作为首要任务，作为一种责任、一种精神追求、一种生活方式，树立梦想从学习开始、事业靠本领成就的观念，让勤奋学习成为青春远航的动力，让增长本领成为青春搏击的能量。"①"8090新时代理论宣讲团"恰好为青年提供各种学习和提升的机会。在具体形式上不拘泥于固定的传统教学模式，而是根据宣讲员的实际情况，采取了专业指导和自我学习相结合的方法，帮助这群年轻人在理论宣讲的舞台上持续发光发热。

为使青年宣讲员的宣讲能力得到快速提升，一方面聘请专家作为宣讲团导师，定期举办骨干宣讲员培训班，为青年宣讲员提供理论培训、讲稿把关、宣讲技巧指导等服务，不断提升青年宣讲员的理论水平、宣讲技巧，让群众"听得懂、听得住、听得进"。另一方面组织宣讲员列席各级党委（党组）理论学习中心组学习会，选派优秀宣讲员参加上级举办的各类政治学习和轮岗轮训。此外，宣讲团还通过开展宣讲员星级评定以及考核工作，推动宣讲员合理安排时间，加强自主学习，不断提升宣讲技能。

来自龙游县总工会的李姗认为作为一名宣讲员的责任重大。"一堂精彩的宣讲，既要贴近听众、内容有深度、又要有回味。要达到这样的效果，需要前期后期持续发力。"因此，宣讲前，李姗会通过各种渠道了解当地的特色和听众的特点，积极融入听众；在宣讲时，又精心设计互动，增加听众参与度，力求打动听众；宣讲后，她会积极寻求听众的反馈，及时调整自己的稿件，力求最佳宣讲效果。李姗说，通过一场场的公开宣讲，她学习理论的内生动力被彻底激发出来。"我会坚持下去，浅尝辄止的理论学习说服不了自己，更打动不了别人，今后我会更加主动学习，做足功课。"

县资源规划局的汪杏怡第一次宣讲时感觉无比迷茫，"无论是从写的内容还是讲的气场，都处于负的状态，头绪仿佛处于真空的状态。硬着头皮写完了稿子，但总觉得内容上有所偏差，琢磨不到自己想要的点。"

慢慢地，她开始参加宣讲团的理论培训、宣讲技巧的指导，并观摩其他选手的精彩宣讲，用榜样的力量鞭挞自己前行。通过看宣讲视频、阅读优秀宣讲稿，记下他们的亮点、创新点，让她大开眼界、拓宽了思路，为宣讲注入源源不

---

① 习近平. 在同各界优秀青年代表座谈时的讲话[EB/OL]. (2013-5-4)[2013-05-05]. https://www.gov.cn/ldhd/2013-05/05/content_2395892.htm.

断的活水。汪杏怡坚持宣讲学习入耳入心、学思并行,坚持"会学""会写""会讲""会干"全面发展,讲好党的理论,学好党的精神,把理论宣讲层层推进,自身信念层层加固,初心使命代代相传。

立足本职,发挥理论引领作用。龙游县农业农村局的王舒洁在龙游县小南海镇汀塘圩村,向当地养殖大户和村两委宣讲了生猪养殖技术重点及相关政策安排,通过正反典型例子生动充分地讲解了养殖过程中需要注意的地方,获得了村民们的一致好评。龙游县国调队的宣讲员黄璐、曹晓萱、吴玲下乡入村走户,采取一对一的方式对住户、记账户开展统计、法治、业务规范等方面的宣讲,提醒记账户要如实记录家庭收支情况,做到应记尽记,不重不漏,确保数据客观真实,为政府科学制定保障和改善民生相关政策保驾护航。

二、案例简析

一是通过理论宣讲提升了青年人的学习主动性。这种由内而外的学习主动性,让青年人的学习热情不断攀升,学习积极性不断升高。青年人发自内心地爱上了理论、坚定了信仰,他们在学中干、干中信,更是从中收获了快乐感、存在感、成就感、价值感和认同感。

二是政治学习同业务提升相结合。理论宣讲是加强理论武装、传播党的政策、广泛凝聚人心的一种重要形式,具有很强的政治性、思想性、导向性,这就决定了开展党的理论宣讲不同于一般的宣讲,要保持政治清醒,把牢宣讲方向。因此,宣讲员以政治理论学习,提升工作精神动力。

三是理论指导和实践操作相统一。龙游县 8090 新时代理论宣讲团宣讲员通过积极主动地学习理论知识,将理论与实践相结合,从群众的兴趣入手,从生活、工作、家庭、社会的所见所闻等直观感受入手,描绘理论在实践中的模样,使理论宣讲紧紧贴近现实,不空洞、不乏味,立足实际,把党的方针政策聊透彻,多讲百姓身边事,以通俗易懂的方式讲述理论政策,让大家能够看进去、听下去、记得牢,促使青年宣讲员的理论水平和实践能力在宣讲中得到双提升。

【案例 5-4】龙游澉建管中心以"人才链"赋能"产业链",助力青年城市建设

一、基本情况

龙游澉建管中心紧紧围绕打造"青年发展型县域建设"目标,聚焦青年特点和需求,一体推进青年英才引育、小家保障、双创筑梦等工程,以"人才链"赋能"产业链",构建符合年轻人理想的空间形态、产业形态和社会形态,变人才

"流量"为"留量",推动青年人才与青年城市双向奔赴。

二、主要做法

围绕建设高质量发展共同富裕示范区,为区域优势产业的发展培育技能型、创新型、复合型高技能人才为目标,深化与浙工大、浙江建设技师学院等院校合作,在龙游瀫智慧产业园筹建浙工大生态工业创新研究院和技师学院,打造一所集"一体化、高端化、应用型、创新型"于一体的高水平院校。目前,龙游瀫智慧产业园已列入省"千项万亿"工程项目并率先启动建设,龙游瀫建管中心从项目谋划、选址到建设落地进行全程服务和跟踪,多次召集相关单位就红线确定、项目方案、配套市政道路建设、高压线迁移等问题进行协调,确保重点项目高效有序推进。截至目前,一期项目形象进度完成总工程量的 20%,完成投资近 2 亿元。该项目有序推进为龙游县共同富裕示范区试点建设提供有力支撑,被龙游县委县政府列为 2023 年二季度执行"十条军规"正面典型案例进行通报表扬。与省建科院联合,设计修改龙游瀫人才型未来社区项目,该项目计划投资 3 亿元,占地约 60 亩,建成后可提供租赁式、购买式人才住房和商品房住宅约 500 套。

积极探索青年发展型县域建设,龙游瀫建管中心依托浙工大生态工业创新研究院平台,协助组建工业文创联盟和龙游风味 CSA 共富联盟并投入运行,与浙江龙游共联农产品有限公司签订龙游风味"五链融合"共富联盟青年创业园项目合作协议。持续开展"龙游瀫畔·8090 青年创造季"活动,第一季活动与中国城市规划设计研究院、上海风语筑文化科技股份有限公司及上海哔哩哔哩科技有限公司联合发起,邀请 9 位知名鼎力团专家,全球网罗 27 位青年设计师、艺术家,在龙游瀫畔的沿江景观带上跨界协同合作,打造年轻人心目中的空间形态、产业形态和社会治理形态。自 2022 年 8 月发布会召开以来,龙游瀫建管中心举行了多次鼎力团与青年团的线上线下交流,通过持续深入沟通、深化方案设计、健全落地机制,把各个点位作品充分转化为龙游瀫畔"共同富裕"单元细胞里的磁石与精华,持续填充龙游瀫畔新生的建造艺术公园。目前,整体 27 个项目和 12 个在地单元中所有点位基本进场,约 22 个点位初具雏形(部分正在进行细节收尾)。活动凝聚了青年力量,助力当地乡村实现共同富裕,为龙游青年发展型县域建设注入新的活力。

三、案例简析

一是"产教融合"自主培养创新人才。龙游瀫建管中心通过深化与浙工大、浙江建设技师学院等院所合作,立足服务浙江、面向全国,重点围绕碳基纸基新材料、精密数控和轨道交通装备两大主导产业,打造集学术交流、技术研发、成果转化、项目孵化、人才培养等功能为一体的一站式技术研究与服务平台。

二是"筑巢引凤"吸引青年向龙游集结。龙游漱建管中心将人才型未来社区融入"龙游漱"整体规划设计,优化青年人才多层次住房供给,牵头相关单位从项目建筑布局形态、户型组合、交通组织、场景配置等方面匹配青年人才的需要,保障青年人才"来了有房住,留下有住房"。

三是"穿针引线"打造一流创新生态。通过打造线上线下相结合的共富青年创业平台,吸引并助力青年创业创新和成长成才。

【案例 5-5】龙游县实施"有爱行动",全力保障"青年人才无忧"

一、基本情况

近年来,龙游县持续将"感情留人"作为"筑巢引凤"的最大变量和最强增量,大力实施"有爱行动",着力为人才打造"生活有质量、锻炼有平台、干事有舞台、成长有期待"的"无忧环境",推动人才与城市"双向奔赴、相互成就"。

二、主要做法

一是出台"有爱"政策,推动人才来龙无忧。聚焦教育、就业、住房、婚恋等青年人才急难愁盼问题,以硬核政策引领青年人才向龙游集聚。创新出台《龙游县服务高层次人才"暖心留才"十条意见》《关于支持青年人才集聚打造青年发展型明珠城市的八条措施》等一揽子政策,在政策兑现、子女就学、医疗保险、住房补贴、交通出行等 10 余个方面给予青年人才重点保障,切实护航青年求职有门、就业有路、创业有扶持。2022 年,累计为回龙青年组织安排了 76 场次公益招聘活动,提供就业岗位 1.2 万余个,引进大学生等青年人才 8074 人,其中博士研究生 11 人、硕士研究生 260 余人,为引进青年提供创业担保贷款 2143 万元。

二是搭建"有爱"平台,助力人才发展无忧。发挥"四省通衢汇龙游"区位优势,加速推进"龙游漱"科创中心和高能级创新平台建设,成功落地浙工大生态工业创新研究院、浙江建设技师学院,加快集聚各类高端创新资源,为人才成长发展搭建广阔平台、创造优厚条件。2022 年,全年新建省级及以上人才平台 14 个,其他各类人才平台 16 个,新认定国家高新技术企业 39 家、省级科技型中小企业 109 家、省高新技术企业研究开发中心 5 家。以"8090 青年创造季"为主题,连续三年开展重大科技攻关"揭榜挂帅"活动,高规格举办高层次人才创业创新大赛,成功引进落地"双领计划"项目 6 个,撬动科研经费投入超 5 亿元。

三是深化"有爱"服务，促成人才留龙无忧。坚持寓服务于管理，寓感情于服务，以"青年＋"休闲乐游工程和数字化改革为切入点，推进人才创新创业服务综合体和人才码建设，打造"线上＋线下"人才综合服务平台。配备首席人力资源服务官，探索出台龙游县人才绿卡"承诺制＋容缺办"工作机制，重要人才事项限时办结，解决人才"燃眉之急"。2022 年，依托 3 家青年人才之家，先后开展青年人才研讨会、青年学子座谈会、青年联谊会等活动 52 场，服务覆盖人才 1800 余人次。依托"浙里人才之家"发放体检券、观影券、消费券等各类优惠券 8452 张，累计兑现购房补助、人才津贴等各类人才奖励补助资金 2469.5 万元，惠及人才 1266 人次。

三、案例简析

青年是青年发展型城市的基础和血脉，只有实现青年的集聚才能更好地打造青年发展型明珠城市。为此龙游县各部门出台多条支持政策，围绕人才"引、育、留"的目标，细化"菁才成长""聚才优选""创新引领"等举措，在就业补贴、创业融资、购房安居等青年人才急难愁盼的领域加大支持力度，以全面化、定制化、特色化服务保障山区县青年人才创业有机会、干事有舞台、发展有空间，推动形成青年人才竞相回归、创新活力竞相迸发、产业项目竞相落地的蓬勃态势。

参考文献

[1]习近平.论党的青年工作[M].北京：中央文献出版社，2022.
[2]陆玉林，李贞海.习近平总书记关于青年工作的重要思想蕴涵的科学思想方法[J].中国青年社会科学，2023，228(42)：1-8.
[3]段进泉，黄楚杰.习近平关于青年意识形态教育的重要论述探赜[J].教育探索，2023(7)：55-60.

第六章　龙游县推进"八八战略"与打造四个展示窗口的未来展望

回顾过去,龙游县牢记习近平总书记的殷殷嘱托,坚定不移践行"八八战略",打造山区跨域式高质量发展展示窗口、生态工业高质量发展展示窗口、文旅融合发展展示窗口、青年发展展示窗口,取得了较为突出的成效。展望未来,龙游县要继续推进"八八战略",持续深化"千万工程",加快"三农"高质量发展和共富乡村建设,奋力打造成为乡村高质量发展和率先基本实现农业农村现代化的示范样板和引领标杆;围绕制造业高质量发展先行县定位,构建具有"高质量、竞争力、现代化"鲜明特质的产业体系,努力打造高端智造示范县;积极建成衢州市文化旅游融合发展高地、诗画浙江大花园核心区精品园和长三角知名的文化旅游休闲目的地;提升青年在龙游生活的获得感、幸福感、安全感,激励青年为建设具有"龙之游"发展活力、"人之居"幸福图景的区域明珠而不懈奋斗。

第一节　龙游县打造山区跨越式高质量发展展示窗口的未来展望

龙游县打造山区跨越式高质量发展展示窗口,必须认真贯彻落实习近平总书记考察浙江时重要讲话精神,坚持"绿水青山就是金山银山"发展理念,紧紧围绕乡村振兴总目标,以"努力成为新时代全面展示中国特色社会主义制度优越性的重要窗口"为总纲,以"八八战略"为统领,以高水平推进部省共建乡村振兴示范县为抓手,以农业现代化、农村现代化、农民现代化为重点,以群众获得感、幸福感、安全感为出发点和落脚点,立足新时代浙江"三农"工作"369"①行动,结合龙游实际,坚持锻长板、补短板、强弱项,实施六大高质量发展行动,持续深化"千万工程",推进"三农"高质量发展和共富乡村建设,将龙游打造成为乡村高质量发展和率先基本实现农业农村现代化的示范样板和引领标杆。

聚焦"国内一流、全省示范、26县前列"工作定位,以率先基本实现农业农村现代化为总目标,建立健全城乡融合发展体制机制和政策体系为制度保障。按照"产业兴旺、生态宜居、乡风文明、治理有效、生活富裕"的总体要求,坚持目标导向、趋势导向、问题导向、示范导向,抢抓"重要窗口"建设等战略机遇,以"改革、科技、绿色、融合、数字"为驱动,高质量推进乡村发展,着力打造山区共同富裕先行县、"双强行动"示范县、未来乡村建设样板县、智治体系建设引领县、新时代美丽乡村标杆县"五县"高地,高水平绘好新时代"富春山居图",把龙游县建设成为新时代中国特色社会主义制度优越性的展示窗口和乡村高质量发展的引领标杆。

一、实施高质量发展行动,加快推进农村产业现代化

按照保供给、保增长、保生态、保收入的总体要求,深化农业供给侧结构性改革,以要素集聚化、产业融合化、功能多样化、产品品牌化、装备智能化、手段数字化为路径,以延长产业链、拓宽产业幅、提升价值链、构建创新链、完善服务链为抓手,进一步优化产业空间布局,高质量构建完善具有龙游山区特色的现代乡村产业体系、生产体系和经营体系,力争率先基本实现农村产业现代化。

1.构建完善特色乡村产业体系

以高效生态农业作为龙游农业发展方向,坚持特色兴农、质量兴农、科技兴农、数字兴农、品牌兴农、融合兴农,扎实做好提品质、增效益文章,推进特色农产品优势区建设,构建以粮食生产为基础,畜牧养殖(生猪、家禽、蛋鸭、水产

---

① 其中,"3"是指聚焦农村改革探路者、城乡融合先行者、乡村振兴排头兵"3大定位";"6"是指全面落实"抓统筹、保安全、补短板、促改革、强队伍、创品牌"6项要求";"9"是指全力推进重要农产品增产提质等"9方面重点"工作。"9方面重点"具体包括:推进重要农产品增产提质;建设"数字三农";打造新时代美丽乡村;高质量解决相对贫困;推进"两进两回",即科技进乡村、资金进乡村、青年回农村、乡贤回农村;深化"肥药两制"改革,即化肥定额制施用和农药实名制购买改革;推进农村综合集成改革;构建"自治、法治、德治、智治""四治融合"乡村治理体系;培养高素质"三农"人才队伍。

等)、笋竹、水果(黄花梨、柑橘、桃等)、茶叶(绿茶、黄茶)、富硒莲子、蔬菜、中药材、油茶等为优势特色产业的现代农业产业体系。充分发挥农业多功能性,培育发展现代种植业、畜禽养殖业、农产品加工业、乡土特色产业(乡愁产业)、乡村商贸流通业、乡村休闲旅游业、康体养生产业、乡村信息产业、综合服务业、乡村资源环保业等十大乡村产业,优先发展"3+X"①农业产业,走出一条产出高效、产品安全、资源节约、环境友好的具有山区特色的农业现代化道路,打造高效生态农业强县。

2. 构建完善特色农业生产体系

全面加强耕地保护利用,坚持最严格的耕地保护制度和节约集约用地制度,切实加强耕地保护工作;针对全县永久基本农田严格落实耕地数量、质量、生态"三位一体"保护;深入实施标准农田质量提升工程和土壤污染防治行动计划,建立健全土壤污染监测预警体系。提升农业科技运用水平,坚持科技强农,加强新品种、新技术、新装备、新模式、新机制综合应用;加快构建产学研用融合的农业科技创新联盟,完善集研发、种养、加工、流通全产业链技术支撑体系。深化农业标准化建设,全面推进农产品质量安全智慧监管,构建农业投入品和农产品质量安全追溯体系,探索可信赖体系建设;加强农产品质量安全智慧监管平台建设,探索创新"智慧监管"新模式。推进农业机械化进程,以农机农艺融合、机械化与信息化融合为抓手,大力发展智慧农机,推广先进适用农机化技术,重点推广应用适合龙游产业和山区特点的农机具,推动农业"机器换人"向全程全面高质高效提升。推动农业数字化提升,统筹推进数字技术在生产管理、流通营销、行业监管、公共服务、乡村治理的融合应用,全面推行"浙农码";推动种养基地数字化改造,培育一批高水平数字农业工厂,建设数字农场、数字牧场、数字渔场。推进农业全产业链创新,推进产业基础再造和产业链提升,梳理农业全产业图谱,拓展特色农产品保鲜、加工、副产品综合利用等环节,加快农产品加工转化率,打造笋竹、畜禽等省级标志性产业链。推进农业绿色化生产,大力推进农作制度创新,重点推广"油菜—早稻—鲜食秋大豆"新三熟制模式,示范推广稻菜轮作、稻鸭共育、稻渔共生模式。

3. 构建完善特色农业经营体系

高标准巩固完善农村基本经营制度,深化农村土地制度改革,推进承包地所有权、承包权、经营权"三权"分置改革;健全和完善农村土地经营权价值评

① "3+X"农业产业,即 3 个特色主导产业、X 个新兴特色产业.

估、抵押物处置及抵押贷款风险缓释补偿机制,引导农村承包土地经营权依法向金融机构融资担保、入股从事农业产业化经营。高水准推进农业经营主体培育,积极培育适应科技创新的新型农业经营主体,加快提升新型农业经营主体应用先进农业技术、机械装备、现代农业模式能力。高力度培育"新农人""农创客",完善农业领域创业就业政策,落实扶持补贴、创业担保贷款贴息等机制和政策,扶持农民创业就业。高水平提升小农户组织化程度,大力发展土地流转、土地托管、土地入股等多种形式的适度规模经营。高精度吸引工商资本进入农业农村,完善农业农村招商项目库,出台工商资本投资农业农村的负面清单,鼓励和引导工商资本进入农村一、二、三产业融合发展的新品种研发、新技术推广、生产性服务以及农产品加工、储藏、物流、营销、品牌建设等领域。

二、迭代美丽乡村建设,加快推进农村生态和村庄建设现代化

牢固树立"绿水青山就是金山银山"的发展理念,守住生态保护红线,统筹山水林田湖草系统,推进形成绿色发展方式和生活方式,打造形成人与自然和谐共生的发展新格局。对标国内一流美丽乡村水准,按照"发展路上一个都不能少"全域目标,紧紧围绕"美丽龙游"建设,按照统筹规划、体现特质、全域推进、提升质量的要求,强化多规合一,主动融入大湾区大花园大通道大都市区建设,统筹推进美丽城镇、美丽乡村、美丽田园、美丽公路、美丽(幸福)河湖建设,组织实施新时代美丽乡村建设"1346"行动,以点带面,连线成片,推动美丽乡村从单个村点建设向连点成线、联线成片扩展推进,提升"盆景",美化"风景",营造天蓝、山绿、水清、田美、村洁的"美丽大花园",绘就具有龙游特色的"富春山居画卷",让美丽乡村成为美丽龙游的底色,打造形成"和美金衢"组团和"衢州有礼"风光带中最亮丽的花朵。

1.全力巩固省级生态文明建设示范县创建成果

全面落实"水十条""土十条"等措施,全面禁止露天焚烧秸秆,强化工业污染物防治,打好污染防治攻坚战,系统推进"山水林田湖草"生态保护和修复,推进美丽(幸福)河湖、美丽森林以及美丽田园等建设,夯实优美生态环境基础。深入开展"人人成园丁、处处成花园"行动,大力开展宣传报道活动,发动社会各层面积极参与到"大花园"建设中。

坚决守住农业、生态、城镇空间和永久基本农田保护红线、生态保护红线、城镇开发边界控制线等"三区三线",统筹城乡空间分类管控和开发,形成科学开发的空间格局。严格自然生态空间管理,在红线区域范围内实施负面清单

管理,确保生态用地性质不转换、生态功能不降低、空间面积不减少。严格执行环境影响评价制度、"三同时"制度和排污总量控制制度,实行产业准入负面清单等。引导和激励乡镇街道、功能区聚焦主体功能,分类指导、分片推进,科学有序实施空间开发,建立资源环境承载力监测预警长效机制,推广实施对标竞价"标准地"制度。

统筹推进全域土地综合整治与生态修复工程。构建全域土地综合整治规划平台,组织有条件的村编制土地利用规划。统筹开展高标准农田建设、农用地整理、复垦等土地整治工作,努力形成"农田集中连片、农业规模经营、村庄集聚美丽、环境宜居宜业、产业融合发展"新格局。实现村庄生态修复工程全覆盖。

积极推进美丽田园打造。加快以田园环境整洁化、生产过程清洁化、生产设施现代化、农业生态循环化、产业布局区域化、农业面貌景区化"六化"为重点的美丽农业建设。清除田园积存垃圾,整治农业废弃物,全面整治田园环境,完善田园基础设施,改造提升生产设施,整治各类杂乱杆线,大力发展"整洁田园、美丽农业",努力打造形成设施完善、生产清洁、布局合理、产业融合的美丽田园。积极培育稻田景观、果园景观、花海景观等美丽田园品牌。全面开展荒田荒地治理。推进化肥农药减量增效行动,深入开展农业面源污染治理,提升农村生态气象监测能力。

全面开展幸福河湖建设行动。先行先试构建"一潆八廊、六枢六脉、长藤结瓜"的全域幸福河湖总体布局,以衢江、灵山港等河网水系为纽带,统筹流域内安全保障、生态健康、和谐宜居、文化彰显等建设内容,全面提升河流生态环境品质,构建龙游县全域幸福河湖体系,不断提升人民群众的安全感、幸福感、获得感。到 2025 年,全域幸福河初见成效,以更高标准增添河湖智慧成色,加强智慧河湖信息化建设。河(湖)长制管理持续深化,河湖标准化管理全面建立。

持续深化森林龙游建设。统筹考虑生态、经济、景观三大效益,加强山林抚育和林相改造,进一步打造绿化、美化、彩化的城乡空间。积极开展珍贵彩色健康森林建设。深入推进森林城镇、森林村庄等森林系列创建。

2.有序推进美丽城镇建设

深入实施新型城镇化战略,全面升级城镇环境美、生活美、产业美、人文美、治理美"五美"体系,促进"人产城文景"深度融合,加快推进"百镇样板、千镇美丽"工程,持续开展为期 3 年小城镇环境综合整治和 3 年的美丽城镇创建。溪口镇、詹家镇、湖镇镇、沐尘乡、小南海镇成功创成省级样板镇,其余乡镇也成功创成省级基本达标乡镇，形成三大美丽片区协作体。

3. 着力打造"两江走廊"

主动衔接国家、省市重大规划，聚焦衢江、灵山江"两江走廊"，着力构建"两江化一龙"诗画风光带。"两江走廊"区域涉及 12 个乡镇 76 个村，覆盖 348 平方公里面积和全县 60% 人口。以超级版美丽乡村大花园士元实验区为龙头，六春湖景区为龙尾，沿线串联红木小镇、龙游石窟、花海姑蔑城、世界灌溉遗产姜席堰、龙山运动小镇、溪口乡村版未来社区为龙身，形成龙游乡村振兴的核心区、示范带。以衢江、灵山江"两江化一龙"为抓手，以打造产业兴旺生机勃勃的"活力"走廊、生态宜居风光秀丽的"美丽"走廊、乡风文明形神兼备的"有礼"走廊、治理有效平安稳定的"和谐"走廊、生活富裕人气旺盛的"幸福"走廊为目标，深挖沿线特色资源，将"两江走廊乡村振兴"示范带建设作为全县乡村振兴主平台、主战场，推动产城人景文一体发展，全面彰显生产生活生态、宜居宜业宜人、创新创业创造的美好图景，全力打造"衢州有礼"诗画风光带的重要节点，"钱塘江唐诗之路"①黄金旅游带的璀璨明珠。全面建成"两江走廊"诗画风光带形成"风光带＋样板区＋特色点＋乡村群"的空间格局，基本建成集有机农业、康养运动、休闲旅游和文化体验于一体的在全省具有较大影响力的乡村振兴示范带，为加快推进乡村振兴、打通"两山"转化通道提供示范样板。

4. 提升打造美丽乡村风景带

以"宜居、宜业、宜游、宜养"为目标，以美丽乡村特色精品村、3A 景区村庄、省级美丽宜居示范村、历史文化（传统）村落等各类美丽乡村建设为重点，着眼全域美丽，扩面和提质并举，深化美丽乡村建设行动。根据道路交通、山脉走势、溪流集水区及其流向、村庄分布、人文古迹、景区景点以及农业园区等各方面因素，按照"村点出彩、沿线美丽、面上洁净、强村富民"的总体要求，充分整合已建的美丽乡村风景线、文明示范带等，丰富提升其文化内涵和建设水平，充分发挥其辐射带动作用，创建省级美丽乡村风景带。以"江南秘境、龙游天下"为主题，完善服务场景、丰富消费业态、强化智能管理，以点穿线、连线成面，在全县打造古县新城廊道环、衢江风光休闲线、十里荷花观光线、历史文化古村线、灵山江休闲运动线、竹海风情生态线"一环五线"共 6 条美丽乡村风景带，形成"一环五线、各美其美；美美与共、美丽龙游"的全域美丽乡村建设格局。

---

① 指以钱塘江为主线，以唐朝诗人和其题咏钱塘江流域唐诗为主题的一条文化之路。

5. 加快推进未来乡村建设

以实施乡村振兴战略为统领,以新时代美丽乡村为基础,以数字化改革为引领,以满足人民对美好生活向往为根本目的,以"五化十场景"为导向,建成一批引领数字生活体验、呈现未来元素、彰显龙游韵味的未来乡村。梯度推进试点创建工作,以溪口未来乡村为样板,强化示范引领,按照"谋划一批、成熟一批、启动一批"的创建思路,同步推进浦山村、士元实验区、团石村等一批未来乡村建设,并鼓励有条件的村庄启动试点建设。推动政策、资源、要素向试点地区适当倾斜,确保高起点开局、高标准开展、高质量推进。为全省未来乡村试点建设提供"龙游样板",为四省边际共同富裕示范区建设先行探路。

三、深化"小县大城"共同富裕模式,加快推进农村生活富裕

1. 优化集聚共富政策,争取城镇化率持续提高

持续在"721"①集聚导向、深化"公司化运作、市场化安置"农民集聚运作模式、整合各类政策及资金保障基础上,结合"土地综合整治+",探索安置新标准。如拟扩面安置对象为全县范围内拥有合法宅基地的对象或龙游县控制范围外符合农民建房资格条件的无房户,释放农民集聚潜力;完善安置方式,自由选择公寓安置、房票安置、迁建安置、兜底安置,加大向城区集聚力度,增加有效城镇化;优化安置价格及补偿补助,充分考虑政策延续衔接及农户可承受度,调动农户集聚意愿和乡镇、村工作的积极性。完善农业转移人口党建体系、社会保障、培训就业、居家养老、公共医疗、公共教育、社会文化、社区治理、物业管理、数字赋能等服务,做优"后半篇文章",促进农业转移人口加速融入城镇,进一步推进农民集聚转化。

2. 聚焦安置小区建设,高品质打造"安居"工程

对标 2027 年完成"1+8"共富集聚点打造任务目标,即建设城东片区 1 个"万人集聚"共富安置区及飞云小区、南海家苑、晨北小区、湖镇镇、溪口镇、横山镇、塔石镇、詹家镇等 8 个"百亩千人"农民搬迁共富集聚点,一方面进一步突出问题导向,清单化梳理攻坚堵点、难点,细化目标任务、压实工作责任、定时通报进度,统筹推进"3+5"安置小区建设和综合治理能力提升。另一方面

---

① 即农村地区迁出人口中 70%进入中心城区、20%进入镇区(含特色小镇)、10%进入乡集镇中心村

做好新增安置区块谋划，优化选位、充裕容量，全力满足农民集聚安置需求。通过多种渠道筹集资金加强资金保障，强化沟通会商，努力破解制约政策推进的问题，尽早补齐缺项、扫除障碍。强化"一盘棋"思想，以新市民需求为中心，以舒适宜居为目标，加强立项、设计、建设及后期运营的整个社区生命周期管控，确保安置小区主体工程和配套工程同步建成、尽早交付，真正提升群众获得感和幸福感。

3. 完善数字应用场景，建设特色数字化品牌

根据当前"小县大城 共同富裕""奔富通"数字化平台应用实际，优化"三端三场景"（决策端、群众端、管理端）线上操作功能，深化农业转移人口"精准画像"、精准推送等服务；探索"并联式推进"工作模式，优化工作流程，实现线上审批"一网通办"、惠民政策主动推送、惠民服务精准引导；聚焦"暖心十条"政策兑现，推出"1＋3＋N"服务体系，数字化精准化精细化把控每个环节，实现数据共享、监管联动，打造"流程最优、操作最简、服务最全"的数字化品牌，全力保障集聚群众安居乐业，形成更多可复制、可借鉴、可推广的经验典型。

4. 聚焦"扩中""提低"，推动服务质效建设

持续拓宽集体经济增长新路径，强化村级集体经济项目建设经营，持续提升效益，并进一步挖掘潜力，深化特色土地收益模式，引导村集体入股"共富大楼"，扩大共富面，盘活闲置资源，促进集聚村集体资产保值和增收，增强村集体的"造血功能"，激活乡村发展的内生动力。推动结对帮扶、产业帮扶等各项工作再出亮点，积极拓展就业渠道，通过短期技能培训、乡村旅游、公益性岗位开发、就近择业等举措，进一步助力集聚群众就业。

四、完善乡村治理机制，加快推进农村治理现代化

按照"抓基层、打基础"的要求，构建自治、法治、德治、智治"四治合一"的乡村多元治理体系，不断提高基层治理社会化、法治化、智能化、专业化水平，建立健全农村社会治理与美丽乡村建设互促互动的有效机制，率先基本实现乡村治理体系和能力现代化。

1. 大力加强基层组织建设

全面深化"百县争创、千乡晋位、万村过硬"工程，高标准落实农村党建"浙江二十条"。加强基层党组织星级管理。完善农村基层党组织体系。扎实推进党支部工作标准化建设，实施党员"学做帮带"争先锋行动。推进新领域新

业态党建工作,通过龙头企业带建、村企联建等方式建立区域性党组织,推动农村党组织与农村经济组织、社会组织深度融合。加强农村带头人队伍建设,选优配强村干部队伍。以村级组织"塔基"工程为主抓手,扎实推进农村基层党建"全域提升、全面提质",加强村后备干部队伍建设。引导好新选举产生的村干部烧好"三把火",积极防范村书记、主任"一肩挑"可能出现的各种风险。

2. 不断完善村民自治机制

加强农村群众性自治组织规范化建设。坚持和完善村党组织领导下的充满活力的村民自治制度,支持和保障村民委员会依照法律和村民自治章程开展工作,完善村民(代表)会议制度,规范村民代表履职行为。加强村务监督委员会建设,推进民主选举、民主协商、民主决策、民主管理、民主监督实践。完善村规民约,发挥自治章程、村规民约在乡村治理中的积极作用,推进村民自治制度化、规范化、程序化。拓展村民参与村级公共事务平台,充分发挥村委会等基层自治组织在公共事务和公益事业办理、民间纠纷调解、治安维护协助、社情民意通达等方面的作用。引导村民积极参与自治事务,创新村民议事形式,完善议事决策主体和程序,落实群众知情权和决策权。

3. 着力提升乡村法治水平

优化公共法律服务,深植法治理念。整合社会资源,实现公共法律服务平台全覆盖。以司法所、人民调解委员会等资源为依托,实现乡镇(街道)公共法律服务站和村社公共法律服务点全覆盖。加快推进覆盖城乡居民的基本公共法律服务体系建设,落实"一村(社区)一法律顾问",打破线上线下壁垒,实现法律服务全天候、零距离。积极开展各级民主法治示范村创建,坚持和发展新时代"枫桥经验",加强诉源治理,畅通和规范群众诉求表达、利益协调、权益保障通道,完善社会矛盾多元预防调处化解综合机制,努力将矛盾化解在基层。以村社人民调解组织为依托,发挥人民调解深入基层的优势和职能,化解矛盾纠纷,筑牢社会稳定"第一道防线"。

4. 继续加强乡村精神文明建设

突出以德育人、以德务农、以德治村,形成崇善向善、明理有序的良好社会道德氛围。健全"最美龙游人"选树长效机制,广泛开展道德模范、身边好人、最美家庭、最美邻里等评选评议活动。发挥身边模范和基层党员干部的示范带头作用。持续倡导开展"日行一善"主题活动。加强公民思想道德建设,创新深化星级文明户等道德评议活动。加强农村社会诚信建设,完善守信激励和失信惩戒机制,大力弘扬"守法守纪、向上向善"的民风,形成崇尚诚信、践行诚信的乡风民风。

5.创新现代乡村治理手段

延伸推进乡镇、村(社区)两级综治中心建设,构建"一中心、四平台、一网格"治理新模式。深化"龙游通＋全民网格"基层智慧治理模式。以打造"枫桥经验"升级版、"三民工程"智慧版、"三联工程"集成版为愿景,充分运用"互联网＋"思维,在全省推广"龙游通"的基础上,深化"龙游通"共建、共治、共享平台建设,建设数字乡村"一张图",建立数字乡村建设发展统筹协调机制,以自治、德治、法治推进乡村治理能力现代化,不断迭代升级,把"龙游通"打造成为县域整体智治的数字化基础设施平台。同时,在"技术＋制度""线上＋线下""网络＋网格"等领域不断改革创新,创造更多龙游模式。

第二节 龙游县打造生态工业高质量发展展示窗口的未来展望

围绕制造业高质量发展先行县定位,坚定实施"工业强县"发展战略不动摇,实施做大产业扩大税源行动计划,持续开展"双招双引"活动,突出数字化引领、撬动、赋能作用,加速新旧动能接续转化,重点培育特种纸、高端装备、新材料等3个百亿级产业集群,形成具有"高质量、竞争力、现代化"鲜明特质的产业体系,努力打造高端智造示范县。

一、实施产业集群创强工程,构筑竞争新优势

1.构筑"一核引领、多组团支撑"产业格局

基于龙游产业发展基础和国土空间总体规划基础,综合考虑县域内产业培育、设施配套、环境资源等条件,重点构建形成功能布局合理、主导产业明晰、资源集约高效、特色互补合作的"一核引领、多组团支撑"产业发展新格局,为龙游全力打造制造业高质量发展先行县、实现生态工业跨越式高质量发展提供强劲支撑。"一核引领"是指涵盖龙游经济开发区城北片区、城南片区主要区域,重点布局发展以碳纤维、功能性纸基新材料、复合型纸基新材料等为主的碳基纸基新材料产业;以轨道交通、数控机床、工业机器人、智能感应测控装备等为主的精密数控和轨道交通装备产业。"多组团支撑"是指多个传统特色小微企业园和乡镇工业园区形成的产业组团,主要涵盖龙游经济开发区城

北区块部分区域、湖镇镇、溪口镇、小南海镇等乡镇（街道）主要区域；重点布局发展绿色家居、绿色食品、时尚纺织特色优势产业以及科创、商贸、物流等产业发展关联配套领域。

2. 培育百亿级新兴产业集群

对标国内外先进水平，制定实施新兴产业集群培育行动，按照"同类＋关联产品"集聚、"整机＋零部件"集聚的集群培育模式，打造碳基纸基新材料、精密数控和轨道交通装备两大高成长性、高技术含量、深具引领性的百亿级新兴产业集群。创新产业集群精准培育机制，按照"一名县领导＋一名部门主要负责人＋一个服务小组"的要求，开展企业培育全生命周期服务，全力支持产业集群培育。强化服务支撑，创新企业融资方式，引入社会资金设立专业化基金培育孵化新兴产业创新型企业项目，促进集群加速壮大。推进投资项目协同建设，整合全县资源，大力推进金励年产100万吨环保再生高档包装纸项目、维达年产20万吨高档生活用纸及5亿片纸尿裤续建项目、禾川科技产业园等一批重大项目建设实施，协调解决用地、用能、排污、资金等要素保障，合力加快项目落地开工、投产和达产。

3. 强化产业链重大项目招引

抢抓长三角一体化、杭衢一体化以及"浙西新明珠"建设等机遇，聚焦智能制造、碳基材料、轨道交通、特种纸、绿色食品五大优势产业集群，画好产业链招商树和招商图，聚焦重点区域、重点企业，建立招商企业储备库，紧盯一批产业链、产业树上的优质企业，精准开展产业招商。发挥链主企业资源优势，横向纵向开展以商招商，拓展产业链条。借力新一轮杭衢山海协作"飞地"建设契机，主动承接长三角区域、杭州湾都市区、甬台温区域产业转移，重点引进投资强度高、产出效益高、亩均税收高、关联度高的"四高"项目。发挥专业力量，选择一批"懂产业、能对话、会洽谈"的干部，开展专业化招商。加强与股权投资机构、证券公司、产业投资基金等机构战略合作，通过委托招商、服务外包等形式，跟踪和引进一批科创型项目落地龙游。

4. 打造特色标志性产业链

立足龙游"金龙系""禾川系"产业链基础优势，制定实施专项培育方案，培育精密数控、轨道交通装备、碳基纸基新材料等一批具有区域影响力的特色产业链，积极嵌入浙江省"十大标志性产业链"。聚焦轨道交通、数控机床、智能传感器、机器人、碳纤维等关键"卡脖子"技术领域，实施"双尖双领"计划，深入推进"揭榜挂帅""赛马制"等攻关模式，滚动编制进口替代需求清单、攻关清单、应用清单,组织实施产业链协同创新项目和重大科技项目,掌握一批保产业链供应链稳定的国产替代产品和技术,提升产业链核心竞争力。聚焦传统产业链核心环节,按照现代产业集群理念深入实施传统产业改造提升 2.0 版,以绿色食品、绿色家居、时尚纺织等传统行业为重点,推广应用信息化管理系统、大数据驱动模式,引进一批工业设计、技术咨询、品牌策划等生产性服务机构,推动传统产业价值链持续攀升。培育和引进一批锻造、铸造、模具等关键配套产业优质企业,强化产业基础制造能力支撑。

二、实施发展动能创新工程,激发内生新活力

1. 提升企业主体创新能力

加大企业创新主体培育,以规上企业高新化为导向,建立国家高新技术企业、省科技型中小企业动态培育库,建立健全科技服务小分队结对帮扶制度,构建"小升中、中升高"梯度培育机制。引导企业加大科技创新投入,实施企业 R&D 经费、企业研发机构"双清零"行动,实现全县规上工业企业研发机构、研发活动全覆盖。坚持分类引导、因企施策,支持企业建设重点企业研究院、企业技术中心、工程(技术)研究中心等高水平研发机构。鼓励企业立足创新需求,牵线省内外对口专家参与碳基纸基新材料、精密数控和轨道交通装备等领域重大科技项目,掌握核心技术,支持企业积极申报国家、省、市各类科技计划项目。

2. 打造高水平产业创新平台

聚焦两大主导产业集群培育,强化与浙江大学、浙江工业大学、东南大学等省内外知名院所产学研合作,集聚高端人才、核心技术、产业资本等创新要素,围绕碳纤维、精密数控、机器人、传感芯片等领域开展基础研究、关键技术研究,增强龙游"从 0 到 1"的创新策源能力。围绕高速列车传动、轴承研究、智控驱动等优势领域争创国家级重点实验室,支持新型研发机构、高校院所等与龙头企业联合共建省级以上重点实验室及分实验室,形成以国家重点实验室、省级重点实验室为主的实验室体系。高标准推进龙游特种纸产业创新服务综合体、轨道交通装备产业创新服务综合体、高端家居智造产业创新服务综合体等服务平台建设,构建各类高水平的技术研发与试验验证平台,切实增强创新服务的深度和广度。

3. 构建创新创业孵化体系

聚焦标志性产业链关键环节领域,鼓励支持行业龙头企业、国资企业、社

会资本等主体盘活闲置存量空间,推进老旧厂房改造提升,改建或新建一批众创空间及科技孵化器。支持高校院所、龙头企业参与众创空间、孵化器建设,打造细分领域垂直孵化生态,加速优质项目转化,打造从"研发孵化—加速—中试—产业化"全生命周期的产业创新生态闭环。加强龙游电商城等现有众创空间、孵化器软硬件建设,促进创新创业与市场需求、社会资本等有效对接。借助"山海协作"优势,深度嫁接杭州、宁波等发达地区创新资源,重点在钱塘新区打造"产业飞地",在杭州、宁波等地打造"科创飞地",在开发区设立科研转化基地,共同设立产业基金,构建"科创飞地"科研成果落地转化和转移承接机制,构架"飞地"与"实地"链接通道,形成"研发—孵化—产业化"的立体化、链条化发展格局。

三、实施数智赋能创效工程,重塑升级新模式

1.打造新智造企业群体

顺应数字化转型发展趋势,全面开展规上企业智能化问诊服务,摸清企业数字化改造需求,实施突破性、带动性、示范性强的智能化改造重点项目,切实提供量身定制改造方案。以碳基纸基新材料、精密数控和轨道交通装备两大主导产业为重点,引导企业实施设备数字化—产线数字化—车间数字化—工厂智能化的数字化改造路径,加大数字孪生、物联网、大数据、工业互联网等技术推广和应用。组织实施一批突破性、带动性、示范性强的智能制造试点示范项目,打造一批省级"未来工厂""智能工厂/数字车间"。培育和引进一批行业系统解决方案供应商和集成系统解决方案供应商,真正解决企业数字化转型过程中面临的路径选择、方案设计、系统集成等困难和问题。

2.构建工业互联网赋能体系

立足龙游行业共性需求,鼓励有条件的企业创建工业互联网平台和5G应用试点,重点支持禾川、金龙、华邦等龙头企业发挥"链主"作用打造行业级工业互联网平台。探索造纸行业工业互联网平台,提供协同制造、供应链管理、产品全生命周期追溯、产业地图等应用场景,利用平台建设带动行业数字化升级。深化"企业上云"行动,引导企业从资源上云向管理上云、业务上云、数据上云升级。大力推进工业技术软件化,开发一批典型场景和生产环节的工业APP,推动MES、ERP等传统工业软件的云化改造,打造具有龙游特色的新制造、新生态、新模式的工业APP供给体系。以禾川科技为主体,参与省市工业互联网产业资源池建设,鼓励本地自动化、信息技术企业向云服务商转

型,为企业上云、智能装备开发、5G 应用等提供支持,提升平台数字化转型赋能水平。

3. 促进服务型制造发展

大力推进系统设计、柔性制造、供应链协同的新模式,提高定制化设计能力和柔性制造能力。发挥碳基纸基新材料产业空间集聚优势,鼓励行业龙头企业开放优质资源先行先试,与产业链上下游中小微企业共享通用工序设备、生产线设备、大型科研仪器设备设施和集成技术服务,探索推广共享实验室等模式。大力发展"制造+服务"新业态,向产业链上下游企业延伸服务,鼓励拓展服务路径。抢抓跨境电商、数字贸易等发展机遇,以新丝带公共海外仓建设为契机,推广"跨境电商+海外仓"模式,谋划布局"一带一路"国家的公共海外仓试点,推动头程管理、尾程配送等环节无缝对接,搭建"供应链数字化、物流可视化、电商仓配一体化"一站式贸易产业链,开拓"龙游制造"全球市场"新蓝海"。

四、实施市场主体创优工程,增强发展新动能

1. 培育一批链主型企业

实施"链主型"企业培育工程,动态建立链主型企业培育库,制定"一企一策"培育计划。加大维达纸业、金龙再生资源、吉成新材、禾川科技、伊利乳业等链主型企业培育力度,支持企业上市、技改扩张和科技创新,力争成为掌握核心关键技术、具有较强产业链控制力的旗舰型企业。深化"凤凰行动",制定企业上市梯度培育计划,开展区域股权市场创新试点,深化"上市优先"的服务机制,滚动筛选拟上市后备企业清单;针对拟挂牌上市企业,通过直通式、定制式举措实行"一事一议"政策支持,推动一批优质企业股改上市。引导有条件有实力企业围绕产业链和供应链开展并购重组,利用资本市场做大做强。抓住军民融合产业发展机遇,培育一批军民融合行业龙头企业。

2. 培育"专精特新"冠军企业

制定实施"单项冠军"培育专项行动,突出关键核心技术引领、提高市场占有率,构建从专精特新企业到隐形冠军到单项冠军企业的多层次、递进式企业梯队。重点围绕碳基纸基新材料、精密数控和轨道交通装备等产业领域,以年销售收入亿元以上企业为重点培育对象,加大对企业高端人才引进、产品研发、技术攻关、项目审批等政策扶持力度,培育一批具有核心竞争优势的"专精

特新"、隐形冠军、单项冠军企业群体。加大成长期科技型企业培育力度,集聚优质资源要素解决制约企业快速成长的瓶颈,孕育壮大一批拥有核心关键技术的高成长、创新型企业。

3.增强中小微企业竞争优势

围绕产业链上下游关键环节,加大小微企业培育力度,深化新一轮"小升规"工作,实施新一轮"小微企业三年成长计划",培育形成一批符合产业导向、成长性好、创新性强、发展前景广阔的"小巨人"企业。支持有条件的企业积极参与省级小微企业"成长之星"系列评选。加大科技型企业梯队培育力度,按照"微成长、小升高、高壮大"梯度培育路径,每年推动一批科技型小微企业上规升级。支持中小微企业与本地行业龙头骨干企业相互嵌入式合作,实现设备共享、产能对接、生产协同。健全小微企业跟踪联络、成长辅导、工业节能诊断、数字化转型、品牌指导等服务机制,助力小微企业加快成长。

4.构筑"龙游制造"优质名品

深入实施龙游质量强县战略,引导企业应用先进质量管理办法,培育一批质量管理标杆企业,支持企业积极申报国家、省市质量奖。提升龙游县特种纸产品质量检测中心等检测平台服务效率和水平。加强"品字标浙江制造"品牌培育建设工作,通过培训、达标对标、示范试点等方式,推动企业研制符合国际先进水平的产品标准,形成一批具有自主知识产权的先进标准。强化品牌培育,围绕国产替代、军民融合等领域,每年开发一批附加值高、竞争力强、拥有核心技术的新产品,培育一批凸显龙游特色的产品品牌、区域品牌,提升"龙游制造"知名度和影响力。

五、实施平台能级创高工程,拓展发展新空间

1.打造绿色生态类高能级战略平台

以争创国家级开发区为目标,加快龙游经济开发区"五区一镇"联创,形成管理运行独立权威"一个主体"、集中统筹协同高效"一套班子"、空间相对集中连片"一个平台",通过统一规划、统一布局、统一政策、统一管理,着力提升平台能级和水平。加快完善龙游经济开发区基础设施建设。按照城市组团的发展定位,坚持生产、生活、生态"三生"融合,产城人文"四位一体",统筹推进道路交通、通信等基础设施以及工业水厂、废水处理站、物流中心等生产性、生活性功能配套建设完善,加快提开开发区城市功能,构筑产业生态圈。聚焦碳基

纸基新材料、精密数控和轨道交通装备两大主导产业,促进创新链与产业链深度融合,培育和布局一批标志性、引领性大企业大项目,努力打造万亩千亿平台,成为支撑全县生态工业跨越式高质量发展的一流主平台、主战场。

2.建设一批专业化特色化园区

高水平布局和打造特色生态产业平台,通过山海协作共建机制,招引大企业大项目,巩固提升产业链韧性和竞争力水平,构筑成为具有较强创新能力的产业链集群,成为全县扩大税源、催生工业经济新增长点的新引擎。高质量推进龙游超精密制造小镇、红木小镇建设,以"特色小镇2.0"标准,引导产业链集聚,搭建产业创新平台,形成生产、生活、生态"三生融合"高质量发展平台。做大做强中浙高铁高端轴承产业园、机器人产业园等一批专业化园区,大力招引产业链上下游配套项目,一园一策、一企一策,加快形成产业特色鲜明、集群发展度高、公共配套完善的专业化园区。加快推进临港物流园区建设,实施港区智慧物流一期、纸浆物流交易中心等一批重点项目,完善园区基础配套设施,为全县工业经济发展提供强劲支撑。

3.提质提速推进小微企业园建设

立足本地小微企业发展需求,加快推动富民、遂金、同创、建州龙游智汇创谷、贝尔智能制造科创园、恒祥等一批小微企业园高质量建设,做优园区配套功能,打造一批集聚效应明显、配套设施齐全、运营管理规范、生产生活服务健全、入园成本较低的小微企业园。深入推进"腾笼换鸟、凤凰涅槃"攻坚战,结合全县新兴产业培育以及"低散乱污"园区整治,支持符合条件的企业利用存量低效用地和厂房改造建设一批小微企业园。引导小微企业园不断升级服务功能,提供融资担保、知识产权、研发设计、科研共享、检验检测等一站式专业服务,构筑企业发展生态圈。依托"政企通"建设,支持有条件的小微企业园建设数字化小微企业园,构建以信息技术应用为支撑的园区生产性、生活性服务数字化体系,促进资源共享、数据整合。

4.规范化提升开发区化工集中区

严格按照浙江省化工园区认定标准,进一步完善龙游经济开发区化工集中区控制性详细规划,明晰化工集中区的四至范围,满足生态保护红线、环境质量底线、资源利用上线和生态环境准入清单等要求。加快编制集中区化工产业发展规划,以生物制药、医药(农药)中间体、农药及试剂与高性能添加剂(含造纸助剂、塑料助剂)及新型涂料四大领域为重点,明晰产业发展链条,形成产业合理布局和上下游联动机制,着力构建以企业为主体、高校和科研机构为支撑、产学研用协同发展且相互促进具有自身特色的专用化学品产业体系。以建设本质安全、绿色环保、生态和谐的现代化智能化园区为目标,加快完善公用工程和安全环保配套设施,强化园区安全智慧监管,建立具有安全、环保、应急等有效管理能力的管理机构,配备符合安全生产要求的消防、气防设施和力量,确保园区环境质量达标,危险废物处置安全有效。

六、实施低碳转型创美工程,开启绿色新引擎

1. 大力推进绿色制造模式

以龙游经济开发区为依托,大力推动国家级绿色园区建设,打造省级循环园区。按照绿色园区评价标准,鼓励全县工业基础好、基础设施完善、绿色水平高的小微园、特色小镇、专业园区,开展基础设施绿化、工业节能、节水等低碳绿色化改造,提升园区绿色化水平。鼓励行业龙头企业开展绿色产品设计和研发应用,实施一批碳达峰碳中和产业化示范项目,培育一批国家级、省级绿色工厂。依托衢州市"碳账户"体系建设,创新"碳账户"金融产品,增加碳金融供给,推动全县工业企业、园区加快低碳转型发展。

2. 提升工业安全生产水平

突出企业主体责任,实施制造业小微企业安全生产专项整治行动,定期开展"地毯式""拉网式"排查摸底,探索建立"一企一档"信息化预警机制,对重点企业、重点园区、危险作业等领域实时监控,对违法生产行为,以"零容忍"态度彻底检查和严格执法。加强与省工业安全在线平台、省危化品风险防控大数据平台和衢州市智慧安监平台对接,在危险化学品生产、贮存、运输、使用、废弃处置等环节加大智能化监控、预警和应急联动防控力度,规范龙游化工园区和危险化学品全生命周期风险管控。加快引进安全咨询、检测评估、金融保险等专业第三方机构服务龙游,增强全县安全生产服务能力。

3. 大力推进工业节能降碳

以"碳达峰、碳中和"目标为导向,严格按照安全、环保、质量、能源等领域法律法规、强制性标准和政策要求,对高耗低效企业开展合规检查,制定分类整治提升方案。大力推进能源结构调整,大力推进电能替代,引导龙游工业企业生产生活"电代煤、电代油、电代气",持续深挖工业领域替代潜力。实行"光伏倍增"计划,发展"自发自用、余电上网"的分布式光伏,加快建筑一体化光伏发电应用系统。积极谋划建设抽水蓄能电站,探索小水电蓄能调峰潜力,以其

为核心开展风、光、水(储)多能互补系统试点示范。以满足重点产业发展用能需求为目标,推进集中供热、供气保障水平,提升资源利用效率。

第三节　龙游县打造文旅融合发展展示窗口的未来展望

坚持以习近平文化思想为引领,持续践行"两山"理念,突出以文塑旅、以文润城、以文化人,紧抓浙江省"大花园"建设、钱塘江唐诗之路建设等重大契机,充分发挥比较优势,深入挖掘本土文化特色,优化旅游发展环境。创新文旅产品业态供给,释放产业融合动能。开启以龙游石窟、民居苑、姑蔑城、三门源等传统旅游区为市场之基,以龙游瀫、红木小镇、六春湖、大南门历史文化街区、龙山运动康养旅游区等新型旅游区为激活之力的文旅供给新局面,以文旅融合促进龙游县高质量发展,并将龙游建设成为衢州市文化旅游融合发展高地、诗画浙江大花园核心区精品园和长三角知名的文化旅游休闲目的地。

一、构建"一城双轴三区"文旅格局,打造诗画浙江大花园

依托龙游县自然山水和完整的地域文化单元,统筹全域空间,以旅游业供给侧结构性改革为主线,以产业融合发展为路径,以基础设施和公共服务全面提升为重点,优化构建"一城双轴三区"的文化和旅游发展空间格局,积极培育一批符合龙游县全域旅游发展的特色功能区,构建特色鲜明、品牌突出的县域文旅体产业发展增长极,推动龙游旅游业从快速发展向质量效益全面提升转变,创建国家全域旅游示范区、省级乡村振兴集成创新示范建设县和美丽县城示范县,全力打造诗画浙江大花园核心区精品园。

1. 一城——中心城区打造浙江 4A 级景区城

一城即由老城区、城东新城、经济开发区、石窟旅游度假区组合而成的中心城区。龙游县以龙游石窟、民居苑和红木小镇为代表的许多精华景点景区都集中在中心城区,规划以高品质美丽县城建设为契机,全面整合城区文化和旅游资源,积极对接融入全省"钱塘江诗路文化带",加快龙游石窟·龙游瀫创建国家 5A 级旅游景区进程,加强文化与旅游深度融合,以建成 4A 级景区城为目标,全力打造大南门历史文化街区、县博物馆、县艺术中心等一批文化旅游新地标,巩固中心城区的核心引领地位,建设龙游生态文旅新城。

2.双轴——两江四岸打造"两江化一龙"旅游轴线

以"衢州有礼"诗画风光带和"两江走廊"乡村振兴示范带建设为基础,顺应消费升级新时代"产品＋服务""个性＋多元"趋势,深入挖掘衢江、灵山江、三江口及周边文物资源和非物质文化遗产资源,统筹整合"两江四岸"区域的生态资源和旅游资源,系统谋划"两江"重点项目,融合创新"两江"文旅产品,整体串联"两江"精品线路,全面振兴"两江"沿线乡村,全力打造"两江化一龙"旅游轴线。

3.三区——三区协同共建文化旅游休闲目的地

加快提升小南海镇、溪口镇、红木小镇的旅游集散中心公共服务功能,充分发挥龙中、龙南、龙北三大片区的自身资源特色优势,紧密对接国家战略,以山水塑基,以文化铸魂,把优质文化和旅游资源变成优质产品,全力建设"龙中城乡文旅核心区、龙南康养度假休闲区、龙北文化传承展示区"三大片区,共同打造龙游以生态山水旅游为基础、历史人文体验为特色、休闲康养度假为核心的文化旅游休闲目的地。

二、促进文旅产业融合,全力打造文化旅游休闲目的地

坚持"宜融则融,能融尽融",促进寻求与相关产业协同发展的"旅游＋"时代逐步向以文旅体融合为核心的"大文旅"时代过渡,全力打造"长三角知名的文化旅游休闲目的地"。

1.加强文旅体产业融合发展

"文化＋"——文化围绕旅游做活。依托全县历史文化名村街区、各级文物保护单位、各类文博单位、非物质文化遗产展示传播基地等,创新文化与旅游融合业态,打造"非遗＋旅游""文博场馆＋旅游""演艺＋旅游""影视＋旅游""文创＋旅游"等产品,推动旅游业成为龙游县传播中华优秀传统文化的重要渠道。

"旅游＋"——旅游围绕产业做优。以"全域化旅游、泛产业融合"理念为指导,深入实施"旅游＋"战略,通过政府扶持、资源整合、产业联动,不断丰富旅游业态,调整旅游产业结构,初步构建"农业现代化融合联动、新型工业化融合联动、现代服务业融合联动"融合发展模式,形成一、二、三产业融合发展的格局,实现"旅游＋"产业良性互动、共赢发展。

"体育＋"——体育围绕文旅做大。借力"绿水青山"发展"绿色体育",利

用"科技赋能"发展"智能体育"。重点打造"国家体育运动休闲产业带",加快"体育＋"新业态培育,以"体育＋"的发展推进城市配套升级、景区产品创新、大健康产业的跨界融合等,激发大花园建设新活力,促使体育产业成为全县社会经济发展的重要支撑和新的增长点。

"文旅体＋"——文旅体围绕融合做强。以培育引领龙游经济社会高质量发展的优势产业为目标,推动城镇化、互联网、现代交通、现代教育及乡村振兴与文化、旅游和体育的深度磨合、组合和融合,推动文化、旅游、体育相关的新兴业态不断涌现,促进龙游文化旅游功能全面增强、社会经济综合效益不断提升,创造龙游专属文化旅游品牌。

2. 加快文旅体融合示范建设

立足龙游县文化旅游资源及相关产业发展现状,打造文旅体融合样板区和文旅体融合示范点。以文旅体融合发展为重点,推动体验导向型文旅体新场景革命,加速产业更新迭代,为全县高质量发展提供有力支撑。坚持政府引导、企业主体、市场化运作原则,充分对接市场的消费与精神需求,以旅游业搭建供需对接平台,通过"文化梳理—文化提炼—文化挖掘—创意植入—文化活化"的方式,整体延长产业链、提升价值链、完善利益链,并在此基础上,将横向的文旅体发展要素与纵向的全方位服务相融合,裂变更多新业态、激活更多新动能,打造文旅体融合样板区。围绕县文旅体发展总体定位,创新文旅体融合发展路径,通过文旅体的融合发展,把文化艺术全面融入"吃、住、行、游、购、娱"各个旅游要素中,赋予传统文化产业以新的经济活力,提升传统旅游产业的内涵品质,发展体验导向型文旅融合景区,实现资源整合、市场推广、业态产品创新、技术利用、功能服务等方面的深度融合,打造文旅体融合示范点。

3. 培育文旅体融合新型业态

努力打破传统业态格局,推动旅游演艺、文化遗产旅游、研学旅游、主题公园、主题酒店、特色民宿等业态提质升级,积极培育龙游文旅体融合五大新业态,为龙游商贸、生活、休闲空间注入活力。

依托龙游良好的自然环境、丰富的名特优产品优势,以龙游石窟度假区、六春湖旅游度假区等主要景区开发建设为依托,以天池药谷、枣椿堂、神农谷中草药田园综合体三个中医药文化养生旅游示范基地为支撑,将大健康产业与旅游产业相结合,实施龙游康体资源的整合开发和度假功能提升,并从医疗、服务、环境、交通等方面为其提供有力保障,形成旅游健康产业,作为龙游优先发展的旅游新业态。

深度挖掘龙游历史文化、石窟文化、商帮文化、红色文化、民俗文化、水利文化等,用创新与传承并重的方式,推动文创与科创相互渗透融合,探索"创意驱动、科技支撑、跨界融合、要素配套"的融合创新发展新模式,逐步培育新的文化旅游消费热点。如龙游石窟景区以石窟文化为基础,对石窟文化进行特色化、主题化、创意化开发,系统延伸文化创意产业链,积极引导文创产业发展及相关业态与商品的延伸,将文化创意产业培育成龙游旅游的新热点。

共同推动体育旅游的发展,打造龙游体育健身与运动休闲旅游品牌。依托龙游的地理环境和民俗特色发展体育健身业,开展传统型或现代型的体育赛事及庆典活动。此外,还可以结合各大景区景点的资源禀赋与特色优势,开展拓展训练、汽摩运动、环绿道自行车运动等现代体育健身和运动休闲活动,培育发展泛体育产业,提高体育旅游影响力。

充分利用衢江、灵山江两大水系资源,以城东生态休闲公园建设为契机,对灵山江、衢江两岸和两个江心岛的景观整合提升和灯光设计,重点打造水上灯光秀。建设游船码头,水岸互动,开通景区间水上游线,丰富游船上的旅游活动,非遗夜演、水上巡游等,打造龙游夜游核心引爆点。深入推进大南门历史街区建设,丰富红木小镇业态,推动城市节点亮化,精心布局"夜游、夜玩、夜宴、夜购、夜娱、夜演"等多元化多层次的夜游产品体系,构建多样化夜间消费场景,开辟不同主题的夜游游览线路,充分展现"月色龙游"魅力。

利用龙游优美的水乡环境、丰富的资源以及区位交通优势,适度开发旅游房地产项目,实现地产与旅游互动,提升旅游综合效益。结合地产企业、饭店企业和景区企业,积极引导发展异地养老、分时度假养老等新型消费。鼓励实施其他新型休闲度假配套设施建设,引导包括产权酒店、酒店式公寓、分时度假、第二居所、旅游综合体、度假地产等休闲不动产的开发。

三、传承红色传统文化,实施文旅融合重点提升工程

1.深挖文化内核,推进文博城市建设

龙游拥有丰富的红色旅游资源,如被列为浙江省红色旅游重要景点的华岗故居,粟裕、刘英带领红军走过的红军古道等。以连接长生桥村傅春龄故居、红军墙、毛连里村红军古道与严村华岗纪念馆的红色精品旅游路线为核心,以重走红军路、品味大锅饭等活动为基本形式,因地制宜推进多元化发展,重点开发和提升旧址游、纪念游和红色游学研修产品,积极培育红色文创产业,形成主题鲜明、层次分明、类型丰富的红色旅游产品体系。

实施乡村文化记忆工程。因地制宜建设民俗生态博物馆、乡村博物馆,收集展览富有地域特色和群体记忆的农村历史文化遗产,进一步提高古村落、古遗迹、古建筑、古树名木、农业遗址、灌溉工程遗产的保护和开发利用水平。继续开展"千村故事"编撰和"千村档案"建设工作,坚持物质遗产与非物质遗产保护并重,让"古村落活起来",收集、挖掘和传承一批具有龙游味道和地域特色的"商帮文化""山水文化"等活态文化。实施传统村落保护工程。最大限度保护乡村的历史文脉,科学界定每个传统村落的特别保护价值,历史文化(传统)村落保护规划编制率达100%。建立健全传统村落保护发展机制。实施传统文化振兴工程。以开展非物质文化遗产的展演、展示、交流、民俗活动等为载体,深入挖掘整理龙游非物质文化遗产,加强龙游畲族婚礼、龙游婺剧、龙游民间剪纸技艺、龙游木雕技艺、龙游宣纸制作等各级非物质文化遗产的传承保护与开发利用,复兴民俗活动,挖掘农耕文明,提升民间技艺。

建设传统文化产业集聚地。以溪口古镇、湖镇古镇为典型,挖掘文化资源,讲好老故事传承新精神。逐步恢复部分节庆、典礼,打造民俗文化特色村项目。探索更多传统技艺列入省、市非物质文化遗产名录。积极运用数字新媒体平台,呈现立体的龙游乡村文化产业形象。

2. 完善旅游设施,提升接待能力

构建"食在龙游"新餐饮体系。丰富提升浙菜体系下的龙游菜系品牌特色,完善龙游旅游餐饮服务体系,擦亮"龙游风味"美食品牌。一是传承与发展以龙游小吃为代表的地方特色美食,通过设计系列龙游美食旅游商品、命名一批特色美食旅游休闲基地,加强龙游美食旅游休闲体验。二是立足龙游实际,重点建设1条美食街(溪口美食街),打造龙游三大名宴(富硒养生宴、龙游八珍宴、千人长桌宴),评选"十大名菜+N个美食小吃(龙游发糕、北乡汤圆、鸡蛋粿等)",打响龙游美食品牌。

构建"宿在龙游"新住宿体系。推进全县住宿设施提档升级,丰富住宿类型,逐步构建"星级酒店+主题酒店+特色民宿+乡村美宿"四大住宿产品体系,大幅增强龙游旅游服务接待能力。一是加快现有星级酒店的提档升级,引进国际、国内知名酒店集团落户龙游,打造新一代星级酒店产品。依托重点旅游景区、旅游度假区,引进一批顶尖国内外连锁休闲度假酒店品牌,建设一批主题度假酒店。二是充分利用美丽乡村、旅游村镇、传统村落等,培育一批省高等级民宿、民宿综合体和民宿集聚村。争取引进1家国内知名品牌连锁民宿,集聚一批民宿集聚乡镇、集聚村,做强一批民宿综合体项目,创建一批精品民宿示范点。三是结合自驾游发展,积极打造乡村客栈、青年旅舍、度假别墅(木屋、水〈船〉屋)、度假树屋、自驾车与房车营地、露营地等一批乡村美宿。

3.数字转型提效,科技创新赋能

完善龙游县旅游"云、网、端"基础设施,推动建立一个文旅大数据仓和三个平台(产业管理平台、行业监管平台、公共服务平台),并与相关部门和行业建立数据交换共享机制,实现跨部门业务协同,将公共文化服务、旅游服务、体育服务作为未来升级的重点,不断深化数字科技在文化旅游领域的创新应用,助力长三角一体化高质量发展。

公共文化服务数字化建设。一是统一公共文化服务数字资源对接标准,打造基于云端的分级分布式数字文化资源库群。加快县文化艺术中心、博物馆、图书馆、文化馆、南孔书屋、综合文化站、文化礼堂等城乡公共文化设施的数字化建设,推进图书馆服务与科技融合发展,加快智慧化图书馆升级转型,创新文献借阅服务,构建标准统一、互联互通的公共数字文化服务网络。二是以共享方式解决资源配置不均衡,服务能力差异明显的问题。与全省公共图书馆数字资源对接,扩大资源共享范围,整合全县移动数字阅读资源,接入"浙江文化通""浙里阅"APP,通过"云阅读"提升服务辐射力,缩小城乡公共数字文化鸿沟。持续推进地方文献数字化,并提供免费在线服务。积极改造基层公共电子阅览室,引入"扫码看书""扫码听书"等服务,打造新型基层公共电子阅览室,提升服务效能,引领群众阅读新时尚。三是加大文化馆(群艺馆)在线资源开发,生产并提供更加丰富的文化艺术演播、艺术教育、艺术传承等数字资源产品。推动在互联网视频平台开设全民阅读、全民艺术普及专题,鼓励基层文化骨干通过微视频、直播等方式展示原创数字资源及文艺作品。

智慧旅游信息化平台建设。一是在建立县公共数据平台的基础上建设龙游文旅大数据中心,通过旅游大数据中心二期、旅游信息公共服务平台、旅游行业管理、平台互动营销平台构成的"一个中心、三个平台"智慧旅游体系,实施"旅游信息数据库"构建工程,完善客流量监控与预测、电子商务数据分析、游客行为分析、精准营销分析、环境监测数据五大服务功能。二是对接诗画浙江全城旅游信息服务系统,依托"浙里好玩"APP,结合旅游微信公众号、小程序等,搭建智慧文旅平台,运用信息化手段不断提升文旅行业管理和服务应用能力,满足游客对龙游文旅设施咨询、查询、投诉等需求,为游客提供及时周到的旅游服务体验,实现"一部手机游龙游"、社保卡"一卡通"功能。三是拓宽公共平台渠道,形成"科技互动、语音导览、预定购物、旅游营销"四方矩阵,应用于智慧景区、演出剧场、活动赛事、展览展会、票务代理等场景。

第四节　龙游县打造青年发展展示窗口的未来展望

持续优化招才引智工作保障,建立更加灵活开放的人才引育机制,不断提升青年在龙游生活的获得感、幸福感、安全感,持续开展"龙凤引·游子归"十万青年汇龙游行动,激励青年为建设具有"龙之游"发展活力、"人之居"幸福图景的区域明珠而不懈奋斗。

一、塑造向上向美大场景,打造青年思政教育新高地

1. 实施"龙有优思"青年思政铸魂工程

立足传播伟大思想、培育时代新人,迭代升级8090新时代理论宣讲,创新队伍、研学、管理、课程、场景、保障等六大体系,让党的创新理论在青年群体中入脑入心。高质量推进8090"十百千万"工程,每年动态保持50个金牌讲师、100个宣讲分团、开展宣讲2000场次、覆盖群众10万人次以上。按照数字化、标准化、品牌化升级路径,着力构建"学、讲、用"一体化推进闭环机制,成立新时代青年理论宣讲研学中心,创作一批具有青年味的理论宣讲产品,打造"龙青年·爱学习"工作品牌。加强与各地名师工作室、品牌宣讲团以及高校等合作共建,加快形成一批在全省乃至全国具有影响力的理论成果、制度成果、实践成果。依托"青年大学习""浙里潮音"等载体,深化"青马工程""青苗工程"建设,构建更加完备的党建统领、政治引领的青年思政教育体系。

2. 实施"龙有优风"青年文明领航工程

持续开展社会主义核心价值观教育,推进"浙江有礼"省域文明新实践,弘扬新时代衢州人文精神,打造"浙江有礼·万年龙游"文明新实践品牌,引导青少年争做"有礼龙游人"的踊跃倡导者和积极践行者。涵养志愿服务精神,引导青年广泛参与志愿服务和文明创建,县域内实名注册青年志愿者不少于3万人,青年参与志愿服务时长平均每年不少于5.5小时。发挥道德模范、时代楷模、劳动模范、最美人物等群体榜样作用,开展"五四青年奖章""十大杰出青年""新时代好少年"评选,宣传从各行各业涌现的青年典型,营造榜样引领、见贤思齐的良好氛围。深入实施青年网络空间清朗行动,动员广大青年旗帜鲜明地宣传网络正能量,传播网络新文明。

二、塑造创梦创富大场景,打造青年人才集聚新高地

1.实施"龙有优创"青年双创筑梦工程

以打造一座"青年向往的创新创业城市"为目标,发挥"四省通衢汇龙游"区位优势,加快各类创新要素集聚,营造卓越双创环境,高水平打造青年心目中理想的空间形态、产业形态、社会形态。云对接高等院校、科研院所和企事业单位,依托经济开发区、浙江工业大学生态工业创新研究院、"龙游瀫"科创中心、技师学院等平台,高水平打造青年双创空间。用好电商城、创新创业服务综合体、青年人才之家等载体,进一步优化和创新"青轻贷"等金融产品,提供"低成本、零门槛"的青年创业创新服务。推广青年奋斗公社建设,聚焦乡村振兴、共同富裕,引导青年到村创业办企,村企共建各具特色的"共富工坊",帮助农民增收、企业增效、集体增富。聚力赋能"龙游瀫"青年双创空间,打造滨水文化客厅青年创业联盟社区建设,加快龙游瀫智慧产业园、国际会展中心、凤翔洲(二期)等项目谋划建设。定期举办青年创业创新交流活动,一季一主题滚动实施由青年主导的群策、群谋、群创龙游瀫"8090青年创造季"活动,高质量推动"青创客""新农人"等造血培训。

2. 实施"龙有优才"青年英才引育工程

以"龙凤引·游子归"十万青年人才集聚行动为抓手,聚力打造四省边际青年人才优选地。依托重点实验室、院士专家工作站、博士后工作站等重大平台,专项引进500名以上青年领军人才开展技术攻关。持续迭代升级"人才码",完善龙游籍大学生数据库,深化"大学生·龙商行""大学生云上家乡""龙游籍学子回乡就业直通车"等载体平台,为大学生提供在外生活帮扶、假期实践岗位对接、家乡就业创业指导等服务。鼓励主导产业、龙头企业、领军企业入驻或自建"科创飞地",加强与院校战略合作,建立就业工作联盟,不断壮大青年人才"蓄水池"。每年引进青年大学生不少于8000人,其中应届大学生不少于2000人并逐年增加,力争到2026年全县青年人才总量达到7万人以上,2030年达到10万人以上。大力实施龙商薪火传承行动,搭建导师帮带、青蓝对话、薪火传承平台,发挥新生代企业家联谊会、青春联合会、青年企业家协会等龙商组织孵化作用,形成长期互动互促机制。

三、塑造乐居乐享大场景，打造青年品质生活新高地

1. 实施"龙有优家"青年小家保障工程

以解决县域内青年住房、婚恋、托育、生活等"痛点"为目标，全面构建"上管老、下管小、中顾青"全链条暖心服务体系，切实解决青年的后顾之忧。大力实施青年安居工程，以未来社区理念推进保障性住房建设提升，加快构建"租售补"一体化青年安居保障体系，优化青年人才公寓、青年驿站、保障性租赁住房等多层次住房供给，五年内新增保障性租赁住房 335 套以上、青年型人才公寓房源 1000 套左右。对标全省一流打造人才型未来社区，构建"不出小区、可见可感"的 5—10—15 分钟现代青年幸福生活圈。大力发展普惠性养老、托育服务，推进家庭适老化改造和村（社）居家养老照料中心提档升级，加快失智失能养老照护中心、纽莱福医养服务中心、晓溪清和颐康养中心等养老服务机构建设，到 2026 年建成一批 5 星级居家养老服务中心。持续放大"双减"试点效应，为青年职工提供多形式的公益托育服务，打造形成具有示范性的县级综合托育服务中心，每千人拥有婴幼儿托位数达到 4.5 个。引导青年树立正确的婚姻观、家庭观和生育观，依托"亲青恋"建设"云相亲"平台，加强公益红娘团队建设，面向单身青年多形式开展婚恋交友活动。

2. 实施"龙有优品"青年休闲乐游工程

发展以青年为主要生产者和消费者的"青年＋"新经济，拓展青年喜闻乐见的消费新模式新业态。聚焦青年特点和需求，赋能"龙游濑"，对照现代化气息绿谷、蓝湾、青山式山水卷轴的目标，融入青年、时尚、数字元素，打造集休闲娱乐、文化体育、游览观光为一体的现代化"青年动感新地带"，成为青年工作、生活、休闲、运动的综合性平台和城市新地标。加快"两馆七中心"①建设和青年之家、小哥驿站等青年普惠性场地开放共享，提升在龙青年生活、消费、旅游等质量，打造青年文化生活"打卡点"。在凤翔洲水公园、大南门历史文化街区、民居苑水境酒店等项目支撑基础上，高质量建设一批青年消费城市综合体、青年特色街区、青年文创基地，科学布局高山露营滑雪、水上游艇冲浪、低空飞行体验、石窟秘境剧本杀、汽车越野体验、时尚酷文化等场景，发展 VR、无人机、元宇宙、电子竞技等业态，打造全省最具魅力的青年"第三空间"。以

---

① 即，图书馆、档案馆"两馆"，商务办公、行政服务、综合指挥、公共资源交易、文化艺术、青少年活动、老年活动等七个中心。

县城、红木小镇等重点景区和詹家浦山、小南海团石、溪口未来乡村为主要依托,培育餐饮集聚型、文体消费型、百姓生活型夜间经济集聚区,谋划以灵山江夜间经济带为重点的城市夜间经济地标。

四、塑造成长成才大场景,打造青年发展活力新高地

1. 实施"龙有优护"青年健康护航工程

关爱青少年身心健康成长,健全青少年合法权益保护工作机制,推动形成全县青年成长成才护航大格局。加强体育赛事文化交流,承办体育竞技赛事,培养青年体育爱好,提高青少年体质水平,重视学校体育工作,严控肥胖率、近视率增量。加强青少年心理健康教育和服务,线上依托龙游通 APP、走心驿站、"青·听"心理热线等平台,线下发挥舒心馆、青年之家等载体作用,及早发现问题并给予关心关爱或政策帮扶。加强青少年法治、安全宣传教育,预防青少年违法犯罪,增强青少年自我保护意识和防灾避险能力,引导青少年珍视生命、热爱生活,五类重点青少年帮扶比例达 100%。加强网络空间治理,遏止违法不良信息对青少年的渗透影响,治理青少年沉迷网络游戏问题,治理电信网络诈骗乱象,严厉打击网上侵害青少年权益案件。

2. 实施"龙有优学"青年教育迭代工程

深入实施教育提升工程,推进高水平公共教育服务体系建设,5 年内新建、改扩建优质公办中小学和幼儿园 15 所、新增学位 6420 个以上。加强与镇海、滨江等域外知名优质学校全方位合作办学,全面提升各学段办学质量,重振"学在龙中"辉煌,打响"龙有优学"教育品牌。健全职业教育体系,优化专业结构和课程设置,引导企业参与人才培育,深化产教融合,迭代升级现代学徒制,每年培育企业订单式人才 500 名以上、新增青年技能人才 1000 人以上。加快浙江工业大学生态工业创新研究院建设运营,积极推进技师学院筹建,着力扩大学院在校生规模。加快终身学习型社会建设,推进继续教育与职业教育融通衔接,充分利用新时代文明实践中心、青年之家、南孔书屋等平台阵地,高水平推进社区教育、成人教育等开放办学机构建设,打造"互联网＋继续教育"新平台,每年提升学历或技能 1.1 万人次,着力提升青年学历、技能等。

五、塑造交流交融大场景,打造青年共创美好新高地

1.实施"龙有优为"青年实干建功工程

推进干部队伍系统性重塑,健全年轻干部选拔、培育、管理、使用全链条机制,实施新一轮优秀年轻干部培养选拔计划,搭建干部干事舞台。围绕县重点攻坚项目,深入开展"蹲苗"历练,常态化开展导师帮带、轮岗锻炼、专班攻坚、上挂下派、顶岗培训、跨单位交流培养等工作,确保新录用干部五年内参与 1 次以上实践锻炼。大胆提拔使用年轻干部,县管干部中 35 岁及以下年轻干部达到一定比例。大力推进干部青年创先争优,持续发挥"青年文明号"引领作用,建立健全青年"工匠"人才培养、评价、激励等方面政策制度体系,每年培育一批县级以上"青年文明号(手)"、省级"青年工匠"。选派一批优秀青年干部、青年企业家、青年职工开展结对工作,积极构建"政府有号召、青年有作为"的青年干事新格局。深入开展青年入企入村入社行动,动员全县青年踊跃参与"青年突击队",围绕稳经济、保安全等重点工作投身城市建设。

2.实施"龙有优智"青年社会赋能工程

鼓励青年积极参与基层自治、民主议事和青年事务协商,拓宽青年参政议政渠道,动员青年为社会治理建言献策。每年组织青年人才与人大代表、政协委员开展"面对面"交流等活动,引导青年规范有序参与县域重大政治生活和社会公共事务,提高县人大代表、县政协委员中青年的人数比例。整合青年群体资源,加强与长三角、杭州都市圈、四省边际城市青年交流联动,借助"东西部扶贫""山海协作"等平台,建立青年创客、青年职工等不同领域青年群体间的常态化对话交流机制。鼓励以青年游学、学术交流、名企互访、人才培养、技能竞赛等方式,拓宽龙游青年参与国际、港澳台地区交流渠道。

🏠 参考文献

[1]龙游县国民经济和社会发展第十四个五年规划和二〇三五年远景目标纲要(龙政发〔2021〕19 号)
[2]龙游县农业农村现代化"十四五"规划(龙政发〔2022〕37 号)
[3]龙游县文化和旅游发展"十四五"规划(龙政发〔2021〕39 号)

附录　调研访谈记录

1. 浙江龙游新西帝电子有限公司访谈记录

访谈时间:2023 年 3 月 17 日上午

访谈地点:浙江龙游新西帝电子有限公司

访谈对象:劳晓丽(新西帝副总经理)

访谈人:金洁、郑军南

整理人:金洁

访谈组:请介绍一下 2002 年 12 月时任浙江省委书记习近平调研企业时的情形?

劳晓丽:习近平同志来调研的时候是 2002 年,新西帝那年年后搬到城南,是城南入驻的第一家企业,当时钢结构厂房跨度很大,有 60 米×90 米,在当时的龙游属于一个很知名的企业。习近平同志来调研时,由总经理和一个副总接待,那时我还是一线员工。当时电视接收行业在国内比较紧俏。当年,他从我们厂房大门进来,去现场看了一下,具体了解企业情况,虽然他在我们公司调研时间并不长,但是却看得很仔细,他最关心的就是我们的生产情况,还专门细致地询问了我们生产能力,产品如何迭代升级。

访谈组:请简单介绍一下企业情况?

劳晓丽:我们企业是做电视接收天线的,目前出口比例 100%。国内有线电视和地面发射信号电视是贯通的,有线电视可以收费,地面发射的频道就会少,所以电视接收天线用户不多。而国外的有线电视和地面发射信号电视都是私营企业,他们之间竞争激烈。因为地面信号电视(企业)主要通过发射购物广告频道等赚钱,所以为了让更多的人使用地面信号电视,地面信号电视企业会发射更多优质频道,于是接收天线的使用者较多。目前,企业的国外客户涉及 70 多个国家和地区,在日本、巴西、墨西哥等国家市场发展较好。

访谈组:习近平同志来过以后,遵循习近平总书记的嘱托,我们企业做了哪些事? 有没有给企业带来什么变化? 如何进一步发展的? 取得了哪些成效?

劳晓丽:习近平同志的到来,给企业的发展注入了一针"强心针"。很多领导关心我们企业的发展,省委常委、常务副省长徐文光在衢州工作期间,就联系我们企业。当时很多人觉得天线是夕阳产业,他关注企业如何实现转型升级。我们童总也向他介绍,因为每个国家不一样,在国外这样地广人稀的地方,天线的使用还是比较多的。我们天线总的套数目前每年都在递增,产量递增的同时技术也在进步,接收效果也好,产品也越来越小型化。以前出口一个集装箱可能就两三千套或四五千套天线,现在一个集装箱最多可以有几万套。一方面是因为产品的小型化,另一方面是东南亚的人工成本更低,部分天线运到东南亚去自行装配,不需要独立包装。目前我们在天线市场属于较大的企业,从性价比看,可排国内前三水平,产品的质量和价格处于领先地位。做得较好的竞争对手(台湾的一家企业和广东的一家企业)在欧洲市场更具优势,产品相对高端,价位相对较高一点。但是从总量上看,我们仍比较靠前。

在领导的关心和帮助下,虽然天线行业已经进入存量市场的红海,但是新西帝经过 20 年的发展,产值翻了 7 倍,从当年的 100 多万套跃升至去年的 700 多万套,产品也更是打入日本、意大利、法国等发达国家的市场。这几年我们取得了一些成绩,2022 年较 2021 年同比增长了 5%;2023 年 1—2 月份的开门红,同比增长 20% 左右。新西帝成立 24 个周年了,一直处于良性循环,虽然没有特别大的飞跃,但也算是踏踏实实稳扎稳打地不断前进。

访谈组:现在一年产值大概有多少?

劳晓丽:去年约是 1.4 亿元,因为产品价值不高,属于劳动密集型企业,一个产品价值就几美元。

访谈组:这几年贸易战对企业影响如何?

劳晓丽:从量上看,疫情对我们影响不大。但贸易战对产品利润空间来说肯定是受影响的。从原材料成本看,以铝材为例,前几年价格是 13000 元/吨,前年最高的时候涨到 25000 元/吨,将近翻一番。我们所涉及的原材料主要包括铁、铝、塑料,成本都翻番增长,对企业来说肯定有影响。与此同时,贸易战使得海运费也涨了一些。

访谈组:企业研发团队的构成如何?

劳晓丽:我们的研发团队比较强大。有跟高校合作,每个专项一个领域。

整体天线模块,还是自主研发为主,个别技术难关,我们会去请外援。我们研发团队共有 50 多人,核心成员十几个人,每天都在研发新品,探讨工艺优化。

访谈组:企业的研发能力?

劳晓丽:这正是我们的优势所在,我们的品种比较全,同时自己研发的产品接收效果相对较好。此外,我们有自己配套的产业链,配套比较齐全,包括模具开发等,相对来说就比较占优势。小的产业你不可能投入很多,我们童总做得比较专,多年来一直钻研天线这块,没往其他方面发展,久而久之变成了我们的优势。现在通过跟日本、意大利、法国客户的合作,他们都会带专业团队来这里,比如日本天线研发期间就有日本技术人员过来,长期在厂内跟踪产品的研发、选材、试样、批量生产等全线。

访谈组:企业生产的自动化水平如何?

劳晓丽:目前,主要以人工流水线上的装配为主,但自动化水平有所提升。2014 年做 1 个多亿产值需要将近 800 个人,现在仅需 300 余人。

访谈组:员工的年龄结构怎么样?

劳晓丽:现在我们人才都是外流的,基本没有年轻人。人才引进的吸引力还相对较弱。因为我们这边终究还是小县城,好多配套的服务还没有吸引高端人才。企业得配套安置,给他们施展的舞台,有些也不是靠钱能解决的。

2. 龙游外贸笋厂有限公司访谈记录

访谈时间:2023 年 3 月 17 日上午
访谈地点:龙游外贸笋厂有限公司
访谈对象:项志明(董事长)、操雪兰(总经理)
访谈人:金洁、郑军南
整理人:金洁

访谈组:请您介绍一下 2002 年 12 月习近平同志调研企业时的情形?

项志明:2002 年 12 月 28 日,时任浙江省委书记习近平来到龙游县调研企业发展。刚刚从竹产业大省福建调任浙江的他,非常关心这一富民产业在浙江的发展情况。习近平同志一进公司,直接就去原料仓库看这些铁皮罐子,这是我们当时的产品。我们当时是原料型出口企业,把竹笋简单加工后装到罐子里卖给日本工厂,他们再把这些笋深加工后销往当地。

他来的时候比较晚,所以调研的时间不长,但他问的东西比较多。笋是福建南平和三明地区的主要农产业,他从福建调到浙江来,对笋比较了解。当时我们的产品都是以原料罐的形式出口日本,我们向他介绍了笋的加工和出口情况。他指出,要提高笋的附加值,做精深加工。那时我们企业刚好转型在做精深加工,所以带他到精深加工车间去实地看了整个加工过程。

习近平同志很好奇地问我,浙江的笋跟福建的笋有什么区别?这是个蛮专业的问题。我说浙江的笋比福建的笋小一点;口味上,这里靠近杭州,本地人喜欢吃龙游的笋,实际上就图一个新鲜,江西福建的运过来就不新鲜了。龙游的笋子甜,口味也好,一般江浙沪都喜欢这种笋。

访谈组:习近平同志对我们企业有什么嘱托?我们做了什么突破?

项志明:"竹产业是富民产业,关系到广大笋农的收入问题。"习近平同志在调研完工厂之后表示,"这个产业要做强做大,要提高附加值,原料型的输出要转型。"在这句话的指引下,我们开始做真空包装,直接卖给日本超市。这句话看似简单,做起来非常难,意味着需要弯道超车。我们那个时候深入理解这句话,直接聚集消费者。国际市场竞争非常激烈,通过这几年的努力,2008年以后我们的笋直接卖到日本超市终端,我们从习近平总书记这句话中抓住了市场机遇,进行了转型升级。

操雪兰:调研快要结束的时候,习近平同志再三叮嘱,"要把笋做好,要把产品做强做大"。毕竟笋产品是关系到农民收益的,现在回想起来很有道理,他讲得很到位很精准,告诉我们要把这个事情做强做大,进一步提升社会效益。我们在当地农民笋不够的情况下,把周边地区的笋都收购过来,不但助力当地农户增收,还带动了周边的农户增收。当农民产量大、卖不掉的时候,工厂起到托底的作用,实实在在给农民带来增收。

访谈组:这20年来,企业进行了几次转型升级?

项志明:第一个转型升级是从原料出口到终端出口的升级。第二个转型升级就是打通内销市场,实现内循环,这是发展趋势。这几年我们开始做电商,内销这块量很大,下一个转型升级就是要做适合内销的产品。

访谈组:目前出口日本的销售量怎么样?

操雪兰:出口日本的量,是全国第一,有1.3亿元左右。

访谈组:企业内销情况怎么样?

操雪兰:目前我们正在拓展国内即食食品市场,把长期外贸积累的研发生产技术服务于国内消费者,"手撕笋"的内销已逐步赶上外贸量,更多的是振奋和感动。我回顾了企业的发展历程,我们企业从事出口食品30余年了,30年前我们一直在学习国外的技术进行出口和销售,接下来五年,我们将带着自己的产品,以国际水准的工艺来做中国人高品质的食品。我们认为国内市场只要把品质做好,市场肯定会有的,所以要把品牌做好,品质做好,相信不出几年国内市场能超过日本。

3. 浙江恒达新材料股份有限公司访谈记录

访谈时间：2023 年 8 月 17 日下午
访谈地点：浙江恒达新材料股份有限公司
访谈对象：姜文龙（董事长）
访谈人：姜梅子、袁赛赛
整理人：袁赛赛

访谈组：2002 年习近平同志调研时为什么选择恒达进行调研？

姜文龙：首先，这是组织安排；其次，他们当时提前考察过有关企业的发展规划，包括企业未来的发展方向。当时我们公司是以绿色安全环保型的产品作为我们的主导发展方向，这在国内来说应该是不多的，因为当时传统制造业多是以废纸为基础，属于重污染行业，但当时我们就想要改变大家这种认知。另外，如果提出的未来发展战略是以绿色安全环保型产品为方向，那么对应的规划需要先行。当前我们公司的规划仍秉承着 20 多年前的前瞻理念，这足以证明我们当时的规划是比较超前的，比如我们整个厂区规划把管线往地下走，所以你们走进来不会感觉说这是一个造纸厂，你会觉得我们像是一个食品加工厂，几乎一点气味都没有，是一个花园式的厂房。基于上述这些，当时他们选择工厂进行考察的时候，我们公司的发展规划很契合未来的发展，所以选择了我们公司作为其中一个考察对象。

当时我们公司规划起点很高，我们至今仍在使用 20 多年前的厂房，我们并没有说把这里拆掉或者哪里重建，我们的办公楼包括整个厂区规划布局，等于是分期建设，规划布局也是一步到位，往未来的 10 至 20 年的发展方向规划，我们的建设也分一期两期来完成。这也是选择我们进行调研的原因。

访谈组：习近平同志调研时有没有什么有意思的事情？对企业发展有什么嘱托？

姜文龙：我是当时的亲历者，这个印象深刻。习近平同志从我们的大门进来以后，首先就是看我们整个公司的发展规划蓝图，即关于规划的布置图。当时我跟他介绍了我们的整个发展规划，包括一期、两期和未来的发展规划，提及我们坚持以绿色安全环保型产品为主攻市场，是一个新的增长空间，通过这些去布局未来的市场。习近平同志一路走进来，走到我们的生产车间，在这个过程中，他非常关心企业的改造项目、规划项目。当时他专门叫了时任浙江省经济贸易委员会主任的孙忠焕一起过来，帮助我们企业与主管部门做好对接，这个事情真的是永远无法忘记。习近平同志不是说单纯听我们汇报工作,他很关心企业的经营状况,为企业着想,为企业提供一个能够沟通交流信息的平台,同时指导未来省经济贸易委如何去跟企业做好对接,服务企业发展经济,我觉得非常好。所以当时突然把孙主任喊到他身边,孙主任也很意外。我觉得习近平同志的这个做法很接地气,他到这来,不只是来走一下,而是来了以后看看是不是能够对企业提供一些帮助。

在这个车间里,我们向他介绍了打造绿色安全环保型产品的核心理念与规划愿景,同时展示了我们的传动控制系统,在线检测系统、QCS 系统等,在 20 年之前这是很先进的。此外,我跟他介绍了我们当时的进度,我们的产品品质要提升,硬件是关键,所以需要进口的设备。当时我们的传动控制系统采用的是以太网络,以太网络作为一个信息传递,在 20 年前算是很先进的。我们的 QCS 系统通过这些通信的传递和数字的处理,能够实时地检测和监控反馈,对我们定量水温进行监测控制,方便了我们定量控制,没有这些先进的设备,完全靠人工经验去控制,是不可能达到国际水平的,并且大量的生产也会受到限制,所以大型化的生产必须提高自动化程度。另外他很关心这个设备如果坏了怎么办?我跟他汇报了我们这套设备如果出现障碍,可以做远程诊断,技术人员即便在美国也可以进行远程诊断修正参数,所以他对智能化这块应该是非常感兴趣的,当时觉得这是一个非常好的先进制造方向和发展方向。介绍了以后,习近平同志就讲以绿色制造和智能化制造作为一个公司未来的发展方向,从现在来看,我觉得都很吻合现在的发展,现在国家也在提倡绿色化、数字化、智能化,那时候的定位我们一直沿用到现在。

访谈组:习近平同志来了以后,遵循他的嘱托,企业做了哪些事?给企业带来了什么变化?如何发展的?

姜文龙:首先,产品的发展战略定位很重要。我们在 2004 年做了国内市场调研,发现市场医疗包装原纸全部是国外垄断,并且有一个很好的发展趋势,而我们国内全部是用塑料袋。纸可以降解、循环、绿色化的,我们觉得这是非常好的一个未来市场。随后我们对这些产品进行研究攻关,寻找合作伙伴,比如我们当时寻找了于 2019 年上市的奥美医疗用品股份有限公司,我们和他们一起联合攻关,通过两年左右的时间实现了进口替代,出口到欧洲、美国市场。我们的包装产品出口到国外,产品要求很高,比如说注射器、辅料,它是必须保证这个产品无污染,否则就不能使用,所以就要求包装产品必须有 1 至 3 年甚至 5 年的保质期,保证产品拿出来用在患者身上时,仍旧是稳定的、无菌的。这个要求很高,而且一般欧洲市场和美国市场都不接受中国的产品,因为

欧洲国家和美国等已经用习惯了国外大公司的产品，他们几乎都是指定包装材料。要保证医用产品无菌性的要求，作为它的包装材料也要进入到它的供应链体系方可使用，没有进入到他们的供应链体系是不能使用的。因为这些公司已经通过反复验证和认证，已经使用了十几年甚至几十年，已经非常成熟了，安全性和可靠性已经非常好了，国内的产品想要替代它，那是非常困难的。单是安全性、可靠性方面的相关认证，比如国外的检测机构 SGS 和 TUV，这些体系的认证都花了一年多时间，通过一系列体系验证后才开始小批量生产，再到后面的推广，现在很顺利，我们国内医疗保障实现了跟国外同台竞争，进入了一个长期化的竞争趋势。

第二个就是我们的食品包装，国际快餐的连锁企业，比如肯德基、麦当劳在 20 世纪 90 年代就进入了中国市场，20 年时间他们的食品包装几乎全部是国外垄断，都是从日本、芬兰、美国、西班牙等国家进口。通过市场调研后，我们做了一些攻关开发，这些也和衣食住行相关，算是快消品，我们现在捡起来了，我们觉得这也是一个很大的市场，未来会有一个很好的发展空间，因为它是纸，是可以降解可以回收的，尽管当时国内众多产品的包装仍以塑料为主，但我们深刻认识到新技术必然是市场未来发展的主流趋势。因此，当时我们便谋划涉足食品包装领域。食品包装以前讲起来是非常有争议的，大家觉得一个造纸企业怎么搞绿色环保安全，那时很多人抱着有色眼镜看我们，他觉得这不可思议。当时大家觉得塑料袋最简单，价格也便宜，环保意识还没有那么强，但是在我们做医疗包装的时候，欧洲国家已经基本不用塑料了，所以我觉得未来中国也会跟上全球的发展趋势，这也是我们看了 20 年的结果，实际上当时的想法放到现在讲很简单，但 20 年前我们这样做并不被众人看好，许多人认为这样做根本赚不到钱，但事实证明，我们不仅克服了重要困难，还成功实现了进口替代。首先，我们也是需要进入到他们的供应链体系，比如麦当劳、肯德基这些供应链体系，也需要通过他们的认证体系，因为我们通过了医疗供应链体系认证，给我们带来了方便，在美国就有我们的产品，这大概花了一年多的时间，我们进入到全球供应链餐饮体系，等于是国际的快餐餐饮连锁供应链体系。这也是引领全球的食品包装的一个风向，因为我们进入到这个体系，所以我们也是造纸企业里面最早的一批绿色企业，我们 2005 年就拿到了绿色企业认证。

我们用什么来支撑？第一个是我们的发展战略，第二个是我们的体系，从管理和管控来保障它，第三个就是以我们的产品来实践它，来支撑我们的绿色发展。所以到目前为止，应该说我们也是真正坚持智能化、绿色化发展方向的实践者。所以我们做得比较前沿,包括我们规划和布局也比较前沿,我们的发展战略也比较前沿。习近平同志也嘱托我们,要坚持这个方向,并且给我们总结了绿色化、智能化、数字化的发展方向,实现企业生产制造方式和产品的不断转型升级。

访谈组:恒达是浙江省第一批绿色企业称号的造纸企业,企业在绿色发展、技术创新等方面投入怎么样?有哪些产出?

姜文龙:我们现在有自己的企业研究院和研发中心,并在 2019 年成立了院士专家工作站。我们现在纸基新材料研究院的院长,是 1989 年出生的高级工程师,是专门聘请,做造纸、化工的助剂材料。实际上我们每年都会储备 1 至 2 个新产品,每年都会推出 1 至 2 个新产品投放到市场,始终保持我们公司医疗产品包装的领先地位,因此,我们目前拥有多样化的医疗产品包装与食品包装系列,且当前我们的产品处于全球领先水平。我们每年新产品的研发投入接近于 4% 左右,每年都在不断地投入,而且我们研发中心是独立的,研发中心的条件也是最好的,比如我们办公楼都是壁挂空调,但研发中心是中央空调,我们为研发人员创造最好的环境、最好的条件,帮助研发人员沉下心来做研发。所以我们的研发成果涵盖很多专利,包括一些省级的新产品,我们食品包装行业也是国家的辅助计划,这个要求都是很高的,并入围国家轻工业联合会科技项目二等奖,包括浙江省重点公共安全卫生防护用品,我们的医用包装用纸都属于省级重点。研发和创新是我们公司的一个核心竞争力,而且我们的一些研发很多都具有原创性,这就是我们公司竞争能力提升的重要因素。

另外,我们现在已经开始整个流水线改造,建成一些 DCS 集成控制系统,包括一些数字工厂,我们现在也在搭建这个平台,有些平台已经建起来了,但还需要不断地摸索。因为特种纸,它是一个个性化的东西,不是大众纸,大众纸搭建平台要容易一些。数字工厂在搭建这个平台过程中,还有很多自己的参数要输入进去,我们现在已经有了很好的基础,比如流水线上的 QCS 系统、DCS 系统,我们数字采集的平台已经有了,但怎么把数字工厂打通,还需要进一步完善,后续我们会加强这方面的迭代,这就是我们的数字工厂。从现在来说,我们因为有了这些智能化制造和 DCS 控制系统,很大程度上减轻了员工的劳动强度。靠经验的时代在逐步淡化,原来造纸可能主要依托一些经验进行判断,但现在,比如说某一个产品,可以在 DCS 系统里面把它相关的参数输进去,其他品种也是一样,通过微调实现数字产品的生产,所以这个会是我们未来的方向。现在,我们正常的工作基本上已经做得很成熟了,DCS 系统也释放了我们员工的双手,只需要开展一些现场的巡检和点检,所以说工作内容上也发生了一些改变,规模化效益也体现出来。智能化以后,产品质量更稳定,尤其是批量化生产的产品,同时,我们节能降耗工作也有数据采集,节能降耗减碳方面也在很好地开展。一般情况下,我们不会开放这些系统给别人看,因为开放就存在安全泄漏问题。所以,现在的DCS控制系统很多参数都是我们自己的工程师去设置,不是要求外方来给我们做的,如果外方来做,以后他是可以进入咱们的系统的,这就很容易泄密。这就要求很多平台都要由我们自己去搭建,可能只是利用一个终端的系统,自己往里面填充东西,就像我们智能手机一样,往里面填充一些产品,都需要我们公司自己去完成,相对来说具体要求更高了。

4.龙游县委常委、统战部部长余继民访谈记录

访谈时间:2023年4月6日下午
受访人:龙游县委常委、统战部部长余继民
访谈组:郑军南、赵欣
整理人:郑军南

访谈组:余部长您好,您当年作为罗家乡书记,接待了时任省委书记习近平同志来罗家乡视察,是最直接的当事人,所以我们想听您讲一讲习近平同志当时视察过程中的一些情况以及我们龙游是如何按照他的指示去落实去发展的。

余继民:当年习近平同志的调研主题是农民奔小康,但看的东西远远超出了这个范围。他查看了村庄的各种资料,也到了几个贫困户家里了解情况。习近平同志先去了罗村村,看了村容村貌,讲了村庄整治的内容。然后到荷村村,当时我们正在开展一个笋竹方面的培训和竹制品的展示。习近平同志问了很多问题,比如为什么竹子有大有小？竹子能做什么产品？卖得怎么样？最后到荷村村的会议室跟大家一起开了一个座谈会。

访谈组:对,上次我们去了,在二楼的会议室。

余继民:是的,当年就是在二楼会议室开了座谈会。我们基层干部,其实很少能在实际生活中接触到省级主要领导的。在各种会议上看到省领导都是比较严肃的,但是当年我们座谈会的时候,习近平同志没有带事先准备好的稿子,就是根据看到的情况侃侃而谈。习近平同志很亲民的,我们陪着他一路走一路看,他不是一言不发地就跟着我们走,而是一路上跟村民打招呼,对老百姓很有感情。习近平同志来视察的时候天气比较冷,有的村民手里提着小火笼取暖,他就去问这个是什么？叫什么名字？干什么用的？然后我们跟他说

这个是小火笼,太冷了就放了木炭在里面盖上灰取暖。他看到有的老百姓在吃饭,就会去问问吃的什么,跟老百姓聊一聊生活过得怎么样等等,跟他们拉家常,很是平易近人。

访谈组:的确是的,习近平同志去各地视察都是比较接地气的。

余继民:我比较深的体会是习近平同志很重视调查研究。到每一个地方,都要深入进去多问问、多看看,很多他关心的问题,他都会去调研清楚。

访谈组:是的,现在党中央也正在践行大兴调查研究之风。

余继民:另外,习近平同志给我最大的感受还是实事求是,善于调查研究。比如他说山区发展,开发区不能乱来,要因地制宜,利用好区域的资源禀赋;还包括后来开展的"千万工程"建设,都体现了实事求是、因地制宜的理念。还有一个感受是他善于走群众路线,很亲民,提出来的发展举措既有高度又很实在,对基层有实际的指导作用。比如他指出工业发展要实事求是,要发展生态工业;山区县要发挥资源优势,走特色发展之路;社会事业要同步跟进,经济社会要协调发展。核心的核心,包括我们现在这么多年的工作,我觉得我们党最擅长的、最应该坚持的还是实事求是、走群众路线。

访谈组:是的,这是习近平同志一直强调的。

余继民:就像"千万工程",以前我们省财政资金也很紧张,那时候我记得一个村的补助也就十万或者二十万元。不像现在,一个村的投入会有几百万或者几千万元,我们那时候没有这样的条件,这也是实事求是,有多少钱就办多少事。

访谈组:是的,以前浙江资金也是紧张的,选择几个村做示范,从小投入慢慢发展,这也是因地制宜、因时制宜。

余继民:习近平同志还提到,现在大家都出去务工了,但肯定还有一批留下的农民,要思考怎么增加他们的收入。所以我们就开始开设培训班、推进农民集聚,建设"小县大城",在这些方面龙游做得还是很不错的。最开始是从山上搬到中心村,后来力度变大,就把农民转移到县城安置,我们一直在坚持这条路。还有现在农村留下来的60岁以下的人都不多了,都是老年人为主,他们要如何就业,如何增收,也是个问题。另外就是特色发展问题,对龙游来说,特色发展一是要生态化,二是要品牌化。

访谈组:现在像产业这块,特色发展情况怎么样?

余继民:像竹产业,以前毛竹砍下来造纸,现在可以做一些竹制品,比如榻榻米,还是提高了附加值的。但它是一个螺旋式发展的过程,现在的问题,一是产业生态方面要求;二是竹子深加工要求,产品的开发和营销还不是很成熟,要从提高产业的科技水平方面再努力。

访谈组:那么在生态工业方面呢?

余继民:工业方面,龙游是比较薄弱的,但也有自己的特色,潜力很大。现在的庙下乡、城南工业集聚区我们都在建设。回过来说特色发展,像茶叶的发展,从20世纪90年代发现黄茶,后来通过几次三年行动计划,培育了一批经济主体,如今发展也越来越好了。

访谈组:现在茶叶全县面积多少呢?

余继民:预计2023年底,全县茶园种植面积可达2万多亩,受双非整治的影响,现在大量田地都要求种植粮食作物,茶叶面积再扩大很多是有困难的。我们龙游给外人的感觉一直是一个农业大县,但其实我们的城市化和工业化都取得了很大进步。龙游的城市环境比较好,城市的规划和建设水平还是蛮高的,城市建设的框架已经慢慢形成,我们一直在高水平规划引领下进行城市建设和发展。我们的工业有很大发展潜力,会逐步发展起来。我们一些工业企业也有特色,像我们的禾川科技现在发展得就很好。

访谈组:是的,龙游还是有很大潜力。上午我们去了花菇基地,然后上次去了龙和渔业,还有龙游飞鸡养殖基地,都很有自己的特色。同时我们又把这个共富的机制建得很好,与村集体和农民都建立了很好的带动机制。

余继民:是的。包括很传统的粮食产业,也是龙游的重点之一,很有龙游特色。现在是从龙游种到了松阳,松阳那边很多茶叶地因为双非整治也开始种田,他们当地人比较善于种茶,不太擅长种粮食,所以都是我们龙游人去承包种植。还有我们的龙游商帮,曾经很辉煌,但龙游人性格特点就是平时不爱张扬,很包容很低调,所以大家可能不了解。

访谈组:习近平同志在座谈会上,或者在考察过程中,关于生态工业怎么发展,农业要怎么发展,农民要怎么集聚,肯定讲了很多话,见了很多人,充分展现了他平易近人、贴近群众的特点。

余继民:是的。我当时汇报罗家乡的情况,讲到农村文化方面的内容,他插了一句话,问了一个很有意思的问题,他说:"现在的农村老百姓对时尚、电影、流行歌曲等方面是什么态度?"我说其实农民也喜欢看电影,也听流行歌曲的。可见,习近平同志也是了解流行的东西的,也许他是通过自己的家人了解到,所以他也关心农村的文化现状。除了产业、生态经济发展以外,他讲到也要重视农村的文化生活,文化建设也要同步关注,让大家生活好起来。

5. 浙江龙游茗皇黄茶开发有限公司访谈记录

访谈时间：2023 年 3 月 16 日上午
受访人：浙江龙游茗皇黄茶开发有限公司茶叶技术负责人郑晓云
访谈人：郑军南、金洁
整理人：郑军南

访谈组：您好，时任省委书记习近平同志来罗家乡视察时指出要"坚定不移走特色发展之路"。龙游黄茶作为龙游县的一个特色产业，请您讲一下我们龙游黄茶的发展历史和现状。

郑晓云：龙游黄茶母树实际上是当地变异的一株野生茶树，以前我们统称为白化品种，实际上是绿茶的一种。后来经过权威部门技术鉴定，给它命名为中黄三号。

访谈组：原来如此，也就是黄茶是从野生茶筛选出来的。

郑晓云：是的。龙游黄茶的茶叶有自己的特点，黄化之后的颜色比较浅，氨基酸含量高。一般的黄茶氨基酸含量在 10% 左右，而像龙井 43 等绿茶品种一般在 2%～3%，所以龙游黄茶的特点是特别鲜，喝到嘴里能感觉到鲜味，好似放过味精。经过最近几年的发展，黄茶种植面积逐步扩大。

龙游黄茶还有个特点，就是相对来说比较好种，容易成活，产量较高，品质上与其他的绿茶品种相比有一定优势。但它的缺点是开采期比较迟，一般绿茶的开采都在每年的 3 月 25 日左右，而我们要到 3 月底或者 4 月初，作为新茶上市，在时间上是相对较晚。但从质量产量上综合来说，龙游黄茶的优势还是比较明显的，如果我们想喝好茶，选择龙游黄茶是比较理想的。

茗皇公司原来主业是做食品加工，包括部分茶叶深加工，主要产品是速溶茶这一类，最近几年发展得很好。总的来说，在龙游县算是实力比较强的农业龙头企业。

访谈组：公司做茶叶深加工，是否有自己的茶叶种植基地？

郑晓云：之前公司是没有基地的，用来加工的原材料都是当地和外省调拨的。做食品深加工的效益很好，产值在国内是领先的，应该有进入前 10 名，目前是国家级龙头企业、国家级高新技术企业。公司做的是茶叶衍生类产品，比如抹茶。公司把茶叶进行深加工，提取出来的产品出口几十个国家，以欧美为主，出口约占 50% 以上，剩下的多是内销。最近几年来龙游黄茶慢慢发展起来了，但县里面缺少一个龙头企业带动，所以公司响应政府号召，作为龙头企业来带动龙游黄茶的发展。现在发展黄茶还要不断增加投资，公司的黄茶种植基地投入了大概八九千万元。目前公司设有三个基地，其中两个是黄茶基地，一个是常规品种的茶叶基地。

访谈组：嗯，现在都要求企业要参与到乡村振兴和共同富裕里面来。

郑晓云：是的。近一两年，共富茶园在大力建设，企业结合山海协作，带动村集体助力农户共同致富。

访谈组：目前这两个基地大概有多少面积呢？

郑晓云：谢家这里 300 余亩，山区梅林那边有 70 多亩高山基地。

访谈组：您了解茶叶的共富工坊是什么情况吗？

郑晓云：关于共富工坊，现在谢家这个基地好像作为一个中心，是中心示范区域，通过与村里合作，流转村里的土地种植基地，每年支付租金给村里，为村集体经济增收提供渠道。另外就是几百亩茶园所有的用工基本上都是附近村里的人，村民在家门口就可以就业就可以赚钱了。我们公司除了自己种植基地提供茶叶外，还收购一些合作社和农户的茶叶。尤其是当农民在销售方面遇到困难的时候，公司也收购一部分。

访谈组：公司在这边基地建设多少时间了？

郑晓云：2018 年的冬季开始种茶的，到现在差不多是 5 年时间。带动周边还是挺好的，像罗家乡有 4000 多亩茶叶，主要都是通过公司来带动发展起来的。到春茶季的时候，有些农民没有自己加工设备，可以跟公司直接签收购协议。市场对龙游黄茶比较认可，整体品质应该比其他一般茶叶要好一点。所以黄茶虽然采得晚，但是它品质优势还是蛮明显的。

访谈组：现在清明前的黄茶，价格能卖到多少一斤？

郑晓云：清明节前，农民的普通茶叶卖出去，初采期一般 500 元到 800 元每斤，公司价格卖得比较高，一般都达到 3000 多元一斤。我们公司是走品牌化道路的，这几年在品牌方面投入也比较大，已经投下去几百万了，但困难还是很大，一个品牌要在市场上被人家接受和认可，还是需要一个过程的。

访谈组：是因为龙游黄茶的茶叶价格还是比较高的原因吗？

郑晓云：对。而且龙游黄茶相对来说总量不大，跟开化龙顶产量不能比，开化县有十几万亩的种植面积，但是一般都作为普通茶叶卖，价格没有龙游黄茶高。作为公司，我们现在各方面都在做示范，茶叶管理跟一般的农户不一样，按照绿色农产品的要求，我们茶叶从来不用除草剂的。这一笔投资，我去年算了一下，光我们这个基地就花了 15 万元，我们都是用人工除草。2023年，我们重点是要把除草成本降下来，以前用地膜覆盖，效果也还可以，但是人工投入挺大，除了地膜成本，还要人工经常去换地膜。现在，我们到市场上采购各种类型的机器,争取在茶叶机械化方面有所突破。

访谈组:现在除草的机械有补贴吗?

郑晓云:一般没有,我们的农机补贴都是针对大型粮食作物之类的,现在小型农机都没有列入补贴清单。

访谈组:那看来还需要出台更多扶持政策来支持龙头企业。

郑晓云:是的。公司要带动村里和农户发展,投入肯定比较大。公司最近在开设培训学校,农户可以免费来参加,我们还免费提供餐饮。实际上做培训基本上是亏的,要花很多人力物力去准备,难度很大。但为了黄茶产业发展,为了培养更多的人才,作为龙头企业,就算成本高也要继续做下去。

访谈组:如果我们做培训的话,资金这方面是不是可以跟县里相关部门争取支持一下?

郑晓云:能争取的,这个钱应该有。培训的话就是下半年趁农民稍微空的时候让他们来参加,重点是引导他们要把茶叶种植管理等方面按照科学的办法去做,不能都按照老的经验做法,所以首先是要把农民观念转变过来。

6. 龙游石窟访谈记录

访谈时间:2023 年 3 月 16 日下午
访谈对象:龙游石窟景区经理郭婷
访谈组:刘昱、冯雅、陈玮
整理人:冯雅

访谈组:您好,能不能介绍一下习近平同志当年来石窟调研的情况?

郭婷:习近平同志是 2004 年 10 月 9 日下午 16:59 抵达龙游石窟正大门口的。他从大门口进来之后,先到影视厅看了石窟介绍片,看完之后再参观了几个原始洞窟。我印象比较深刻的是他在 2 号洞的时候。2 号洞窟是目前开放面积最大、保存最好的洞窟。他当时看着上面的纹路,感叹道"没想到在你们龙游还有这么一个地方",整个行程原安排时间约 40 分钟,但他对古人精湛的技艺表示赞叹,蛮感兴趣的,到 18:02 才返回,停留了约 1 个小时。

访谈组:围绕习近平同志的"四好"指示,开展了哪些工作?

郭婷:首先是保护好,我们每年都会请中科院、各研究所的专家教授过来。1 号、3 号、4 号、24 号等几个洞窟第一期保护工程刚验收结束,接下来将开始二期保护工程。我们投入大量的资金,对每个石窟都定期保护。

然后研究好,搭建学术研究平台。成立龙游县石窟研究所,先后获评"财团法人国际高等研究所 大阪大学 加利福尼亚大学 龙游石窟研究基地""中国科学院页岩气与地质工程重点实验室 龙游石窟研究基地""中国岩石力学与工程学会 龙游石窟科普教育基地"等 4 个科研基地,并定期开展学术研讨会。

再是利用好,利用"结构＋声音学"方式成功举办"龙游石窟国际音乐节",打造梦幻圣境般的音乐盛宴;依托全息影像技术,让观众在特殊声场环境下欣赏沉浸式演出,体验音乐独特之美,不断提高石窟知名度和美誉度。

最后是传承好,开展文化基因解码。深挖龙游石窟社会学、历史学、考古学、古建筑学、工程地质学和岩石力学等多学科的研究价值,充分发挥龙游石窟的教育价值、文物保护价值和旅游开发价值,它是人类最高智慧和力量的结晶,堪称今古奇观。"龙游石窟"文化基因解码获省文化基因解码"优秀解码项目"。

访谈组:现在洞窟大概开发了多少个?

郭婷:现在对外开放的是 5 个。大部分石窟还是原始状态,被水淹没着,这样可以隔绝空气,延缓分化速度。

访谈组:石窟在文化传承上起到了什么样的作用?

郭婷:这几年我们举办了音乐盛典、80 90 青年创造季活动、30 周年庆活动……我们希望通过这些活动激发龙游石窟的新活力和文旅融合发展的新动能,打造"一带一路"原声音乐品牌 IP,并积极谋划建设龙游石窟音乐小镇项目,打造"诗画浙江·衢州有礼"文旅金名片。接下来龙游将继续依托千年石窟主阵地,深入挖掘周边文旅资源,与要开园的凤翔州湿地公园、网红桥景观园桥一起串联成一条更具观光性的旅游线。

访谈组:除了旅游之外,还有其他和石窟相关的产业开发吗? 比如文创类?

郭婷:有的,2023 年的重点工作就是文化 IP 打造,文创是其中一块。现在景区周一到周五是对游客免费的,只有周六、周日和节假日收费,等于说门票不是我们现在唯一的收入了,后续将有二次消费的项目融入进去,进一步增加游客的体验感和参与感。

访谈组:石窟收归国有前是怎么运营的?

郭婷:石窟是 1992 年发现的,1998 年之前都是农民自行开发经营的,1998 年底收回国有以后由景区运营了。

访谈组:作为景区经营后,对周边的村落是不是有很大的带动?

郭婷:为了开发旅游,周边农户做了搬迁。现在他们在边上经营农家乐、小店之类的,肯定是带动当地农民增收致富的。特别是这两年来,新农村建设很好,路都拓宽了,周围的景观都做了提升。现在农家乐开这里,好的时候每年营收可以达到 40 万元或 50 万元。

访谈组：可以详细介绍下龙游石窟的音乐盛典吗？

郭婷：举办音乐盛典是因为我们发现石窟有很好的声场。于是，我们请了全国有名的音乐家来办音乐会，陆续推出了好几年，现在音乐盛典已经有了一定的品牌效应。相似的还有龙舟赛、汽车拉力赛等。现在这些活动都有了一定知名度，很多外地游客慕名而来。每一届音乐盛典都有不同的音乐风格，第一次我们尝试的是小提琴和大提琴，后来尝试加入一些电音，把年轻人喜欢的元素也融入音乐节活动里面。

访谈组：除了音乐盛典，有没有其他活动？

郭婷：现在主要还是音乐盛典。此外还有石窟的解谜活动。2022 年 12 月 10 日，龙游石窟发现 30 周年庆暨基因解码工程启动仪式。

访谈组：龙游石窟有没有做下一步的保护规划？

郭婷：有的。目前正在谋划龙游石窟·龙游濲创建国家 5A 级旅游景区项目，助力区域明珠型城市建设。另外，石窟东侧片区还将建设文旅探谜体验带和文创商业带，文旅探谜体验带包括游客文化中心、滨水露台、下沉秀场、数字石窟馆、石窟文化中心和科技展示中心，文创商业带包含滨水商业街和文创商业街。

未来，公司将继续探索全域旅游大框架，化被动为主动，抢抓长三角文旅一体化发展机遇，实现抱团发展、协同发展，将六春湖、石角、民居苑等景区点串成线、珠串成链，加快互联网融入智慧旅游、文化创意、探谜揭秘等产业，重构龙游文旅产业价值链，努力找到城市与旅游者彼此匹配的"标签"，实现"单一景区"向"城市旅游目的地"转变。

访谈组：游客大多来自哪里？

郭婷：主要客源地是江浙沪一带，上海的游客较多。这两年实行免费游活动，除了省内游客，江西、福建游客也多起来了。在周一到周五免费期间以老年团队居多，但现在团队游不是主力了，很多是散客，以家庭为单位自驾游方式来的游客居多。

访谈组：现在整个景区工作人员有多少？

郭婷：景区在职员工是 21 人，劳务派遣、劳务外包人员 17 人，共 38 人。

访谈组：龙游石窟在文化传承、文旅融合、文化保护有什么典型经验？

郭婷：龙游石窟是秉承"保护第一，合理开发"的方针运营的，以弘扬传承优秀文化，促进文化交流，创新文化载体，打造成功"出圈"的文旅 IP 集群为目标。以前可能会重项目、轻运营管理。现在开始都重视起来了，而且比较关注宣传。原先景区的工作性质与吃大锅饭有点相似,现在市场化改革是趋势。所以我们迫切需要转变,不仅仅是思想上的变化,更是文旅形式、产业发展形式的切实改变。

7.龙游县 8090 专班及团县委访谈记录

访谈时间:2023 年 3 月 18 日上午
访谈对象:杨露、巫凡、李陈
访谈人:刘昱、冯雅
整理人:刘昱

访谈组:请您介绍一下参加 8090 新时代理论宣讲团的历程。

访谈对象:我是在 2019 年 9 月 30 日,现场见证了宣讲团成立。但当时我并不是宣讲团成员。我是在 2020 年上半年通过参加微党课比赛第一次接触了宣讲,当时参加完微党课比赛,因为表现成绩尚可,宣讲团就邀请我加入。最初参加的时候对宣讲团完全没有概念,还有点担心:担心自己去田间地头宣讲,会不会没人听。2020 年 5 月,我第一次去村里宣讲。在去宣讲前,我为找选题反复琢磨,最后决定讲乡村振兴,自己用了三四天时间先写了个稿子,导师团的导师帮我反复指导修改,然后又用了两三天时间进行了一些打磨背下来,就去村里去讲了。刚开始还有些紧张,后来讲了以后,发现群众其实还是挺配合的,那些大爷大妈们都会看着你点头微笑,讲完后他们还会热情地鼓励你。第一次宣讲给了我一个比较好的体验,让我有了信心。散场的时候,有一个大伯搬起凳子往外走,还跟身边大妈说,今天还有点没听过瘾,这句话就让我印象很深刻,就这么一个小的瞬间,让我更加坚定了在宣讲团留下来的信念。之后我就比较频繁地进行写稿子,参加各种宣讲活动。从 2020 年上半年以后,因为全县对 8090 宣讲越来越重视,成员从最初的 30 多个人不断扩充,第二批第三批的人不断地加入进来,宣讲内容也越来越丰富了。

访谈组:参加 8090 新时代理论宣讲团前后思想认知的变化有哪些?

访谈对象:一个最直观的变化是口头表达能力和写作能力的提升。第二个是对党的创新理论认识的提升,以前在学校上政治理论课程的时候,容易开小差,上完一学期也不知道老师讲了点啥,就是感觉很多词熟悉,但并不知道来龙去脉。通过理论宣讲,倒逼自己去学去讲,慢慢地就理解了党的很多理论深层次的含义,包括理论变迁。刚开始宣讲的时候可能就是讲故事,讲比较感兴趣的事,用感情去打动人,用故事去感动人。到后来自己就越来越感受到故事背后所蕴藏的党的创新理论的魅力,写稿子也越来越有理论性。比如说我对中国共产党自我革命精神的理解越来越深,被这种精神所折服,我就要通过宣讲向大家证明中国共产党自我革命精神的强大。我通过研究,找案例去证明,通过这样一个过程让我对党的理论认识越来越深刻,对党的信仰越来越坚定。

访谈组:8090 新时代理论宣讲团有哪些创新? 以及对龙游青年发展有什么意义?

访谈对象:最初的创新是在宣讲形式上,我们一直在探索通过怎么样的形式让老百姓更喜欢我们的宣讲。比如年轻人喜欢的脱口秀的形式,到基层就加上用快板、三句半等花样,这样老百姓听得进去。现在很多地方都是用舞台的表演形式去宣讲,但我们一直坚持用"接地气"的去舞台化形式,到现在我们坚持下来了。所以我觉得我们要通过更多的创新方式去影响别人,比如我们现在在探索的宣讲走亲。我记得 2021 年的时候,我们在暑假办了一个大学生实践营,就是面向龙游暑期回来的大学生,最终有 50 多名大学生报名。我们带他们看我们的宣讲点,听我们的宣讲,组织他们进行宣讲比赛,取得比较好的成效。比如有一个在北京读书的大学生,她在我们组织的宣讲比赛中获奖后回到学校,也成立了一个宣讲团,后来听说她还带着她们学校的宣讲团跟北京其他高校的宣讲团交流,我觉得这个非常有意义。这样,我们的宣讲团不仅影响了龙游青年,还通过龙游青年把这种精神传播出去。它不但为青年人提供了展示的舞台,也为龙游打开一扇展示窗口,让更多的人了解龙游。

访谈组:龙游打造青年发展县域的话,还有哪些困境,未来还应该怎么做?

访谈对象:我们龙游本身从客观条件来讲,优势是不明显的。我们的人口是外流的,青年人很多都去了杭州、宁波、上海,现在流进来的占少数,这是一个问题。如何打造一个能聚集青年人的环境,我们还面临着较大困难。近年来,我也参加人才招引,去了一些西部城市,西安、长沙、洛阳等这些地方,那里的青年人也愿意到东部来,但在他们心中东部一般都是杭州、宁波、上海这些地方。龙游给他们的感觉是一个江南水乡小县城,但它离杭州近,所以怎么利用这种地域优势,从而吸引更多的青年人来是一个亟须解决的重要命题。龙游应该利用好这种区位差,把龙游打造为东部的一个窗口。

访谈组:8090 新时代理论宣讲团在龙游打造青年发展县域中承担什么样的作用?

访谈对象:我觉得我们 8090 新时代理论宣讲团本身就会吸引更多的青年人来龙游创业,8090 的影响力不断扩大,成为龙游吸引更多青年的一个点。比如我们 8090 在溪口有个青春联合会,吸引了越来越多的青年创业者。我们

8090 新时代理论宣讲团把他们也吸纳成为我们的宣讲员,因为他们自己不断地走出去,到外面开拓市场等,去宣传我们龙游,吸引更多的青年创业者来龙游。其次,我们在宣讲中也会把青年县域建设的内容融入进去。比如我们会去宣讲,助力龙游的产业发展和产业落地,从而吸引更多青年人来龙游就业。然后我觉得宣讲团这样一个平台让青年和青年联系得更加紧密,这本身也是打造青年县域的重要内容,通过这个平台,我们把全县 4000 多青年人集聚到一个舞台上,我们有将近 100 个团,每年都要举办百团大赛等各类宣讲活动,所有的青年人都关注这个品牌赛事,定期开展研习活动,大家一起讨论稿子,开展各种交流,让青年的联系更加紧密,青年人的思想更加活跃。

访谈组:在制度或者是其他方面有什么样的配套措施?

访谈对象:我们 8090 工作是纳入全县大党建考核的,我们每年都会开展宣讲员星级评定,评上星级宣讲员对于本单位的年度考核是有加分的,这样单位会更加支持参加宣讲工作。对于宣讲员本身来说,你评上星级宣讲员,我们会发放定制团服、团徽、奖牌,金牌讲师还有每年一次免费体检,包括去外地宣讲走亲交流学习的机会。在全县层面,在表彰表扬上对宣讲员也会有所倾斜,县里每年都会有 10 个表彰名额给予 8090 宣讲工作开展得好的分团,用于勉励优秀宣讲员,单位内部提拔晋升也会优先考虑星级宣讲员。

8. 龙游县 8090 新时代理论宣讲团部分成员访谈记录

访谈时间:2023 年 3 月 19 日上午
访谈对象:胡亦君、陈昕、范磊
访谈人:刘昱
整理人:刘昱

访谈组:请介绍一下你参加 8090 新时代理论宣讲团的情况。

访谈对象:我们全家都是宣讲团成员,我们孩子也是。我爱人是最早一批宣讲团成员,看到他经常准备稿子,经常出去宣讲,感觉非常有意思,后来我也参加进来,越来越喜欢宣讲。我们的孩子也是受到我们的影响,参加了学校的红领巾宣讲团。宣讲不仅让我们全家学到了很多东西,而且让我们的家庭充满了一种互相学习、赶超争先的良好氛围。

访谈组:请介绍一下宣讲对龙游青年的影响力。

访谈对象:通过宣讲团开展的宣讲走亲等活动,不仅让我们有机会和更多的青年有了交流,也扩大和提升了龙游的影响力,特别是对青年人的影响力。

访谈组:当你们得知宣讲团获得习近平总书记批示以后,你们有什么感受?

访谈对象：当时感觉难以置信，感觉不是真的，后来公布了，感觉还是挺激动、挺荣幸的，感觉我们的工作很有意义，影响力也大了。

访谈组：你认为是什么原因能使宣讲团得到快速发展？

访谈对象：一个是成熟的制度；再一个是我们的激情和热情，起初大家参加宣讲都是自愿的；还有就是得益于我们导师的认真指导。刚开始导师较少，刘秋荣导师认真负责地指导让我印象深刻，我记得刘校长当时找了两位党校的老师，对每个人的稿子都进行了认真修改。

访谈组：你认为8090新时代理论宣讲团在龙游高质量发展中起到了什么样的作用？

访谈对象：除了传播党的创新理论，还有就是助力实现精神共富作用。因为多次的宣讲可以潜移默化地改变一个人的观念，特别是村里的大爷大妈们，很多都已形成固定思维模式，通过一次宣讲很难去改变其固化思维。我们作为晚辈，就像一个隔壁家的小孩来陪他聊聊天，同时了解到他们想知道的一些事情，通过多种形式的宣讲和聊天，大爷大妈们的观念出现了潜移默化的改变。

访谈组：您认为龙游怎样打造青年发展县域？

访谈对象：第一就是要有产业发展，要把我们龙游的核心产业，尤其是工业、制造业先发展起来，然后围绕产业，把我们龙游的第二、三产业做强做大。尤其是文化旅游业、服务业等第三产业要具有自身特色，这样子才能吸引青年人留在龙游。第二就是要营造良好的社会文化氛围，形成一个良好的软环境。我们8090新时代理论宣讲团就是助力这个软环境的打造。第三个就是要有优惠政策。出台良好的优惠政策让青年人过来，让他们看到在龙游发展有保障、有希望。

后　记

　　2023年,是浙江省具有里程碑意义的一年。2003年,时任浙江省委书记的习近平作出了"发挥八个方面的优势""推进八个方面的举措"的决策部署,简称"八八战略",2023年是"八八战略"实施二十周年。二十年来,沿着"八八战略"指引的道路,浙江省委牢记殷殷嘱托、不负切切期望,一张蓝图绘到底、一任接着一任干,坚定不移深入实施"八八战略",推动之江大地发生了系统性、整体性的精彩蝶变,实现了由资源小省向经济大省、由外贸大省向开放强省、由环境整治向美丽浙江、由总体小康到高水平全面小康的历史性跃升,"五位一体"和党的建设各领域全方位提升,高质量发展推进共同富裕先行示范取得明显实质性进展,形成一批可复制可推广的阶段性、标志性成果。在这样的背景下,本书的出版就显得特别有意义。

　　本书是作者学习研究习近平总书记关于"八八战略"的多次重要讲话,吸收借鉴有关专家学者和媒体对习近平新时代中国特色社会主义思想的研究解读及关于"八八战略"的研究成果基础上完成的。既包含了作者长期研究我国特别是浙江省山区县跨越式高质量发展战略与实践的成果,也反映了作者2021年以来积极参与社科赋能山区县跨越式高质量发展活动,持续深化"习近平新时代中国特色社会主义思想"在浙江的萌发与实践研究,系统梳理"循迹"导图、深度挖掘"溯源"的最新成果,特别是浙江以"八八战略"为指导,山区县实现跨越式高质量发展生动实践的研究成果,其中不少成果已经被省委主要领导批示肯定。在书稿完成之后,浙江省社科联领导为本书作序,给予我们极大的鼓励,令人十分感动,谨此表示衷心的感谢与敬意!

　　本书写作和前期研究过程中,得到了浙江省社科联、衢州市社科联、龙游县委宣传部、龙游县委组织部、龙游县社科联的领导、专家学者和企业家的指导与支持,其中很多思想观点来源于他们的贡献,如浙江省社会科学界联合会党组书记、副主席郭华巍，浙江大学中国农村发展研究院（"卡特"）首席专家黄祖辉教授，衢州市社科联主席祝云土，市委宣传部副部长李莉，龙游县委常委、组织部部长王秋森，龙游县委常委、宣传部部长马俊兵，龙游县社科联主席金敏军等，不一而足，在此表示由衷的感谢！

　　本书也是国家社科基金一般项目《互联网条件下农业产业集群发展模式、效应评估与升级路径研究》（课题号：20BJY125）、《共同富裕导向下区域协作帮扶的新型合作机制构建与实现路径研究》（课题号：22BZZ033），浙江省哲学社会科学重大项目《乡村振兴与小城镇协同创新高质量发展的战略与实现路径研究（课题号：22YSXK02ZD）》，浙江省哲学社会科学青年项目《"后峰会前亚运"时期浙江省城市品牌的综合提升与实现路径研究》（课题号：19NDQN304YB）、《政府数据开放对公共服务绩效的影响机制与提升路径研究》（课题号：21NDQN242YB），浙江省社科规划2023年"社科赋能行动"专项课题《衢州市以连片组团联建共同富裕示范区的经验与启示》的阶段性研究成果。

　　在本书写作过程中，浙江省信息化发展研究院课题组的成员做了大量资料准备工作。尤其是刘昱副教授、郑军南博士、金洁博士、冯雅博士、袁赛赛博士不辞辛劳，深入实地进行访谈，收集了大量第一手资料，为本书高质量完成打下了良好的基础，谨致深切的谢意！

　　最后还要特别感谢浙江大学出版社责任编辑傅百荣老师为本书出版付出的心血！

作　者

2024 年 5 月 13 日于杭州电子科技大学文一校区